As desventuras da graça

GERALDO HOLANDA CAVALCANTI

As desventuras da graça

EDITORA RECORD
RIO DE JANEIRO • SÃO PAULO
2010

CIP-BRASIL. CATALOGAÇÃO-NA-FONTE
SINDICATO NACIONAL DOS EDITORES DE LIVROS, RJ

Cavalcanti, Geraldo Holanda, 1929-
C365d As desventuras da graça / Geraldo Holanda Cavalcanti. – Rio de Janeiro: Record, 2010.
384p.

ISBN 978-85-01-08527-6

1. Cavalcanti, Geraldo Holanda, 1929-. 2. Tradutores – Brasil – Biografia. I. Título.

CDD: 920.941802
09-5817 CDU: 929:81'255

Capa: Carolina Vaz

Texto revisado segundo o Novo Acordo Ortográfico da Língua Portuguesa

Rua Argentina 171, Rio de Janeiro, RJ – 20921-380 – Tel.: 2585-2000

Impresso no Brasil

ISBN 978-85-01-08527-6

PEDIDOS PELO REEMBOLSO POSTAL
Caixa Postal 23.052 – Rio de Janeiro, RJ – 20922-970

Com que certeza em minhas mãos recolho
a memória das coisas possuídas?

G. H. Cavalcanti, *O mandiocal de verdes mãos*

Tanto apara o tempo
que às vezes separa
a coisa passada
de onde ela ocorreu

G. H. Cavalcanti, *Paisagem de memória*

My mother groan'd! My father wept,
Into the dangerous world I leapt;

William Blake, *Infant Sorrow*

SUMÁRIO

Nascimento 11
O lagarto 14
Memória e recordação 17
Olinda I 19
A família 24
Calendário religioso 31
Anjos I 55
Deus I 58
A Academia Santa Gertrudes 61
Educação sexual 65
Ser santo 67
Os mandamentos I 70
As beatas 83
Anjos II 86
O diabo 90
Ser padre 97
A morte 102
Visita ao leprosário 105
Evolução espiritual — os inícios 107
Os mandamentos II 110
Mitos e ritos 113

Cantochão	114
Um pouco de antropologia	117
Olinda II	119
O bonde	121
A morte II	125
Deus II	127
A Bíblia	135
Um pouco de cosmologia	139
A guerra I	142
Música	147
A beleza das palavras	154
Amores	158
Amores (uma reflexão)	171
A guerra II	173
Exercícios espirituais de Santo Inácio	176
Rilke	198
Direção espiritual	201
Amizades	204
Chesterton	205
Bloy	206
Bernanos e Mauriac	215
Maritain	218
A comunidade	221
Política	223
A campanha	231
Existencialismo	236
Camus	239
Sartre	245
Conclusão sobre o existencialismo	248
Deus III	252

Dogmas 256
Diplomata 260
Eu, pecador, me confesso a Deus... 264
A viagem à Europa 269
Paris I 271
Haia 273
A guerra III 287
Göttingen 290
A viagem à Itália 297
Roma 299
As indulgências 323
Florença 326
Pádua e Veneza 332
Milão 342
Deixando a Itália 344
O encontro com a arte 346
Arte moderna 355
Paris II 361
Um balanço 365
Pequena digressão sobre *A psicologia da fé* 370
Saulchoir 372
A graça 377

Epílogo 381

Nascimento

Nasci pernambucano e católico. Num dia de chuva, aí pelo fim da tarde, às 18h30, parece, segundo os assentamentos notariais. Devo ter dado meu primeiro berro nas mãos de dona Assunta, pendurado pelos pés, como se faz com os coelhos mortos, e, como eles, lambuzado de sangue. O lugar-comum fala de vagido, nessas ocasiões, diz ser um protesto por deixar o bebê o escuro aconchego do ventre materno. Ora, não deve ter sido um vagido o que ocorreu, mas um senhor grito, nem um protesto, mas, simplesmente, a natural reação à luz ofuscante, ao frio, às palmadas da parteira.

Longe da avenida Manuel Borba, o mundo seguia seu caminho, preparando o cenário para a minha vida. Lev Davidovich Bronstein, a caminho do exílio, lia Anatole France em um vagão de trem, enquanto cruzava custodiado uma planície russa. Calvin Coolidge se despedia do governo dizendo que a paz e a prosperidade não são fins em si mesmas e que é muito fácil para um país tornar-se egoísta e degenerado sob suas influências. Chang Tsungchang, com a ajuda dos japoneses, deixava a Manchúria para voltar a Shantung. O Aga Khan tomava mais um banho ritual para satisfazer a demanda crescente de água benta na Índia. O cardeal Eugenio Pacelli iniciava as gestões para firmar um tratado com o Reich alemão, seguindo os passos de seu irmão Francisco, o negociador do Tratado de Latrão. Pio XI acabava de declarar Mussolini um homem enviado pela Providência. E Hitler, uma estrela ascendente na política germânica, escrevia no *Völkischer Beobachter* que o acordo da Igreja com o governo do Duce provava, acima de qualquer dúvida, que as ideias fascistas estavam mais perto do pensamento cristão do que aquelas do liberalismo judeu e do marxismo ateu.

Pequenos acontecimentos da História.

Meu nascimento, no entanto, foi um grande acontecimento na história dos meus pais. Eu era o primeiro, o que depois se revelou ser o único, filho homem daquele modesto aprendiz de comerciante, que o *crash* da bolsa de Nova York viria logo doutorar na difícil arte da sobrevivência financeira, e da reclusa filha de um caixeiro-viajante que criava a família vendendo chapéus Ramenzoni pelas cidades do Norte. E, por ser varão, inseriram-me no nome o do meu pai. Quanto ao prenome, poderia ter sido Lamartine, como queria o pai, mas foi Geraldo, como desejava a mãe. Minha mãe tinha sempre razão.

Fomos cinco irmãos. Somos, os cinco, pois entre nós ainda trocamos melancólicas recordações para tentar reconstituir com as muletas da memória coletiva o que pode ter sido o país da infância. Exercício vão. Os fragmentos mal se ajustam, não se colam, e seguimos com os nossos mapas individuais como turistas com suvenires disparatados. Dona Assunta trouxe-nos todos para a claridade ruidosa, e de todos arrancou, quando murchas e inúteis, as tripas secas que por nove meses nos haviam alimentado e respirado por nós. A de minha irmã caçula, vi quando foi jogada para a rua pela bandeira aberta da janela do quarto de mamãe. Comeu-a um cachorro que trotava pela calçada. Naquele tempo, nascia-se e morria-se em casa, confortavelmente.

O que se passou entre aquela tarde chuvosa e a visão do lagarto dois anos depois não pertence à minha história. Pertenceu à de meus pais, mas com eles, também, não é mais história. Não mais existe quem saiba contá-la. Ficaram para lembrá-la uma meia dúzia de cartas e algumas dedicatórias nos livros com que, nos primeiros anos de casamento, papai presenteava mamãe cada mês, comemorando, talvez, alguma data só para os dois significativa. As dedicatórias falam de um amor terno e lírico. As cartas de sofrimento e de abandono. Aquelas, porém, não atravessaram os anos com o mesmo cuidado com que foram guardadas estas seis no fundo de uma gaveta da máquina de costura. Que dramas foram esses, conservados no formol, quem os saberá jamais.

Minha história começa, pois, com o lagarto.

O LAGARTO

Foi em Tijipió. Para lá devemos ter sido trasladados em razão da debacle financeira de papai, pois nossa casa de esquina, na avenida Manuel Borba, a dois passos da loja, na rua da Imperatriz, pelo que vi muitos anos passados, era uma construção mais do que adequada para o pequeno comerciante e sua ainda reduzida família. Foi, pois, o famoso *crash*, numa remota Wall Street, onde, quase meio século depois, vim a ter o meu escritório, o provável responsável por essa ida para o subúrbio, àquela época tão apartado do centro do Recife que o transporte para lá só se fazia de trem. O que comprova a história de que o tremer das asas de uma borboleta numa península asiática pode desencadear uma cadeia de acontecimentos que termine por um furacão no Alasca. Ou mais ou menos isso. A história tem algo a ver com a teoria do caos, assunto de inextricável compreensibilidade e imprescritível atualidade.

De nossa casa em Tijipió ficou-me a imagem borrada de um quarto úmido, uma calçada imprecisa, uma rua barrenta, às vezes empoçada. A um lado da rua estavam as casas. Lembro-me de duas apenas, da nossa e da de dona Iná, vizinha, na esquina, à direita. Do lado oposto da rua havia um barranco no fundo do qual passava o trem. A estação ficava a pouca distância. Dona Iná deve ter-me causado funda impressão, pois foi o seu nome que dei ao primeiro brinquedo de que me lembro, uma bruxa de pano, com os olhos bordados em ponto de cruz. Todo esse pouco são imagens, instantâneos esvaídos. O lagarto, porém, é uma marca, viva em minha memória, e, talvez, no meu ser.

Nossa casa era separada da de dona Iná por uma estreita vereda de terra e uma sebe de avelós que talvez encobrisse uma cerca de arame. E foi nesse caminho, já onde ele desembocava no quintal cheio de árvores, que tive a minha primeira epifania. Um lagarto verde, um calango assim se dizia, estirara o pescoço para fora da cortina de ramos. Examinava os arredores com bruscos movimentos da cabeça, como se estivesse averiguando se era livre e sem perigo sair à luz do sol. Rápido se fez descer para o chão. Não temia, assim parecia, aquele ser imenso que se acocorava para examiná-lo, uma criaturinha, na verdade, que encarava, pela primeira vez, aquela lagartixa gigante, de luxuriante beleza. Uma emoção poderosa me imobilizou na contemplação daquela cena inesperada e inédita. Eu não sabia descrever o que sentia, nem teria palavras para isso, mas, retrospectivamente, sei que naquele instante eu estava experimentando, pela primeira vez, e com a máxima intensidade que permitiam meus precários sentimentos e minha inteligência em botão, a escandalosa erupção de um prazer estético. A harmoniosa distribuição da forma no espaço e do movimento no tempo, a perfeita combinação de cores e luzes, do verde prístino do lagarto contra o laranja-avermelhado do barro, dos reflexos do sol no dorso do animal e das sombras projetadas por sua silhueta, tudo compunha e provocava um sistema de sensações que me paralisava. Eu estava diante daquilo que muito mais tarde vim a descobrir ter o nome de uma visão plástica.

Refeito do choque, minha imediata reação foi querer dela me apropriar, guardando comigo o lagarto para poder usá-lo como um brinquedo vivo, precioso, que pudesse a meu comando repetir as peripécias de suas escapadas vertiginosas, a dança de seus movimentos de cabeça, com o olhar inquieto e espantadiço, e trazer-me, assim, a certeza de poder reativar em mim a deliciosa sensação de encantamento que havia experimentado. Mas, tão pronto estendi a mão para alcançá-lo, e já sumido ele desaparecera por entre o ramalhedo. Deixou-me a decepção de olhar para a sua ausência no barro agora desprovido das radiações coruscantes em que havia sido metamorfoseado segundos antes. Eu havia, no entanto, acabado de descobrir duas coisas que, desde então, me acompanharam em todos os momentos: a beleza que cores e formas podiam introduzir no universo e a fugacidade de qualquer emoção estética. *A joy forever*? Talvez. Mas plastificada.

Memória e recordação

Leio num diário de meus 18 anos estas palavras: "Talvez goste mais de sonhar do que de viver. Certamente gosto mais de viver do que de recordar. Nada recordo, nunca, e, se o faço, sinto-me estranho ao lembrado como se a memória do fato fosse a que se tem de algo lido ou ouvido, de outra pessoa recontado. Não sinto na lembrança a minha presença. 'Eu fiz isso' é como dizer 'o indivíduo chamado *eu* fez isso'. *Sei* o que houve sem que *sinta* o que houve." Quase poderia reescrever estas linhas hoje, sem nada alterar, tanto reproduzem o que tem sido um traço fundamental de meu modo de ser. Vivo para a frente e raríssimas vezes me descubro relembrando o passado. De nada tenho saudade, se por saudade se entenda qualquer sentimento forte de nostalgia, capaz de alterar sensivelmente um comportamento presente.

Tudo o que neste livro está escrito é verdade, e nada do que aqui está escrito posso garantir que foi assim que ocorreu. Ou melhor, nenhum fato pode ter acontecido exatamente da forma como o apresento, pelos motivos evocados, na sequência em que está sendo narrado, com as consequências descritas. Toda história narrada é uma interpretação. Mesmo enquanto se passam, nunca temos dos fatos uma visão completa, eu diria mesmo uma visão correta. Conscientes ou não, selecionamos o que sentimos, da mesma forma como selecionamos aquilo de que nos recordamos. A mais fugaz escolha já é um processo complexo no qual se combinam ocorrências externas, sobre cujas recordações temos precário controle, ou nenhum, e o resultado de nossa vontade, ela mesma o rescaldo de fatores só imperfeitamente percebidos. São as forças cegas das circunstâncias que determinam o roteiro de uma vida à qual podemos dar consistência e perfil coerente apenas pela permanente vigilância da vontade e seleção da memória. Escolho o passado de uma maneira como não posso escolher o futuro. Faço-o garimpando fatos, percepções, vivências, ilustrações, reflexões, comparações, tudo o que desde um evento específico e o momento em que escrevo acumulei, capaz de dar-lhe significado para a soma total do que, nesse momento, constitui a minha consciência de mim mesmo. Ainda dizendo que sou, e querendo ser, sincero, não é menos certo que o simples fato de recordar isso e não aquilo e de dar às recordações um ordenamento do qual não posso ter certeza já constitui uma tentativa de organizar o passado. Isso é talvez inevitável. O resultado de qualquer recordação é sempre uma montagem.

Le souvenir est un poète.
N'en fais pas un historien,

disse Paul Géraldy.

Em todo caso, o meu passado não é mais do que o meu presente, aquilo que minha consciência faz presente no momento em que eu penso rememorá-lo. Construo o passado à medida que o reconstituo.

Olinda I

Entre o grito inaugural e a aparição do lagarto, tudo não existiu, e minha história começa com a mudança para Olinda, Olinda minha pátria, na medida em que é a infância a pátria que carregamos conosco pelo resto da vida.

A mudança deve ter correspondido a alguma melhora financeira de papai. Ainda que não pudesse ser mais modesta a casa que fomos habitar, Olinda era, evidentemente, lugar de maior prestígio social do que Tijipió. A Olinda se ia de bonde, e não de trem. E Olinda tinha a praia, algo que não significava o mesmo que veio a representar uma cidade balneária, mas que já começava a adquirir certa dignidade pelo efeito salutar que haviam adquirido os banhos de mar na mente coletiva.

Nossa primeira habitação era uma palafita constituída por dois antigos vagões de passageiros de trens da Great Western Rail Co., ajustados em ângulo reto, o da frente servindo de sala de estar, de jantar, de costura, de circulação, enfim de tudo o que não era o lateral, o quarto onde dormíamos toda a família, a esta altura já ampliada de quatro filhos. Uma noite, nele vi entrar um homem que levou a carteira de papai, guardada numa *étagère* onde uma sagrada família, sob uma redoma de vidro, devia estar cuidando melhor do nosso patrimônio. Não dei o alarme, pois nem sabia, nessa época, o que era um ladrão. Aquele exótico arranjo arquitetônico era complementado, do outro lado, por um puxado onde se localizavam a cozinha e os alojamentos dos empregados. No vagão que dava a frente para o mar, ficava, ao centro da fachada, a única porta de acesso, adaptada pela abertura feita na parte inferior de duas das anteriores janelas. Tudo o que seriam paredes externas, numa casa qualquer, na nossa era constituído por janelas, ajustadas umas às outras, do que resultava uma transparência e uma luminosidade inabitual para quem vinha dos ambientes escuros e úmidos da casa de subúrbio. Eu não diria que nos dava a sensação de estarmos em trânsito naquela carruagem estacionada porque então não sabia que vivíamos num trem. Muito mais tarde, quando frequentava, enternecido por Agnes, a casa-barco de Peggoty, pude reviver meus primeiros anos de Olinda como se tivesse realmente sentido, naquele longínquo tempo, minha extraordinária moradia como uma casa viajante. Mais adiante, também, passei a atribuir à nossa casa ancorada a dignidade de assentar-se a uma centena de passos do fortim de Orange, conferindo-nos, assim, o prestígio adicional de sermos vizinhos da História.

Naquele tempo, o mar não havia ainda começado seu insidioso e persistente avanço sobre as praias de Olinda, onde ainda eram poucas as casas, e muitos os coqueiros. Descíamos os degraus de madeira que nos separavam da praia e encontrávamos pela frente uma enorme extensão de areia lavada, por onde as marias-farinha corriam a esconder-se, deixando grafadas suas rotas de fuga em delicados ideogramas. Mas talvez não fosse sempre assim. Ou só o era quando eu precisasse soltar papagaio ou caminhar pelos arrecifes à flor da água, a procurar nas pequenas lagoas, feitas na proporção de meu balde de flandres, os peixinhos coloridos que ali estivessem sequestrados. E era infinita a variação de fauna e flora que eu descobria. Peixes azuis e dourados, caramujos despontados de seus casulos caminhando como aranhas, estrelas-do-mar recobrindo-se céleres de areia para escapar dos pequenos vândalos que as colecionavam, e algas leves e verdes como vaporosas folhas de alface, miniaturas de cachos de uvas, capim aéreo, bexigas flutuantes. Anos depois, entre elas me refugiei quando, tendo nadado para longe da arrebentação, avistei, a uns 20 metros de distância, a cauda ameaçadora de um tubarão que se aproximava. Naquela época, porém, eu ainda não conhecia os medos do dia.

Uma tarde, certo alvoroço na casa me fez procurar ver, como o faziam mamãe e as empregadas, cada uma de sua janela, o que estava acontecendo no quintal. E vi a língua da onda avançando e recuando pelo espaço das galinhas, passando, portanto, sob toda a extensão da nossa sala comunal. Minha única preocupação, talvez retrospectiva, era saber como papai poderia entrar em casa, quando chegasse da loja, sem molhar os pés.

Não sei se foi esse minúsculo tsunami que motivou nossa seguinte transferência. Deve ter havido outras razões. Em todo caso, quando as invasões oceânicas começaram a criar problemas para o acesso à casa e perigos para a permanência nela, mudamo-nos para outra, a mais vizinha de alvenaria, a pouca distância da nossa palafita, mais recuada. Estava protegida, como as demais do mesmo correr, por uma estacada que o mar atacava esporadicamente. Uma *barrage contre l'Atlantique*. Por essa razão, a nova casa devia estar economicamente acessível. Ali vivemos algum tempo, não sei quanto. Mas a impertinência do mar parecia acrescentar-se. Em ocasiões de grande maré, me ocorria, por vezes, poder pular diretamente da calçada em frente da casa, quase que da porta de entrada, dentro da onda prestes a quebrar-se na estacada. Com o tempo, as ondas começaram a entrar na nossa sala de visitas, e, mais uma vez, tivemos que delas nos apartar.

Mudamo-nos para a rua do Sol, agora distantes do mar todo um quarteirão e livres do perigo de sermos outra vez despejados por suas inquietantes incursões. Estávamos desembaraçados de sua ameaça potencial como invasor físico, mas nunca me liberei do sentimento que me havia deixado de uma insuperável vulnerabilidade frente à sua capacidade de assenhorear-se do nosso destino. Pelo resto dos anos, o mar voltou a destruir-me em pesadelos recorrentes, vitorioso sempre, acuando-me no abismo da morte. Cercado de água, vejo a terra desaparecer do horizonte até que, não mais sabendo para que lado orientar-me, vou perdendo o pé. Tudo isso se passa sob um céu de chumbo que rapidamente enegrece e sei que a morte me espera em seu bojo fundo e frio. Ou então, e nesse caso a paisagem é de um sol estonteante, vejo erguer-se do mar uma onda gigantesca, um paredão de água que sobre mim avança inexorável.

A mudança de cenário foi, igualmente, uma mudança de vida. Mesmo sob a ameaça oceânica, da qual eu mal tinha consciência, achando até pitoresco aquele desnaturado convívio, a vida na praia tinha algo de paradisíaco. Dormíamos e acordávamos com o barulho das ondas. Minha cama ficava junto à janela, e pelas frestas entravam-me o som e o cheiro do mar. Papai saía para a loja por volta das seis da manhã e nunca deixou de dar uns mergulhos antes do café. Levava-me com ele e assistíamos juntos ao nascer do sol. No resto do dia, eu vivia mais na areia do que em casa. De qualquer forma, com as paredes feitas de janelas, estávamos no interior como num alpendre sem muros, o chão de tábua corrida e lavada permanentemente coberto da areia que trazíamos nos pés. Eu juntava estrelas-do-mar, caçava marias-farinha. Quando a maré estava baixa, caminhava sobre os recifes. De longe, avistava no alto, por trás de nossa casa, as torres da Sé e o convento dos franciscanos, de cujos muros iríamos em breve ser vizinhos.

A FAMÍLIA

Nasci católico, disse. Apostólico Romano. Nordestino. Numa família da pequena classe média recém-aclimatada à capital. Meu pai vinha de Vitória de Santo Antão, no interior de Pernambuco, minha mãe, de Areias, no interior da Paraíba. Nenhum deles tinha podido terminar os estudos. Meu pai, a escola primária, por ser o filho homem mais velho de uma família de órfãos, composta de uma irmã primogênita e dois irmãos mais moços, pois meu avô morrera assassinado, dizem que por questões políticas, quando ele tinha apenas 2 anos. Nunca tive detalhes. Para sustentar os filhos, minha avó cozia bolinhos que meu pai se recordava de vender de porta em porta, logo que se tornou menino. Minha avó morreu de tuberculose pouco depois de mudar-se com os filhos para o Recife, em busca de melhor sorte, e irem morar num quarto alugado às margens do cais de Santa Rita. De tuberculose e má nutrição morreram em seguida os dois filhos mais novos, enquanto meu pai, então com 14 anos, trabalhava de moço de entrega no armarinho do qual veio a ser proprietário. Era disciplinado e aplicado. Logo se fez balconista e, passada a crise de 29, por compadrio com o dono da loja, dela tornou-se "interessado", uma espécie de sócio cuja participação era alimentada pelos lucros motivados por sua operosidade como vendedor. Quando pensou em se aposentar, seu benfeitor vendeu-lhe o armarinho mediante o pagamento de uma retirada mensal que a ele assegurasse uma velhice tranquila. Minha mãe, de uma família de dois homens e duas mulheres, não completou o ensino médio. Por caturrice do meu avô, o vendedor de chapéus. Nunca se sabia onde ele estava, mas, do Maranhão ao Amazonas, poucas devem ter sido as cidades e aldeias por onde não tenha passado com os seus mostruários e a sua facúndia. Voltava a casa duas vezes por ano e nos trazia de presente cuias pintadas pelos índios. Contador de histórias e cantador de modinhas, enquanto se acompanhava no violão, introduzia uma nota de boêmia nas noites inexpressivas da pequena casa de vila onde minha avó e minha tia solteira passavam a vida a esperá-lo. Chamava-se Abel, mas teria sido mais apropriado que a ele houvesse cabido o nome do irmão mais velho, Ulysses. Tio Ulysses nunca apareceu em Pernambuco. Viveu e morreu em Blumenau, onde era desembargador. Se assim se chamasse meu avô, daria mais razão à interminável espera de vovó Zina. Impressionavam-me suas unhas brunidas e pintadas de esmalte incolor. Morreu sozinho, debruçado sobre uma mesa no convés de um navio gaiola, num dos afluentes do Amazonas.

Meu pai e minha mãe tinham ambos uma caligrafia bem comportada que não se coadunava com a pouca instrução que tiveram. A de papai era imperiosa, afirmativa, constante. Gostava de penas com traços fortes. Suas linhas eram regulares, bem equilibradas. Formavam uma bela mancha na página. A de mamãe era igualmente regular, mas miúda, arejada. As letras pareciam querer evaporar-se em discretas fagulhas. Seu traço era fino. Havia em cada uma delas e no conjunto certa fantasia.

Mesmo desprovidos de educação formal, tanto a meu pai como a minha mãe não lhes faltou o discernimento necessário para se darem uma base de conhecimentos que não os deixava atrás da média das pessoas de sua classe, se não é verdade até que a superasse. Papai lia poucos livros, inclusive porque, trabalhando 12 horas por dia, não lhe sobrava tempo para tanto. Era, porém, um atento leitor de jornal, o que fazia regularmente na meia hora de viagem de bonde entre Olinda e Recife que se repetia quatro vezes ao dia. Mas, durante muitos anos, comprava mensalmente para mamãe os livros nos quais registrava, com dedicatórias inflamadas, o seu amor constante e apaixonado. Com isso, constituiu-se uma biblioteca doméstica considerável para os padrões pequeno-burgueses, que mamãe conservava com os livros impecavelmente vestidos em capas feitas com papel *Kraft*, nas lombadas dos quais escrevia os títulos com sua letra airosa. Inicialmente composta quase que exclusivamente por romances banais, de M. Dely, Paul Bourget e outros do gênero, aos poucos foram sendo nela incorporados autores menos óbvios, como Pitigrilli ("A história de um amor não é mais do que a história dos erros cometidos por uma parte ou pela outra. Como na esgrima e no xadrez, no amor vence aquele que menos erra", é do autor de *O colar de Afrodite* essa máxima tão estranha ao ambiente criado pelas outras obras presentes na estante, uma distância enorme da literatura de *jeune fille* dos romances cor-de-rosa), os folhetins de Eugène Sue, Michel Zevaco ou Ponson du Terrail, e, mais adiante, as obras de Júlio Diniz, Eça de Queiroz, Coelho Neto, Humberto de Campos, até abranger, quando rarearam os presentes e aumentaram os tamanhos dos livros, *E o vento levou*, de Margaret Mitchell, *Os quatro cavaleiros do Apocalipse*, de Blasco Ibañez, e até mesmo alguns livros de poesia, um Rubén Dario, *A ceia dos cardeais*, de Júlio Dantas, ou o *Cyrano de Bergerac*, na bela tradução de Carlos Porto Carreiro, sem falar, é óbvio, dos Castro Alves, Olavo Bilac e quejandos, dos quais mamãe recopiava os poemas que mais a tocavam, em álbuns de caprichosa feitura.

Por muito tempo, as estantes de mamãe estiveram interditadas a mim e às minhas irmãs, até o dia em que foram liberadas para todos ao mesmo tempo, o que nos levou a um verdadeiro reide para ver quem primeiro pegava os livros que nos pareciam mais arrojados. Passamos noites interrompendo as leituras uns dos outros para contar-nos os episódios picantes que líamos ou reproduzir em voz alta algum diálogo particularmente excitante.

Minha participação nesse festival de leitura foi efêmera. Fosse porque desconfiasse da qualidade literária das obras que andei percorrendo, fosse porque, por essa época, já me houvesse entregado completamente à frequentação dos livros de Karl May, Fenimore Cooper ou Charles Nordoff e Hall, da Coleção Aventura, da Globo, ou aos de Emilio Salgari, Jack London e Edgard Rice Burroughs, da Coleção Terra Mar e Ar, da Editora Nacional. De Karl May li tudo, das expedições pelo Far West americano, em companhia de Old Surehand, e, inesquecivelmente, de todos os episódios em que esteve envolvido Winettou, meu verdadeiro herói romântico, até as menos excitantes, mas talvez mais misteriosas, histórias passadas na Tripolitânia ou nas terras do Mahdi. Descobri, há poucos anos, que Karl May fora autor predileto de Albert Einstein, de Albert Schweitzer e de Herman Hesse, quando jovens, e de Hitler, por toda a vida. Um visitante da casa do Führer em Berghof, em

1933, narra ter visto, no quarto de dormir, uma estante com a coleção completa dos livros do escritor alemão, e outro Albert, Speer, em seus diários de Spandau, conta que, durante a guerra, Hitler, ao criticar a falta de imaginação de seus generais, recomendava-lhes a leitura de Karl May.

Um quase instinto natural levava minha mãe, talvez para compensar a educação escolar que não pudera ter, a procurar dar aos cinco filhos a melhor instrução possível, dentro das condições em que viviam, ou até além delas, pois nada nos faltou em termos de bons colégios, de professores particulares de instrumentos musicais e de línguas, bem como de acesso a quantos livros nos bastassem, fosse por exigências escolares, fosse por nosso vivaz apetite de leitura. Vivíamos, é bom salientar, numa época em que não estavam as casas invadidas por aparelhos eletrônicos, sendo ainda longe o dia em que apareceu a primeira televisão. Música, ouvíamos do rádio. Notícias internacionais, as tínhamos através do jornal cinematográfico nas matinês do cinema. Toda a literatura periódica destinada aos adultos eram duas ou três revistas semanais, como a *Revista da Semana*, para as mulheres, e a *Careta*, para os homens, esta mais consultada nas barbearias. Para as crianças, as inocentes peripécias de Pinduca (nunca me conformei com o fato de que os balões de Pinduca elevavam-se perpendiculares no cordão que os sustentava, enquanto os meus pendiam flacidamente, na direção de meus pés), Zé Macaco e Faustina, ou Reco-reco, Bolão e Azeitona, no *Tico-tico*. Vivia-se dentro de casa e brincava-se nas calçadas, com as crianças vizinhas. Visitas só ocorriam por ocasião de batizados, primeiras comunhões, casamentos e enterros. A leitura era, portanto, o passatempo universal.

Talvez por essa época já estivesse mamãe transitando dos livros recebidos para os livros comprados por ela mesma, pois não creio que viessem de papai *A vida espiritual*, de Elisabeth Leseur, *A essência do Catolicismo*, de Karl Adam, a *Vida de Cristo*, de Plínio Salgado, as obras do então popular padre Humberto Rohden e tantas outras que foram aos poucos empurrando para a fileira de trás da estante os velhos romances cor-de-rosa, e para a prateleira de baixo os Pitigrilli e os Eça de Queiroz. Destes, porém, naquele dia de abertura dos portos, nenhum de nós tinha qualquer desejo de se apossar.

Mesmo antes de entrarem em casa os livros de Elisabeth Leseur, éramos uma família rigorosamente católica, o que significava que meus pais iam à missa aos domingos, provavelmente nos levando a todos os filhos (menos a caçula, que ainda não saía do berço), nos haviam ensinado as orações fundamentais (o Padre-Nosso, a Ave-Maria e o Glória ao Padre, e as invocações ao anjo da guarda antes de irmos dormir), nos haviam colocado em colégio católico, no caso a Academia Santa Gertrudes, das freiras beneditinas, no alto da Misericórdia, e, quando a idade certa se aproximava, nos crismavam, nos punham nas classes de catecismo para fazer a primeira comunhão. Confessávamo-nos cada semana ou cada 15 dias, comungávamos aos domingos e festas de guarda, rezávamos o rosário, comparecíamos a tríduos, novenas, trezenas, assistíamos a bênçãos vespertinas, acompanhávamos rasouras, vias-sacras, procissões, cumpríamos promessas, dávamos esmolas, seguíamos as missas com gordos missais e as bênçãos com devocionários entulhados de santinhos, que eram chamados de *adoremus*, entoávamos ladainhas, pendurávamo-nos crucifixos, medalhas, broches, escudos, fitas marianas e escapulários. Nada faltou ao nosso catolicismo bem comportado que talvez tenhamos levado a um grau um pouco acima do normal, pois fomos sempre tidos como uma das referências de família católica em Olinda e Recife.

Não tenho como me certificar, mas ficou-me a impressão de que a mudança para a rua do Sol foi o marco definitivo na orientação familiar para um grau de religiosidade mais extremado, e a isso não deve ter sido estranha a vizinhança com os franciscanos. Com eles nos comunicávamos até por cima do muro do quintal, para receber, como ocorreu algumas vezes, o presente das excelentes mangas-rosa de seu pomar. Éramos íntimos de seus costumes. Presenciávamos quando às primeiras horas da tarde desciam para a praia, em grupos de três, por razões que só muito mais tarde vim a compreender, para se dirigirem à casa de banhos de mar que tinham em Rio Doce, a essa época separado de Olinda por alguns quilômetros de puro coqueiral. Não sei se era em grupos de três, também, que tomavam banho de bica no quintal do convento depois das peladas de futebol que apercebíamos de nossa casa, acompanhadas dos gritos usualmente associados a esse gênero de esporte. O fato é que foram a frequentação da igreja do convento e o estreito convívio com os frades que, seguramente, deram ao desenvolvimento espiritual da família matizes que a tornaram algo mais do que uma simples família católica como qualquer outra. Éramos assíduos nas missas e ofícios que no convento se processavam, e, como muitas das famílias tidas por mais representativas da cidade, abrigávamos visitas quase que cotidianas de algum frade em ronda pela cidade que em nossa casa parava para tomar um café ou fumar um charuto.

Calendário religioso

Nossa vida, como a de todas as famílias que conhecíamos, pautava-se por um calendário em que todos os pontos de referência eram datas religiosas.

Em janeiro festejávamos o Dia de Reis. Ou eu deveria começar, talvez, pelo dia 15 de dezembro, quando iniciávamos a preparação do presépio, pois o Dia de Reis era já uma sequela das comemorações do nascimento de Jesus.

Voltemos a dezembro, pois.

Dias antes do Natal, armávamos o presépio sobre a cômoda, em frente ao santuário. Este era um desses mostruários presentes em toda casa católica onde disputavam espaço, cercando o crucifixo, as imagens dos santos de predileção doméstica, algumas Nossas Senhoras (da Conceição, de Fátima, das Dores), um Santo Antônio, um São Judas Tadeu, um São Sebastião, uma Santa Luzia, e que outros mais. O presépio constava de figuras de massa colorida da Sagrada Família, de alguns pastores, da vaca e do jumento inevitáveis e de alguns carneirinhos deitados ou caminhando que distribuíamos por uma miniatura de paisagem composta de pedras, areia da praia, gravetos e folhas, e mesmo de um lago, feito com um espelho semicoberto nas bordas pela areia, onde em algum momento houve até um cisne de matéria plástica que nele nadava placidamente. No dia do Natal, introduzíamos no cenário os três reis magos, um deles ajoelhado, e os outros, ainda se aproximando da manjedoura.

O Natal era, talvez, o dia mais sagrado do ano, o que nos dava privilégios especiais. Passada a ceia, que reunia toda a família, ficávamos acordados, grande acontecimento, até a meia-noite e íamos incorporados à missa do galo, na matriz de São Pedro. Pelo menos uma vez tocou-me ser solista, entre cantores e organista no coro da igreja, na interpretação ao violino de uma versão de *Noite Feliz*, com algumas variações singelas que davam à melodia ares de sofisticação.

Houve uma época em que chegamos a organizar pastoris em casa, emulando os que se passavam nos jardins de dona Mimi, não longe do nosso, que dispunha sobre nós da vantagem extrema de ser casada com o regente da banda municipal, o que lhe assegurava uma qualidade musical insuperável. Mamãe preparava as necessárias fantasias com papel crepom, sendo eu, nessas ocasiões, o "velho" que comandava o espetáculo, e, já não sei qual das minhas irmãs, a Diana, a personagem que, de certa maneira, representava a união entre as alas azul e "encarnada", vestida que era com um traje que unia as duas cores.

No início do ano civil, o presépio era desfeito na noite do Dia de Reis, quando cantávamos:

> A nossa lapinha
> já vai se queimar,
> em chamas, em brasas,
> já vai se acabar.

Na manhã seguinte, queimávamos os gravetos, as folhas, e tudo o que completasse a decoração e fosse perecível, e as figuras de massa regressavam à caixa de sapatos, recolhida ao fundo do guarda-roupa, de onde só voltariam a sair no fim do ano.

Quando nos tornamos adolescentes, e já praticávamos o vocabulário enigmático dos católicos instruídos, aprendemos a nos referir ao folclórico Dia de Reis com o nome mais nobre de "Epifania". Por essa razão, tardei a poder dar a essa palavra, tingida de liturgia, o sentido refrescante que ela recebeu de James Joyce.

Devo lembrar que no Recife de antes da Guerra as casas não eram decoradas para o Natal com pinheiros, e Papai Noel nada tinha a ver com São Nicolau, mas era um personagem imaginário, um pouco mais concreto do que os outros dos contos de fada apenas por sua capacidade de colocar, invisível, presentes reais aos pés das nossas camas. Não comparecia com roupas de lamê vermelho e barbas de algodão aos shoppings e não tinha trenós puxados por renas. Tudo girava em torno da figura de Jesus na manjedoura e dos pés de moleque e rabanadas na mesa da sala de jantar.

O próximo evento era a Quarta-Feira de Cinzas. Deviam elas recordar o pó de que éramos feitos, o que, um pouco mais tarde, dava-me sempre a incômoda sensação de uma metáfora inadequada, pois não de pó ou cinzas havia sido feito o primeiro homem, mas de barro, os demais sendo diretamente fabricados de carne e osso. Não me recordo de havê-las recebido eu mesmo, mas todos os adultos lá em casa iam devotamente oferecer as cabeças às cinzas. Tampouco sei se a eles se aplicavam, igualmente, os 15 anos de indulgência de que se beneficiavam os penitentes que as recebessem na igreja de Santa Sabina, no monte Aventino, em Roma, nessa ocasião.

Inaugurava-se nesse dia a Quaresma, com a abstinência de carne nas sextas-feiras, religiosamente observadas em nossa casa, os jejuns, menos rigorosamente seguidos, e toda uma série de atos litúrgicos que cumpríamos com convicção, e eu, que me lembre, com compunção. Assistia à missa diariamente, seguindo passo a passo o que acontecia no altar em minha frente, e em Roma, também, na preparação da paixão de Cristo (só depois aprendi a dizer "do" Cristo), graças à reprodução dos textos litúrgicos em latim e em português que figuravam no *Missal quotidiano* de dom Beda Keckeisen e às notas com que explicava o significado de cada comemoração. Alguns dias mereciam nomes especiais, como a quarta-feira, a sexta-feira ou o sábado "das têmporas" da Quaresma. Sempre me perturbava um pouco a terminologia dos atos litúrgicos, as mudanças de gênero, como a "dominga", ou de sentido lexical, como as "têmporas", ou semântico, como "as práticas" (a palavra "sermão" ficando resguardada para referir-se às prédicas em ocasiões solenes), os prefácios, as secretas, os tratos, as vigílias. Nos domingos pela tarde, fazia-se a via-sacra, na igreja dos franciscanos, com a iluminação reduzida. Acompanhávamos o oficiante pelas 14 estações distribuídas pela nave, recordando o sofrimento da paixão.

Essa longa preparação desembocava no sábado da quarta semana da Quaresma, quando a missa se alterava com a supressão do *Gloria Patri* e das referências aos catecúmenos e, em todas as igrejas da cidade, os crucifixos e as imagens eram velados com pano roxo, os altares despidos de qualquer ornamento. Iniciava-se com a semana da paixão a preparação dos dias culminantes da liturgia católica em que se ia rememorar a morte e a ressurreição de Jesus.

A Semana Santa era totalmente dedicada a cerimônias litúrgicas que me mantinham num diapasão elevado de fervor religioso. Do Domingo de Ramos ao Sábado de Aleluia (tenho que conservar as maiúsculas com que víamos essas datas marcadas), eu tinha corpo e alma ocupados com missas, ofícios, procissões, penitências e orações.

O Domingo de Ramos se iniciava com a bênção dos ramos na matriz de São Pedro, seguida da procissão que, após sair da igreja e fazer um pequeno giro pela praça em frente, a ela regressava para encontrar fechada a porta principal. A um apelo do subdiácono, batendo com a haste da cruz na porta, esta se abria para deixar entrar o celebrante seguido do público cantando louvores ao filho de Davi. Após a missa, regressávamos a casa com palhas de coqueiro nas mãos, enobrecidas com o título que lhe davam de "palmas", e que, por serem bentas, não sabíamos bem o que com elas fazer. Dom Beda dizia tratar-se de um "sacramental", que, como tal, devia ser guardado religiosamente em nossas casas. Mandava o costume que fossem conservadas dobradas, em forma de cruz, e, no dizer popular, eram muito eficientes contra raios e tempestades, proteção da qual pouco poderíamos usufruir em Olinda, onde uns e outras eram desconhecidos. Talvez as guardássemos por algum tempo. De como eram dispostas após isso, não tenho lembranças.

Luís Delgado evoca um domingo desses e diz que:

> "Tão claro é o céu, tão metálica é a luz, tão festiva é a terra,
> que até parece bastarem os sentidos
> e não ser necessária a esperança nem a fé."

Foi assim, clara a manhã, metálica a luz e festiva a escadaria da matriz, que ficou o Domingo de Ramos da minha memória, com o rebanho de beatas saindo da igreja, após a conclusão da cerimônia, em seus vestidos brancos, com os escapulários vermelhos do Sagrado Coração ou as fitas azuis de Filhas de Maria, levando nas mãos as palmas que minutos antes agitavam durante a missa clamando hosanas ao rei de Israel.

Do que se passava nos dias imediatamente a seguir, guardo pouca lembrança, salvo a de que as missas eram particularmente longas, devido ao número de leituras e registros da paixão, segundo os vários evangelistas.

Na quarta-feira havia o Ofício de Trevas. Esse era o mais bonito ato da santa semana. Eu o acompanhava no coro da igreja de São Francisco. Coro, ao contrário do sentido comum da palavra, que se refere ao balcão sobre o pórtico de onde nos envia os sons o organista, significava, na linguagem litúrgica, a área entre o altar-mor e a mesa de comunhão, reservada no convento aos frades e irmãos da Ordem Terceira e, nas igrejas paroquiais, aos homens. Não me recordo de terem acesso ao coro da igreja conventual outras pessoas além dos frades e de um ou outro irmão da Ordem Terceira, de modo que minha presença ali devia representar uma concessão muito especial. Tudo era feito em latim e entoado em cantochão. A cada tanto se apagava um dos 15 círios do enorme candelabro, o tenebrário, que, segundo se dizia, representava Jesus, os 11 discípulos fiéis e as três Marias. Quando só restava o do alto, o que simbolizava o Redentor, um dos frades o retirava e, protegendo a chama com uma das mãos, recolhia-se atrás do altar-mor, de modo que a igreja, iluminada até então apenas pelo tenebrário, ficava inteiramente às escuras. Cristo havia morrido. Os oficiantes fechavam com estrondo os grossos antifonários imitando o trovão, e, por instantes, toda a igreja ficava em silêncio, até que o frade que se escondera com o círio aceso regressasse, trazendo de volta a luz do mundo.

Na quinta-feira, celebrava-se a ceia do Senhor e comemorava-se a instituição dos sacramentos da Eucaristia e da Ordem. Os atos eram solenes e carregados de símbolos. Única vez no ano litúrgico, o celebrante consagrava duas hóstias grandes, uma para ser consumida durante o ofício da missa e outra para ser posta num ostensório que, depois de levado em procissão, era deixado exposto no altar para adoração permanente (adoração perpétua, creio ser a expressão que se usava) até a missa da sexta-feira. Após sua consumação no dia seguinte, a porta do tabernáculo era deixada aberta para significar a ausência do Redentor. Apagava-se a lamparina do Santíssimo e desnudavam-se os altares. Em Roma, a cerimônia *mater* se realizava (realiza-se ainda?) na igreja de São João de Latrão, onde se venerava a própria mesa que servira para a última ceia de Jesus com os seus discípulos. Assim se dizia. Assim é mencionado no missal de dom Beda. Durante a procissão, entoava-se o *Pange lingua gloriosi,* cujas palavras latinas, escritas por São Tomás de Aquino, arremedávamos sem saber o que queriam dizer e apenas estranhando a conexão um tanto inesperada do substantivo língua com o adjetivo gloriosa.

À tarde, na igreja do convento de São Francisco, assistia-se ao lava-pés. Como íntimo dos frades, eu tinha acesso privilegiado aos locais normalmente reservados para os irmãos da Ordem Terceira. Certa vez, não sei por que razão, na ausência, talvez, de um dos personagens que deveriam ter os pés lavados pelo celebrante, distinção que era inapropriadamente atribuída aos irmãos terceiros, e não aos pobres da cidade, como deveria ser o caso, fui convocado para sentar-me entre os 12 representantes dos Apóstolos e tive meu pé direito lavado e beijado pelo frade superior do convento. Tive vontade de dizer, como São Pedro: "Tu não me lavarás os pés!", mas limitei-me a olhar, como se não fosse comigo, aquele bizarro quadro de um velho coberto com uma capa de asperges bordada a ouro, cujas abas dois frades ajudantes levantavam, aos meus pés ajoelhado, enquanto dois clérigos, como chamávamos aos noviços que o acolitavam, com as sobrepelizes de punhos rendados sobre os buréis de lã marrom, seguravam uma bacia e uma jarra de prata.

O ofício da sexta-feira santa, *Feria Sexta in Parasceve* na terminologia apropriada, era diferente de qualquer missa ordinária. Começava como uma antiga missa de catecúmenos. O altar estava sem velas, e a ara, sem toalhas. Os oficiantes, ao entrarem, prostravam-se em frente ao altar, enquanto sobre a ara se punha a toalha. O ofício constava de leituras tiradas do Antigo Testamento e da narração da paixão segundo São João. Recordo-me bem das orações solenes com que o ofício se encerrava. Eram em número de sete e destinavam-se a pedir a proteção de Deus para sua Igreja e seus fiéis. Lembro-me de que uma delas implorava a proteção para Pio XI, o papa reinante, e outra, o mesmo para todos os bispos, presbíteros, diáconos, subdiáconos, acólitos, exorcistas, leitores, porteiros, confessores, virgens e viúvas. Eu não sabia fazer a diferença entre um presbítero e um diácono. Creio mesmo que não conhecia nenhum presbítero. Não sabia por que entre aqueles para os quais se pedia a especial proteção divina estavam os porteiros. E não entendia o que vinham fazer as virgens e as viúvas nesse meio.

Mas me recordo muito bem das genuflexões que tínhamos que fazer após cada oração, quando então cantávamos todos, em latim: *Flectamus genua*, e o oficiante nos exortava: *Levate*. As mesmas expressões voltavam a ser usadas após a leitura de cada uma das 12 profecias com que se celebraria a bênção do fogo e da água no sábado santo.

Procissões, havia muitas ao longo do ano, mas eram as da Semana Santa as mais solenes e carregadas de sentido. Iniciavam-se com a do Encerro, realizada na noite da quarta-feira, saindo, em Olinda, da igreja do Carmo, acho que na direção da Sé, já não me lembro. Ficou-me o aspecto um tanto teatral, as fileiras de irmãos das diversas confrarias religiosas, em suas opas identificadoras, gravemente se deslocando, em fila indiana, de cada lado da rua, levando bastões encimados por lanternas com velas acesas, e o andor sobre o qual, dentro de uma espécie de gigantesca caixa de seda roxa, seguia a imagem em tamanho natural de Jesus carregando a cruz. A imagem seria retirada no dia seguinte, para regressar descoberta à igreja do Carmo, na procissão dos Passos, assim chamada porque, ao longo do percurso, frente a três capelinhas distribuídas pelas ladeiras da cidade e apropriadamente chamadas de "passos", pois apenas para isso serviam, os portadores da imagem simulavam as quedas de Jesus a caminho do Calvário, correndo uma dezena de metros com o andor aos ombros e fazendo, sincronizadamente, uma genuflexão que dava a impressão de uma queda do andor, manobra essa que deles requeria destreza e boa disposição física. Esses "passos" eram construções permanentes que talvez ainda existam, uma ao lado do palácio do bispo, perto da Sé, a segunda na Ribeira, em frente às ruas do senado que serviu de cenário à proclamação da República pela confederação do Equador, e a terceira na rua 27 de janeiro, quase ao lado da Matriz de São Pedro. O percurso e as igrejas de partida e destino sofreram alterações de ano para ano, em função, sobretudo, de obras na Sé e do estado de deterioração da igreja do Carmo. Lembro-me de pelo menos uma ocasião em que o destino da procissão do Encerro foi a igreja do Amparo.

Na sexta-feira, era a vez da procissão do Senhor Morto. Esta partia da igreja de São Francisco e a ela regressava, levando no andor uma imagem de tamanho maior do que o natural de um Cristo morto deposto da cruz. O andor era acompanhado pelos irmãos das ordens terceiras de São Francisco, em hábitos cinza, e do Carmo, em hábitos marrons, além dos integrantes das confrarias do Amparo, das Almas, da Boa Morte, de São Benedito, talvez outras ainda, presentes ou não na do Encerro, todos homens, que se distribuíam a tarefa de carregar mais dois andores, no primeiro dos quais seguia uma imagem de Maria, mãe de Jesus, e no outro, a de Maria Madalena, com os olhos porejando lágrimas sobre a face. O espaço deixado entre as filas indianas dos terceiros e confrades era ocupado pelos penitentes avulsos, que, geralmente em trajes de santos ou de anjos, destacavam-se da multidão que seguia atrás das confrarias. Os bancos da nave da igreja conventual eram retirados para acomodar o maior número de fiéis após o regresso da procissão, ocasião na qual era pregado, do púlpito, um sermão para o numeroso público que o escutava de pé. Era sempre a oportunidade para alguma homilia memorável, e dos pregadores se comentava o desempenho como de grandes momentos de oratória. Certa ocasião, o anunciador da palavra divina foi monsenhor Sales, pároco da Soledade, no Recife, tido por excepcional pregador. Assomou o púlpito com luvas de seda preta que retirou teatralmente e depositou sobre o parapeito antes de dirigir-se aos caríssimos irmãos em Cristo que esperavam sua mensagem.

No sábado de Aleluia, a alegria retornava aos altares. O momento solene era determinado pelo celebrante, ao pronunciar três vezes, sempre elevando mais a voz, a palavra "Aleluia", com a qual se encerrava a Epístola do dia. Repicavam então os sinos para anunciar que Cristo havia ressuscitado. Era tradição em Olinda que em nenhum templo podiam os sinos badalar antes que os da Sé o houvessem feito, o que obrigava os celebrantes em todas as demais igrejas ao difícil exercício de procurar sincronizar suas missas de maneira tal que pudesse coincidir com o da Sé o grito de "Aleluia". Como tal operação era praticamente impossível, preferiam os sacerdotes avançar a leitura da Epístola até o penúltimo parágrafo e aguardar, parados, os sinos da Sé, antes de anunciar suas próprias "Aleluias", liberando, assim, os atentos e ansiosos sineiros locais. Para não darem a impressão de estar sem fazer nada, alguns sacerdotes fingiam passar páginas do missal, o que levava o povo a achar que o padre estava procurando a "pinta" (o sinal) da Aleluia, ação de significado tenebroso, porque, se o pobre celebrante não a achasse, isso daria o sinal de que aquele seria o ano do final do mundo.

A sucessão de procissões terminava com a da Ressurreição, cedo na manhã de domingo. Esta não tinha a concorrência nem a dramaticidade das anteriores, seu percurso era pequeno, e as dimensões do andor, limitadas, pois a imagem do Cristo ressuscitado não chegava à metade do tamanho natural. Ou talvez já estivessem cansados os penitentes que, sobretudo nas procissões dos Passos e do Senhor Morto, caminhavam vestidos de santos ou anjos, muitas vezes de pés descalços, pagando alguma promessa. Eu mesmo, que os olhava com admiração e inveja, tive que participar descalço de uma procissão dos Passos para pagar uma promessa feita para que minha irmã mais velha se recuperasse de alguma enfermidade. Entre a cura e a procissão passou-se um largo tempo, e quando tive que pagar a promessa, já não admirava tanto, e já não invejava nada, aqueles penitentes, e foi com um grande sentimento de vergonha que me desincumbi da obrigação assumida com Deus, baixando o rosto e quase implorando ao meu credor não ser reconhecido, entre os assistentes, por algum colega ou pessoa amiga da família.

Quarenta dias depois da Páscoa, comemorávamos a Ascensão do Senhor e já começávamos a pensar em Pentecostes, dentro de dez dias. Era a vez do Espírito Santo, sua única comemoração litúrgica. Nunca senti que houvesse uma participação sensível dos fiéis em nada que dissesse respeito ao Espírito Santo. A terceira pessoa da Santíssima Trindade permanecia mais distante e incompreensível do que Deus pai, de quem ao menos sabíamos alguma coisa através de suas antigas intervenções no Antigo Testamento, e de Deus filho, esta, sim, a que realmente contava. O Espírito Santo, ao contrário das duas outras, só se manifestou fisicamente duas vezes no livro da Revelação, a primeira, em forma de pomba, por ocasião do batismo de Jesus, e a segunda, após sua morte, em forma de línguas de fogo, sobre a cabeça dos apóstolos, que, de repente, começaram a entender e a falar as línguas dos povos que deveriam evangelizar. É essa aparição que se comemora em Pentecostes. Dom Beda diz que há três lugares na igreja onde o

Espírito Santo opera de modo especial: o confessionário, o púlpito e o altar. Como todos três dizem mais respeito ao celebrante do que ao penitente, isso talvez explique um pouco a distância em que parece colocar-se a terceira pessoa com respeito à comunidade dos fiéis.

A propósito da espetaculosidade de sua aparição aos apóstolos, foi a capacidade que deu aos seguidores de Cristo de compreender e falar línguas estrangeiras seu maior feito. Aparentemente, em toda a história da humanidade, foi aquela a única ocasião em que isso aconteceu. Não que faltassem outras oportunidades, até mesmo recentes, entre os pentecostais. Casos reais de glossolalia foram observados na Noruega e nos Estados Unidos no século passado, e foram feitas gravações das línguas faladas por alguns fiéis visitados pelo Espírito Santo. *Ulalalala galala, takan dalalala, undei dalalalala, kant kadilalalala, taka, dalala, ukei dalalala* foram as palavras de uma das línguas gravadas. *Siai, siriai siriai, ai siriai siriai, si siriai siriai siai sisi ai*, foram as de outra. Infelizmente, não foi possível identificar a que povo correspondiam e não puderam eles, assim, beneficiar-se da atividade evangelizadora que o conhecimento de suas línguas permitiria ensejar.

O renomado teólogo dominicano Yves Congar, à época em que se passa esta história proibido de ensinar e publicar pelo papa Pio XII, mas depois elevado ao cardinalato por João Paulo II, dizia que a Igreja progressivamente foi substituindo por Maria a pessoa do Espírito Santo na Santíssima Trindade, a ela atribuindo a função de dispensadora da graça. De fato, enquanto até o século V em Maria não se falava, e mesmo Santo Agostinho nunca sobre ela predicou, o culto marial foi se instalando e ampliando, tendo alcançado enorme apoio eclesiástico e popular à época da construção das grandes catedrais, e alcançado o acume com Pio IX, na proclamação do dogma da Imaculada Conceição, e Pio XII, na do da Assunção. Mais grave ainda, vê Congar que, com o dogma da infalibilidade papal, Pio IX estava se atribuindo o papel de intérprete do Espírito Santo, que, na verdade, era suposto agir diretamente sobre a comunhão dos fiéis, como nos primeiros séculos do cristianismo, substituída, depois, pelos Concílios episcopais, nos quais, em teoria, o papa não era mais do que um *inter pares*, como bispo de Roma. Quando alertado pelo secretário de Estado de que poderia estar alienando parte considerável da cristandade insistindo na proclamação do dogma, Pio IX respondeu ter o aval direto da Virgem Maria, não o do Espírito Santo, supostamente o iluminador dos concílios e da própria infalibilidade de seu cargo.

Onze dias depois de Pentecostes, tínhamos a festa de *Corpus Christi*. Essa tinha o privilégio de ser enunciada em latim. Era comemorada com uma imponente procissão em que a hóstia consagrada era conduzida pelas ruas da cidade proclamando a presença real do Cristo encapsulado no ostensório levado pelo pároco. Para essa procissão, era esperado que as famílias católicas cujas casas estivessem no percurso enfeitassem as fachadas (não havia, então, em Olinda, um só edifício de apartamentos), o que geralmente era feito pela colocação das melhores toalhas ou colchas rendadas nas janelas, de modo a embelezar as ruas e dar-lhes um aspecto festivo.

A próxima festa era a do Sagrado Coração de Jesus, no dia 16 de junho, que não era objeto de atenção especial, salvo por parte daqueles que pertenciam à Confraria a ele dedicada, como a minha tia-avó. Isso a levava a ter que comungar nas primeiras sextas-feiras de nove meses de enfiada, para aceder à Grande Promessa feita pelo próprio Cristo a Santa Margarida Maria em 1657.

No último domingo de outubro, havia a festa de Cristo Rei, esta ainda sofrendo certa imprecisão quanto à maneira de ser celebrada, sendo de criação recente, no esforço de Pio XI de introduzir no calendário religioso algo que consolidasse seu programa de afirmação soberana de Cristo sobre a sociedade civil. Terminava aí o ciclo das comemorações relacionadas com a vida de Cristo. Mas eram muitas, ainda, as festas que diziam respeito à mãe de Deus e aos santos da Igreja.

Rico era o calendário das festas litúrgicas relacionadas à Virgem Maria. Todo mês de maio era a ela dedicado. Havia cultos diários, na forma de bênçãos vespertinas na igreja matriz, ficando a decoração do altar-mor a cargo, cada dia, de alguma senhora da sociedade local, o que ensejava uma surda, mas óbvia, competição para ver quem a fazia mais suntuosa. Dia muito especial, e mais que os outros festejado, era o 13, comemorativo da aparição da Virgem em Fátima, na cova da Iria. Outra aparição da Virgem era comemorada no Recife, no dia 16 de julho, a de Nossa Senhora do Carmo uma das padroeiras da cidade. Tinha especial significado para os portadores do escapulário, cuja posse dava, a quem o mantivesse no corpo, a garantia de não morrer em pecado mortal, conforme promessa da Nossa Senhora a Simão Stock, superior da ordem dos carmelitas, no dia 16 de julho de 1251, ao aparecer-lhe na cela do seu convento em Cambridge. Durante algum tempo, utilizei-me desse seguro celestial para proteger-me do perigo de morrer entre algum pecado contra a castidade e a próxima confissão. Seguros como esse havia vários. Uma amiga nossa, a quem haviam dito que o broche da Ação Católica era portador de virtudes semelhantes, tomava o cuidado de pendurar o seu por um cordão no pescoço enquanto tomava banho para não ser surpreendida pela morte um só instante dele desprovida.

Todo o mês de julho era dedicado a Nossa Senhora do Carmo. As comemorações se iniciavam com a procissão da Bandeira, prelúdio à novena realizada na igreja da padroeira. Basicamente, tratava-se de uma pequena procissão para recolher na casa do patrono da novena do ano anterior a bandeira que seria plantada na frente da igreja do Carmo até o final das celebrações do ano em curso, quando era levada, igualmente de forma solene, para a residência do patrono do seguinte ano. Deste, esperava-se que assumisse a decoração da igreja durante os dias da novena.

Maria voltaria a ser comemorada com especiais solenidades no dia 15 de agosto, quando se celebrava a sua Assunção. Éramos firmemente instruídos a notar a importante diferença entre a palavra "ascensão", que se referia exclusivamente à elevação de Cristo ao céu, e "assunção", que foi o modo específico da elevação de Maria. Em 8 de dezembro, comemorávamos sua imaculada conceição. Note-se, *en passant*, que ambos os eventos, a assunção e a imaculada conceição, só foram incorporados aos dogmas da Igreja em tempos relativamente tardios em relação aos acontecimentos reais, o da Imaculada Conceição em 8 de dezembro de 1854, pelo papa Pio IX, e o da Assunção a primeiro de novembro de 1950, pelo papa Pio XII, o que demonstra que mesmo verdades da mais transcendental importância para a salvação pessoal podem esperar 19 ou 20 séculos até serem reconhecidas.

Nossa Senhora tinha direito ainda a todo o mês de outubro, o mês do Rosário, com culto especial no dia 7 e sua oitava. O dia 12 era o dia da padroeira do Brasil, Nossa Senhora Aparecida. Ao contrário das demais festas relacionadas a aparições da Virgem, no caso de Nossa Senhora Aparecida não houve realmente uma "aparição". A data comemora o achamento por alguns pescadores no rio Itaguaçu, em 1717, de uma imagem da Virgem tida por milagrosa. Reconhecendo a devoção que suscitou no Brasil, Pio XI declarou-a padroeira da nação em 1930. Aparentemente, o culto a Nossa Senhora Aparecida limita-se, praticamente, às regiões circunstantes ao local de sua origem. Ou, pelo menos, talvez assim fosse à época de minha infância. Então, não devia estar associada a qualquer comemoração especial em Pernambuco, pois de nada recordo que a data distinga.

Uma última comemoração era devida a Maria, antes do Natal, e era o dia de Nossa Senhora da Conceição, a 8 de dezembro, quando éramos chamados a comungar.

Além das festas religiosas dedicadas a Cristo e a Maria, havia as festas dedicadas aos santos. O primeiro a ser homenageado era São José. Sua festa, celebrada no dia 19 de março, era dispensada de comemoração no Brasil, segundo dom Beda, exceto no Ceará e na diocese de Garanhuns, em Pernambuco. Podíamos acrescentar: e na capelinha de São José, em Olinda, da qual era mamãe a zeladora, pela razão, talvez, de morarmos ali defronte da mesma e assim ela poder ocupar-se da limpeza e da preparação dos ofícios dominicais. E dos casamentos que ali foram realizados, os de quatro dos filhos, incluindo o meu.

Não me privo de introduzir nesta recapitulação uma observação que me ocorre agora e que jamais me surgiu durante a infância e a juventude, nem foi objeto de qualquer preocupação a mim demonstrada nos círculos religiosos que eu frequentava. Refiro-me à importância do papel de São José na obra da Redenção. Dei-me conta disso ao escrever poucas linhas atrás que São José era o primeiro dos santos a ser homenageado no calendário litúrgico que guiava os nossos dias. Era o primeiro, sim, mas apenas na ordem cronológica dos festejos, e não porque lhe fosse, ou seja, reconhecido o indispensável papel que teve para que se cumprisse a missão redentora de Jesus na constituição da sagrada família. São José jamais gozou de atenções especiais, nem por parte de evangelizadores na evocação do que pode ter representado nos anos de formação do menino que ajudou a criar, nem por parte da Igreja no reconhecimento a ele devido na liturgia. Marcos chama Jesus de filho de Maria e não menciona José nem uma só vez. Tampouco João. Como explicar essa marginalização de São José, quando, afinal, se Jesus se podia considerar descendente de Davi, o que o habilitava a cumprir as profecias que faziam dessa linhagem a mesma do Messias, era pela corrente genealógica de seu pai dito pùtativo e não pela de sua mãe carnal, pois a linhagem real, entre os judeus, transmitia-se pelos varões e não pelas mulheres? Mateus é claro a esse respeito. E São Paulo também. Aliás, palavras de São Paulo fazem pensar que José talvez não fosse tão putativo quanto se lhe atribui ter sido, pois de que outra forma é possível interpretar o que diz na introdução da epístola aos romanos, quando se refere a Jesus como "nascido da estirpe de Davi segundo a *carne*" (Rom. 1:3)? E, do Antigo Testamento, Paulo devia saber mais até do que da vida de Jesus, pois só dois episódios da vida do Messias são mencionados no conjunto de suas sete epístolas incontestavelmente reconhecidas como autênticas, a ceia e a ressurreição, enquanto mais de uma centena de referências ao Antigo Testamento nelas são encontradas. Note-se, a propósito, que a Epístola aos Romanos foi escrita muito antes do primeiro Evangelho, o que explica o desconhecimento que tinha de qualquer detalhe da vida do homem-Deus, ou do Deus-homem que o escolhera para apóstolo na estrada de Damasco. A própria linhagem davídica de José baseia-se em Paulo numa especulação silogística: Se Jesus é o Messias, e o Messias, segundo as Escrituras, seria do ramo davídico, José, pai de Jesus, seria descendente de Davi. A Maria, mãe de Jesus, não se encontra, aliás, qualquer menção nas epístolas de São Paulo. Nem teria ele à disposição no Antigo Testamento qualquer árvore genealógica de Davi que chegasse ao Messias e, obviamente, não podia conhecer as que foram escritas por Mateus e Lucas pelo menos trinta anos depois de sua pregação. Ainda que a elas pudesse ter acesso, iria descobrir duas árvores distintas, uma com 26 e outra com 42 gerações, nas quais apenas dois nomes são comuns, Salatiel e Eliaquim.

Junho se iniciava com a trezena de Santo Antônio, que culminava no dia 13. Santo Antônio era particularmente venerado no Recife e em Olinda, cidades das quais é padroeiro principal. O ofício vespertino com que era comemorado na igreja do convento franciscano de Olinda incluía uma pequena procissão realizada dentro da igreja, a que se chamava "rasoura" (o termo com essa acepção não figura em nenhum dos mais co-

qualquer evocação quanto o eram os fundadores de Roma, Rômulo e Remo.

No dia 2 de outubro, quando ainda éramos muito crianças, as freiras na Academia nos faziam lembrar que devíamos agradecer a proteção de nossos anjos da guarda, sendo esse o dia dedicado a esses fiéis zeladores designados por Deus para nos cuidar.

Primeiro de novembro era o dia de Todos os Santos, mas a abrangência dos festejados tirava a identidade dos homenageados, fazendo o dia memorável apenas pelo feriado escolar que o acompanhava. Isso tinha ainda a vantagem de amenizar, por antecipação, a tristeza que, por princípio, devíamos sentir no dia seguinte, o dia de finados, ao participar das cerimônias que lhe eram próprias, inclusive a visita anual ao cemitério. Para os sacerdotes, 2 de novembro era, igualmente, um dia especial, pois, como no Natal, ficavam autorizados a celebrar até três missas, possivelmente para poder atender à demanda, que se acentuava nessa ocasião, de ofícios por almas de parentes e amigos.

Dezembro, finalmente, tinha a festejar, antes das comemorações do Advento, a festa de Santa Luzia, a protetora dos olhos, no dia 13. Logo estávamos de volta ao dia 15, e assim, de uma festa religiosa a outra, decorriam os nossos anos.

Nesse calendário religioso, não pode faltar uma menção a um evento que, sem comemorar nem Cristo, nem Maria, nem os santos da Igreja, era de fundamental importância para a salvação de nossas almas: as santas missões. Ocorriam no mês de outubro. Não nos afetavam diretamente, pois eram orientadas, sobretudo, para a conversão dos "bodes", como eram designados os protestantes. Concentravam-se nas pequenas cidades do interior, mas me recordo de terem sido realizadas também na periferia de Olinda. Pregavam-nas os carmelitas, embora, em alguns casos, como recordo ter sido o das missões em Olinda, também os franciscanos. Durante uma semana, saíam os monges às ruas a conclamar fiéis e infiéis a comparecerem à missa das cinco horas na matriz, acompanhados de alguns religiosos ou convertidos, que cantavam:

> "Vem, vem pecador, onde tu te escondes
> que o Senhor te chama e tu não Lhe respondes?
> Muitos que de noite na cama se deitaram
> no outro dia no inferno se acordaram."

Ao que se seguia a voz do pregador, ameaçadora:

> "Escuta pecador, ouve a voz do Eterno,
> que te manda oferecer penitência ou inferno."

Durante o dia, havia confissões, em horários diferentes, para senhoras, moças e crianças, e à noite, para os homens. À noite, também se faziam as pregações, sempre atemorizadoras.

Assim transcorria o ano, de uma festa a outra, de uma comemoração a outra, de uma alegria a outra, de uma tristeza a outra, a presença constante da Igreja a não deixar que se passasse um dia sem pensarmos nas obrigações a que nos submetia a fé. Olhando retrospectivamente o calendário religioso aqui esmiuçado, constato, talvez sem surpresa, que em nenhuma ocasião se festeja a primeira pessoa da Santíssima Trindade.

Deus Pai sempre foi uma figura ausente de nosso pensamento e de nossas orações. Deus Pai e Deus Espírito Santo, embora este fosse evocado pelo menos no dia de Pentecostes. Jesus, o Cristo, tomou todo o lugar de nossa fé e de nossa devoção. Jesus e Maria, nomeada principal intercessora. E os santos particulares de cada um.

Anjos I

Meu primeiro contato espiritual não foi com Deus, ou seu filho ou sua mãe. Ou com os santos da Igreja. Foi com o meu anjo da guarda. Ainda não conhecia os mandamentos e não sabia, por exemplo, que devia amar a Deus sobre todas as coisas, mais do que a mamãe ou a papai, e ainda não tinha ouvido falar em Satanás, de cujas blandícias eu havia prometido me separar, através das promessas feitas pelo meu tio e padrinho Boanerges por ocasião do batismo. Mas ao anjo eu era chamado a rezar todas as noites, antes de me deitar, chamando-o de "santo anjo do Senhor, meu zeloso protetor".

Para ser exato, cumpria aquele ritual como, provavelmente, cumpri, ao longo da minha vida enquanto religioso, o ritual de todas as orações programadas, de modo inteiramente automático, pensando em outra coisa, no caso em subir o mais depressa possível para a cama e me aninhar para dormir. Não tinha do meu designado protetor outra noção que não fosse a de um ser imaginário, como as fadas e os duendes que, embora claramente descritíveis e reproduzíveis em suas conformações anatômicas, não se materializavam perante o comum dos mortais. No caso do anjo da guarda, mais do que no dos demais seres imaginários, sabia que se assemelhava a um homem de camisola, a única diferença sendo as asas que eu não entendia muito bem como entravam e saíam das túnicas que vestiam. E sabia, também, que eles eram adultos, o dobro do meu tamanho, o que tornava incompreensível aceitar como, tendo cada um de nós um personagem tão avantajado a nos acompanhar, com a mão sobre o nosso ombro — e assim figuravam nos santinhos com que nos presenteavam —, podiam tantos caber no limitado espaço da nossa sala de aula. Muito menos no do ônibus escolar, dirigido por seu Caetano, onde, só para poderem ser acomodadas todas as crianças, as que o tomavam por último eram forçadas a sentar em bancos de lona dobráveis, aos quais chamávamos de "pinoias", colocados entre as filas de assentos regulares.

Não sabia então — e melhor terá sido que assim acontecesse — que os anjos são tão pequenos, que um trilhão deles poderia dançar na cabeça de um alfinete. Se disso soubesse, teria pensado que não passavam de irrelevantes pulgas, o que, obviamente, lhes retiraria qualquer capacidade de nos proteger. Nem sabia, como hoje sei, graças à internet, que é possível entrar em contato com eles, atraindo-os com livros, se forem serafins, com doces, se querubins, com música, se tronos, com velas, se dominações, com animais, se potências, com aromas, se virtudes, com cristais, se principados (*et pour cause!*), com flores, se arcanjos, e com frutas, se simplesmente anjos, a força de trabalho mais humilde, pobres operários cuja única compensação é terem horário fixo para trabalhar, pois, se obrigados fossem a cumprir tempo integral, não haveria para os humanos perdas e dores, o que faz parte da sua premeditada condição. Graças à internet, igualmente, pude identificar meu anjo da guarda, embora não tenha podido descobrir o seu horário. Retrospectivamente, chego à conclusão de que ou meu anjo privativo era relapso na condução de seus deveres de proteção à minha virtude ou seus horários não se acertavam com os meus.

Deus I

Deus entrou na minha vida na figura de um velho barbado, de cabelos soltos ao vento, abraçando a terra com vestes desfraldadas, uma imagem mais sinistra do que reconfortante. Antes desse encontro com a imagem de Deus à semelhança do homem, eu não tinha outra ideia sua que não fosse a de um vago ser a quem chamava de "papai do céu" e que ora gostava, ora não gostava de mim, conforme eu obedecesse à minha mãe.

Esse Deus *absconditus*, de repente introduzido na minha percepção física de sua corporalidade pela reprodução que figurava no livro de leituras da Série Braga (que se propunha, como dizia a introdução, contribuir "com um subsídio modesto à grande obra de estimular a inteligência de nossos jovens patrícios para o estudo do meigo idioma"), transformou minha relação com o mundo. Junto com as aulas de catecismo, comecei a saber de suas qualidades transcendentes de estar em toda parte, inteirar-se de todos os meus pensamentos, ser todo poderoso e infinitamente bom. Eu não compreendia como tudo isso podia ocorrer e se combinar. Já tinha alguma noção de que a terra era redonda e não entendia como Deus podia ver tudo o que se passava nos dois lados do mundo ao mesmo tempo. Nem podia entender, tampouco, como, sendo todo poderoso e infinitamente bom, podia permitir que coisas más acontecessem às pessoas, como serem mordidas por um cachorro, o que ocorreu comigo, ou ficarem órfãs de pai ou mãe, como sucedeu a Amelinha.

Da trindade celestial, apenas me relacionava, de início, com esse ser inclementemente vigilante e contraditório. E, de toda a população dos seres eternos, só começava a perceber a existência do seu antagonista, o demônio, título menos percutor do que o de diabo, palavra que fazia parte apenas da linguagem impaciente dos adultos, ou Satanás, que só aparecia nas promessas do batismo. O demônio também era antropoide. Preto, magro, possuía chifres e um rabo pontudo, terminando em forma de seta. E fazia o possível para nos desviar do bom caminho.

Na verdade, acho que nunca acreditei, realmente, no anjo da guarda, e muito menos em toda a coorte de incensadores de Deus habitantes do espaço celestial e até mesmo dos exércitos do príncipe do mal. Li mais tarde, em Nietzsche, que a noção de Deus evoluiu no homem conforme as condições materiais e sociais em que viviam. Assim, aos hebreus, um povo de guerreiros e conquistadores, correspondia um Deus forte, dispensador de apoios e de vinganças. Quando dominados por assírios ou romanos, os hebreus passaram a preferir um Deus compassivo, capaz de simpatizar com o sofrimento de suas criaturas, a ponto de fazer-se homem para sentir com eles os mesmos tormentos físicos e morais da tentação, da queda, da sujeição e da morte. Nas condições materiais e sociais da minha infância, meu primeiro Deus era um Deus distante, incapaz de se relacionar comigo senão para castigar-me, surdo a todos os meus pedidos de ajuda.

A partir do momento em que lhe conheci o filho, possivelmente quando comecei a frequentar o convento dos padres franciscanos e a presenciar as cerimônias que se realizavam frente ao homem maltratado e ferido pregado na cruz, que me diziam haver, dessa maneira, padecido para salvar a mim, junto com outros seres da humanidade, mas a mim, sobretudo, mudei-me, por assim dizer, com armas e bagagens para essa segunda pessoa, a ponto de nunca mais pensar na primeira senão como uma abstração, uma exigência, talvez, dos mecanismos do entendimento para justificar a existência do filho.

Com a mais absoluta honestidade, posso dizer que nunca me convenceu a existência de um terceiro parceiro da mesma divindade. Nunca consegui absorver a ideia de um Espírito Santo, nem jamais dele senti a menor falta, e só voltei a ouvir falar de seu possível envolvimento comigo muitos anos mais tarde, quando, sentindo esvair-se-me a fé, ouvia do padre Moreira os judiciosos conselhos de que eu devia pedir ao Espírito Santo que me iluminasse e me abrisse o entendimento e o coração à verdade, para não permitir que a perdesse.

Meu encontro com Cristo foi, também, o encontro com o outro, as primícias de vida comunitária, o nascimento das amizades, a necessidade de viver num grupo diferente do familiar, o nascimento dos sentimentos de solidariedade, a disposição para o sacrifício, o deslumbramento diante das formas litúrgicas que a imersão no mundo da religião praticante abria para mim.

A Academia Santa Gertrudes

A mudança para a rua do Sol não alterara a rotina dos banhos de mar ao nascer do sol. Acordávamos às cinco horas e seguíamos para a praia, eu com papai e minha irmã mais velha, levando, cada um, o seu sanduíche de biscoito Maria com goiabada, preparado zelosamente por mamãe. Mal podíamos gozar o frescor das águas matutinas, pois tínhamos que regressar a tempo de tomar banho, completar o café da manhã e estar prontos na porta de casa às seis horas a fim de tomar o ônibus escolar e chegar à Academia antes das 6h20, quando começava a primeira aula. Na escola, nos separávamos, pois minha irmã já cursava o primeiro ano primário, e eu ainda estava no jardim de infância.

Tinha a classe uma só professora, uma freirinha franzina e jovem que, mesmo aos meus olhos infantis, parecia moça demais para o hábito que vestia. Éramos umas vinte crianças, sentadas duas a duas, no mesmo banco. Meu lugar era na última fila, ao lado de Ana Olympia, que voltei a encontrar adolescente nas férias que passávamos no engenho de seus pais, dez anos depois. Certa vez, Ana Olympia fez xixi no banco e me molhou as calças. Lembro-me do fato, mas não do que na hora experimentei.

Detrás do nosso banco ficava o simulacro de altar que no mês de maio era armado no fundo da sala para instalar uma minúscula imagem da Virgem Maria. Em frente a ela, um vaso raso de louça era colocado vazio, cada dia, dentro do qual éramos chamados a pôr, antes da primeira aula, retirados de dois pires colocados à sua frente, uma pétala de rosa ou um fragmento de carvão, conforme tivéssemos sido na véspera bons meninos, obedientes à mãe e isentos de brigas com os irmãos, ou incorrido em algumas dessas faltas tão graves e que tanto entristeceriam o coração da Mãe de Deus. Lembro-me do vexame com que um dia tive que retirar do pires um carvão, o testemunho público de minha prevaricação da véspera.

Nossa jovem professora era pequena e frágil. Tinha o peito liso sob o escapulário negro do hábito beneditino e a tez oliva desbotada daquelas pessoas que se diz serem morenas porque não são brancas. Os traços eram finos. Não era bonita.

Um dia, quando chegou a hora do recreio, para o qual devíamos nos dirigir aos pares, com os braços cruzados e o indicador da mão direita sobre os lábios, a fim de recordarmos o dever do silêncio, chamou-me à parte e disse-me para ficar na sala de aula. Quando todos se haviam retirado, entregou-me uma tesourinha e pediu-me que lhe cortasse as unhas da mão direita. Não me recordo dos sentimentos que me vieram ao ter em minhas mãos, num ato de intimidade que nunca tivera até então com outra mulher, aquela mãozinha leve e macia, cujos dedos esguios se acomodavam entre os meus. Nada ficou daquele momento de intimidade e segredo, no frescor da sala de aula, salvo a sensação de estar participando de um ato ilícito e ao mesmo tempo sagrado. Chamava-se, proparoxitonamente, irmã Terêsula. Trinta anos depois, encontro em Ezra Pound o poema "*Blandula,*

Tenulla, Vagula" e desde então, anacronicamente, irmã Terêsula arrebatou-se em minha imaginação na companhia das musas de Catulo, nas brumas matutinas de Sirmione, no lago Garda, e mesmo, timidamente, olhando dos bastidores, entre a multidão das monjas tocadas pela paixão ou pelo desejo que me visitavam das páginas de Brantôme, Casanova ou Matthew Lewis. Mais tarde, quando descobri ser de Adriano o poema implicitamente evocado por Ezra Pound, (na verdade *Animula, Vagula, Blandula*) passei para o imperador romano minhas associações com a minúscula monja beneditina.

Pouco me sobra dos anos da Academia. Ainda aluno, participei do Grande Teatro do Mundo, o auto medieval que as freiras montaram no anfiteatro natural que a montanha formava em torno do pátio de recreação nos fundos do colégio. O público ficava na parte plana, e os cenários se espalhavam em toda a volta, onde os ciclos da vida de Jesus eram representados pelas alunas fazendo todos os papéis. Fui pastorzinho na gruta de Belém, onde, se não me falha a memória, as freiras haviam encaixado uma ovelha de verdade.

Quando deixei a Academia, à época destinada apenas a meninas após a conclusão do jardim de infância, continuei a frequentá-la para ter aulas de formação musical com madre Víola (assim mesmo, com acento agudo no "i") e de violino com madre Flaviana. Minhas colegas na classe de madre Víola eram todas moças de pelo menos 16, 17 anos. Fazíamos solfejo e ditado musical. Eu devia ter boa voz, pois, numa das festas de fim de ano organizada pelos franciscanos no Salão Pio X, apresentei-me como solista, cantando "Estrela pequenina", de Heckel Tavares.

As aulas de violino causavam-me particular excitação. Tinha-as pela tarde, semanalmente. Ficava longo tempo a esperar pela madre, sozinho na sala contígua ao grande *hall* onde desembocavam as 12 ou mais cabines nas quais as meninas vinham estudar piano depois do almoço. E eu sentia um indescritível prazer ao vê-las chegar frescas do banho, os cabelos molhados, recendendo a sabonete, sem as meias do uniforme, o que, de minha perspectiva infantil, fingindo, às vezes, que jogava bola de gude, permitia-me ver suas pernas nuas e seus calcanhares cor-de-rosa.

Numa dessas tardes, por pouco não tive minha primeira aula de instrução sexual.

EDUCAÇÃO SEXUAL

A palavra sexo só apareceu na minha vida na adolescência, e inapelavelmente ligada ao interdito e ao pecado. Em casa, vivíamos como se nada existisse que remotamente pudesse sugerir as urgências da carne. Certa vez em que a reprodução em cromo que acompanhava o exemplar da *Revista da Semana* representava uma negra amamentando um bebê, a revista sumiu nos arcanos do grande baú que abrigava tudo o que mamãe guardava do passado ou pretendia esconder de nossos olhares inocentes. A informação que nos davam de que os bebês eram trazidos por avião, mesmo à minha ignorância de criança, parecia inverossímil, dadas as velocidade e a altura em que passavam sobre o nosso quintal. Mas não tinha outra.

Por algum tempo, nos mesmos dias em que eu tinha aula de violino, um garoto de seus 13 ou 14 anos as tinha de bandolim. Isso mudou meus horários e meus hábitos adquiridos. Chegávamos por volta de duas horas, e só depois das três é que as cabines se enchiam com as meninas que vinham praticar nos pianos. Pelo menos no que diz respeito ao meu companheiro, seus horários foram organizados de modo a que com ele não cruzassem as pianistas em botão. Como eu era ainda muito pequeno, tais precauções não teriam sido consideradas necessárias quanto a mim, imagino, mas foram assim mesmo adotadas, em sincronia com as que estavam sendo aplicadas ao novo aluno.

Uma tarde modorrenta, enquanto esperávamos as professoras, Hugo — assim se chamava o bandolinista — confessou-me, com voz de segredo, que havia comido sua empregada na véspera. Fiquei estarrecido e sem saber como reagir àquela inesperada e brutal admissão de um ato de canibalismo. Sem saber o que dizer, procurei informar-me sobre como pudera ele fazer isso sem ser notado por ninguém em casa, e o que tinha feito com os restos da morta. Percebendo que o impacto desejado com sua declaração caíra em ouvidos despreparados para saborear seu feito e invejar sua precocidade, Hugo tentou explicar-me didaticamente o que significava comer uma mulher. Tomou do lápis e rabiscou no tampo da mesa um corpo nu feminino. Nesse momento, meu horror se transformou em pânico. Não apenas havia Hugo cometido um crime hediondo, mas a ele acrescentava agora um enorme pecado, ousando representar o interdito. Pacientemente, meu instrutor começou a descrever as partes que compunham o fruto proibido, mas meu zeloso guardador, a quem me havia confiado a piedade divina, nesta única vez vigilante e oportuno, fez com que descesse a escada a madre Víola e se interrompesse, assim, minha primeira aula de instrução sexual. Nunca mais vi Hugo depois desse dia. Não sei se desistiu de aprender bandolim ou se viu interrompida pelas madres sua vocação peregrina de instrutor sexual.

Ser santo

Menino ainda, eu quis ser santo. Santos têm uma grande capacidade de fazer bem às pessoas. Curam as doenças, acham as coisas perdidas, salvam os náufragos. Eu queria fazer bem às pessoas. Santos são sensíveis aos pedidos acompanhados de orações. Uma maneira mais direta e imediata de conseguir sua atenção, porém, é venerar-lhes as relíquias. Parece sentirem-se ligados às coisas que lhes sobraram na terra e se comprazerem com que sejam cuidadas. Principalmente se forem partes de seus corpos ou se com eles conviveram. Um osso é excelente, uma mecha de cabelos é ótimo, mas até o fragmento de uma túnica pode obter o mesmo resultado. Eu não sabia quando iria morrer, nem se as pessoas seriam suficientemente alertadas e previdentes para guardarem de mim pedaços que pudessem, quando eu fosse declarado santo, constituírem-se relíquias. Por essa razão, resolvi começar a providenciar meu próprio estoque. Não queria privar seres futuros da oportunidade de se beneficiarem com a minha santidade. Procurei no armário de remédios da minha mãe um vidro de tintura de acônito, beladona, o que fosse, que estivesse vazio, e comecei a juntar nele as aparas das minhas unhas, único excesso de meu corpo sobre o qual eu tinha alguma espécie de controle, pois mesmo os cabelos ficavam pelo chão da barbearia do Carmo, varridos junto com os cabelos menos milagrosos de outros clientes de seu Elpídio, o barbeiro magricela e mulato, com boca de flautista, fedendo a suor, que me atendia. (Essa originalidade precauciosa, que julgava inédita, vi-a plagiada anacronicamente por Tolstoi, pois, segundo li num livro de Andrei Siniavski, quando morava em Moscou, o autor de *Guerra e Paz* guardava as aparas das unhas cuidadosamente num saquinho, ainda visitado em Yassnaia Poliana!)

Não comuniquei a ninguém essa vocação ardente que me custava atrozes sofrimentos e me trazia venturas insondáveis. Para merecer a palma, tinha que fazer sacrifícios ingentes, desde conter minha indignada revolta contra a incompreensão doméstica, revelada na incapacidade que tinham minha mãe e minhas irmãs de perceberem que estavam tratando com uma criatura excepcional, designada por Deus para ter parte na sua glória, aos pequenos sacrifícios dietéticos, com a privação de algum chocolate, e aos não pequenos esforços para afastar os maus pensamentos, numa batalha quotidiana e, sobretudo, noturna, que me deixava extenuado, cujas derrotas frequentes eu tentava justificar para mim mesmo, sabendo que as tentações me vinham de parte de um ser infinitamente mais hábil e poderoso do que eu, o próprio diabo, sempre disposto a fazer perderem-se as almas, sobretudo as dos escolhidos.

Ou talvez esteja misturando um pouco as épocas. Entre a decisão desprendida de reunir relíquias para as gerações futuras e os combates noturnos com Satanás, alguns anos devem ter passado, pois não acredito que na idade de recolher unhas eu já sofresse as tentações da carne. Que chegam cedo, no entanto, disso todo homem sabe.

Não foi duradoura a minha vocação sobrenatural. À época de minha primeira comunhão, por exemplo, já não coletava unhas, mas me preocupava com o problema da morte em função do futuro da minha alma. Para ser honesto, tinha havido uma séria degradação no nível das minhas aspirações escatológicas. Eu já não pensava em ser santo. Mas pensava, e constantemente, na minha salvação eterna. Havia recebido de presente, na preparação do meu primeiro contato com o corpo real de Deus, um livrinho cartonado, de capa branco-pérola, sobre a vida de São Luís Gonzaga, e ficara muito impressionado com o episódio no qual, ao ser perguntado, durante um recreio, o que faria se soubesse que dentro de alguns minutos seria chamado a prestar contas ao Senhor, o futuro santo respondera, tranquilamente, que continuaria a brincar, se era assim que Deus queria que chegasse a hora de sua morte. Desde então, não mais cessei de ter presente essa possibilidade da morte inesperada e, considerando que é o estado atual da alma na hora da morte que determina o direito à vida eterna ou à eterna condenação, de preocupar-me com estar preparado para um juízo particular iminente.

Os mandamentos I

Não sei se cheguei a memorizar na ordem correta algum dia os dez mandamentos da Lei de Deus, e, muito menos, os cinco mandamentos da sua santa Igreja.

Sempre tive dificuldade em guardar listas de cor, mesmo procurando valer-me dos artifícios mnemônicos que nunca deixaram de surgir para auxiliar-me nessa ingrata tarefa. Tampouco decorava as letras de hinos, e sempre tive dificuldade em não misturar a primeira e a segunda parte do hino nacional. Quando tocava violino, confundia-me toda vez que havia repetição de alguma frase musical e, certa vez, deixei em terrível embaraço minha professora, que me acompanhava ao piano em uma audição pública, ao ficar retornando incessantemente ao início da melodia de "Rêve d'amour" de Liszt, sem conseguir transpor a barreira do fatídico *da capo* que me separava do compasso final da partitura.

Aos mandamentos, fui introduzido no curso preparatório para minha primeira comunhão. Tinha que confessar meus pecados a fim de estar puro de atos e intenções por ocasião da primeira visita do meu redentor. Não dispondo dos *aide-mémoire* em forma de questionários, tão úteis aos inquisidores medievais para auxiliar os pecadores a identificar as faltas que involuntariamente houvessem cometido, além de auxiliá-los a descobrir novas formas de pecado, mais excitantes do que aqueles que suas modestas mentes lhes permitiam conceber, tinha que me valer do decálogo que éramos obrigados a guardar de memória:

1) Amar a Deus sobre todas as coisas;
2) Não jurar o seu santo nome em vão;
3) Guardar os domingos e festas de guarda;
4) Honrar pai e mãe;
5) Não matar;
6) Não pecar contra a castidade;
7) Não furtar;
8) Não levantar falso testemunho;
9) Não desejar a mulher do próximo;
10) Não cobiçar as coisas alheias.

Aos 7 anos, não era fácil descobrir-me pecador no confronto com cada um desses mandamentos. Alguns eram mesmo incompreensíveis. Amar a Deus sobre todas as coisas, por exemplo, sobretudo em comparação com o quarto, honrar pai e mãe. Aliás, eu não sabia exatamente o que era "honrar". Sabia, sim, que o pai e a mãe, ou a mãe e o pai, nessa ordem, eram as pessoas a quem devíamos mais amar. Como amar a Deus ainda mais do que à mãe e ao pai? E em que consistia o amor a Deus? Amar a mãe e o pai era fácil de entender. Não fazê-los tristes por nossa causa, desobedecendo aos seus comandos quando fingia não ouvir a ordem que me davam para interromper uma brincadeira e ir tomar banho, ou por estar implicando com minhas irmãs, ou não mantendo minhas coisas arrumadas, quebrando uma estatueta da qual mamãe gostava particularmente, fazendo alguma malcriação ou ainda a ela levando queixas contra minha tia. Mas o que era amar a Deus? O padre dizia que era obedecer aos seus mandamentos, e eu caía num círculo vicioso.

Em casa, ninguém jurava ou dizia palavrões, e isso resolvia o problema do segundo mandamento. Quanto ao terceiro, isso era responsabilidade de minha mãe, que me levava à missa. Matar? Eu matava baratas, escorpiões, formigas, mas isso não devia ser pecado. Eu não sabia o que era castidade, logo não tinha como me julgar com relação ao sexto mandamento. Não roubar era um assunto delicado. Tomar emprestado um brinquedo sem a intenção de devolvê-lo infringia o sétimo mandamento? E o oitavo? Calar sobre a autoria de algum fato que estivesse sendo falsamente atribuído a uma de minhas irmãs equivaleria a cometer um falso testemunho? Eu não sabia em que podia consistir desejar a mulher do próximo, mas desejar coisas alheias, ah, isso sim, eu sabia. Todos nós desejávamos alguma coisa que não era nossa. Eu, por exemplo, cobiçava o patinete de rolimãs do filho de seu Francisco e tinha inveja de quem dispunha de um par de patins, pois o máximo que consegui durante minha infância foi dispor de um pé apenas, que, ademais, tinha uma incoercível tendência a desviar-se para a esquerda, recusando-se a percorrer mais de um metro em linha reta.

Sobre o nono mandamento, um pouco mais tarde, experimentei a primeira dúvida conceitual. Descobri que amava minha professora. Chamava-se Odete. No penúltimo dia de aulas, dona Odete chamou os alunos à sua casa para uma despedida. Já não seria nossa professora no ano seguinte. Não sei se porque eu era o mais desembaraçado aluno de português, ou porque já se suspeitasse de meu amor contido pela professora, fui escolhido para homenageá-la em nome da classe. Minha tia, que nunca perdia a oportunidade de escrever algum texto que pudesse ser tido como literário, preparou-me um discurso, devidamente escrito em folhas de papel almaço cortadas em três tiras, como era de praxe, que eu tive de pronunciar trepado numa cadeira, no meio da sala, cercado pelos colegas de turma. Dona Odete ouviu-o atentamente e agradeceu minhas palavras com um beijo que me ficou queimando a testa por dias incontáveis. Mais me queimava a alma, porém, a horrível sensação de haver dado um espetáculo ridículo de cima daquele improvisado púlpito a dizer palavras pedantes, cujo sentido desconhecia, em frases onde o sujeito se perdia do predicado e os adjetivos escorriam para fora do papel.

No dia seguinte, foi a despedida no colégio. Terminadas as aulas, lá fiquei esperando que papai passasse para me pegar, com toda a família e as empregadas já no carro de aluguel de seu Floro, um Packard imenso que a nós todos acomodava, não sei como — éramos dez pessoas, seu Floro, papai, mamãe, as duas empregadas e os cinco filhos, com todas as suas bagagens —, para nos levar ao engenho Passagem, de seu Epitácio e dona Dora os pais de minha companheira de banco de jardim de infância, Ana Olímpia, onde passaríamos as férias. Aguardava no jardim quando vi descerem a escada do terraço dona Odete, linda como nunca, em um vestido azul desconhecido e diferente dos mais sóbrios que normalmente utilizava nos dias de aula, e um rapaz que dona Odete me apresentou como seu noivo. O noivo trazia uma máquina fotográfica na mão, uma kodak Agfa (assim a chamávamos, kodak sendo, naquele tempo, substantivo comum para designar máquina fotográfica), kodak caixão, como então se usava, e pediu-me para tirar uma fotografia sua com a minha amada. O choque foi grande, compensado apenas pela oportunidade que me deu de ter nas mãos aquele mágico instrumento. Mas o que mais me surpreendeu foi ver dona Odete, esplêndida no seu vestido azul, de cabeça para baixo no visor da máquina, sustentada apenas pelo braço do meu rival passado sobre os seus ombros. Nunca mais vi dona Odete, mas acredito que durante alguns meses nela desejei a mulher do próximo.

Hoje descubro que é de outra maneira que os novos católicos recitam o decálogo. Está cada vez mais enxuto, e em muitos casos parece ter havido mesmo uma mudança de substância. Já Deus não manda guardar o domingo e respeitar as "festas de guarda", mas apenas ordena que se santifiquem as festas. Já não condena o pecado contra a castidade, mas ordena que não se cometam atos impuros. Continua a proibir que se levante falso testemunho, mas, por via das dúvidas, e para deixar mais claro, acrescenta que não se deve mentir. E o tão perturbador "Não desejar a mulher do próximo" se transforma em "Não consentirás pensamentos nem desejos impuros", o que, honestamente, não é a mesma coisa.

Essas mudanças no sexto e no nono mandamentos, admitindo-se que as boas intenções em fazê-las possam justificar a revisão de um texto gravado pelas mãos do próprio Deus nas tábuas da Lei, têm como resultado apenas deixar menos específicos os mandamentos bíblicos.

No que diz respeito ao sexto mandamento, que na Bíblia era o sétimo e ascendeu, com a retirada do segundo, que tratava da condenação do culto às imagens, tanto o Êxodo como o Deuteronômio não podiam ser mais claros: "Não cometerás adultério" (Ex. 20:14 e Dt 5:18). Aprendi-o já como "Não pecar contra a castidade", o que já não era a mesma coisa, mas tinha pelo menos a vantagem de ser preciso. Com essa formulação clara e sintética, era a pedra angular da doutrina sexual da Igreja e o carro-chefe dos pecados de todos os adolescentes. Em sua versão moderna, "Não cometerás atos impuros", não diz a mesma coisa, e, para entendê-la, temos que recorrer à prolixa explanação oferecida pelo catecismo da Igreja Católica. Ora, ao tratar dos "atos impuros", o novo catecismo fala, quase que de raspão, na castidade, que define como "integração correta da sexualidade na pessoa", e abunda num desfiar de atos que nunca estiveram explícitos no decálogo entregue por Deus a Moisés. São "atos impuros" a luxúria ("gozo desregrado do prazer venéreo"), a masturbação (um ato "intrínseca e gravemente desordenado"); a fornicação ("união carnal fora do casamento entre pessoas livres... gravemente contrária à dignidade das pessoas"), a pornografia ("desnatura o ato conjugal", pois nela "cada um se torna para o outro objeto de um prazer rudimentar e de um proveito ilícito"), a prostituição ("viola a castidade à qual [a pessoa] se comprometeu em seu Batismo [!] e mancha seu corpo, templo do Espírito Santo"), o estupro ("fere a justiça e a caridade" [?]), a homossexualidade ("a tradição sempre declarou que 'os atos de homossexualidade são intrinsecamente desordenados'. São contrários à lei natural. Fecham o ato sexual ao dom da vida"), a regulação da procriação ("condenável sempre que realizada por meios artificiais [e] tenham como fim tornar impossível a procriação"), o incesto ("indica como que uma regressão à animalidade"), e, enfim, o adultério e o divórcio, a poligamia e a união livre ("ofensas graves à dignidade do casamento"). O mandamento original fica, assim, quase que reduzido a uma nota de pé de página, enquanto o preceito é recheado com obrigações cuja legitimidade moral, em certos casos, é, no mínimo, discutível.

Já com respeito ao nono mandamento, a nova e a antiga fórmulas não dizem a mesma coisa, e, além de alterarem o mandamento divino na letra, atingem-no no conteúdo. Entende-se que a fórmula original se ajustava a uma sociedade patriarcal, onde a mulher desejar o homem da próxima era um pecado inconcebível (*ma non tanto*, poder-se-ia argumentar). Entende-se, também, que a nova linguagem permite cobrir as hipóteses de desejos homossexuais. Mas ela extrapola a proibição de desejar uma mulher ou um homem casados. É válida *erga omnes*, e, nesse caso, oferece uma dificuldade intransponível para o exame de consciência do potencial pecador. O que é um desejo impuro? Não previu o próprio criador que o desejo aproximasse os casais? E se o desejo não os impelisse mutuamente, como poderiam obedecer à não menos peremptória determinação de crescerem e se multiplicarem? Ou estaria embutida na nova formulação a concepção paulina de que somente o ato sexual feito com a intenção de procriar (e em condições tais em que a inseminação procriadora fosse possível, para se ser absolutamente consequente) escaparia à categorização de desejo impuro?

A Igreja Católica parece sempre ter tido problemas com o nono mandamento. Para começar, ele não figurava no decálogo bíblico como nono, mas como parte integrante do décimo, cujo texto completo, no Deuteronômio, é: "Não desejarás a mulher do teu próximo; nem desejarás para ti a casa do teu próximo, nem o seu campo, nem o seu escravo, nem a sua escrava, nem o seu boi, nem o seu jumento, nem coisa alguma que pertença a teu próximo." Uso aqui a tradução da Bíblia de Jerusalém, mas, em qualquer que seja a tradução utilizada, claro está que o mandamento se refere às propriedades do fiel, entre as quais, na sociedade mosaica, encontrava-se a mulher, ao mesmo título que a vaca e a escrava. O desejo a que se refere o mandamento era, portanto, o desejo de posse física de uma propriedade alheia, nada tendo a ver com o desejo sexual, ou com seu eufemismo "desejo impuro". O desdobramento do mandamento bíblico entre o nono (para referir-se ao desejo da mulher do próximo) e o décimo (para referir-se ao desejo das coisas do próximo) no catecismo católico foi, provavelmente, o expediente necessário para cobrir o vácuo deixado pela supressão pura e simples do segundo mandamento do decálogo sobre a proibição de fazer imagens: "Não farás para ti imagem esculpida, de nada que se assemelhe ao que exista lá em cima, no céu, ou cá embaixo, na terra, ou nas águas que estão debaixo da terra. Não te prosternarás diante desses deuses nem os servirás, porque eu, Iahweh, teu Deus, sou um Deus ciumento, que pune a iniquidade dos pais sobre os filhos, até a terceira e a quarta geração dos que me odeiam, mas que também ajo com amor até a milésima geração para com aqueles que me amam e guardam os meus mandamentos" (Dt 5:8-10). Desde cedo, verificou a Igreja ser impossível renunciar à prática pagã da veneração das imagens e achou expediente jogar esse mandamento para debaixo do tapete. Aliás, pensando bem, a primeira violação desse malfadado mandamento foi praticada por instruções peremptórias do próprio Deus, ao ordenar ao povo eleito instalar as imagens de dois querubins de ouro maciço nas extremidades da Arca da Aliança.

Verifico, para minha surpresa, que a citação que faz o *Catecismo da Igreja Católica* (Edição Típica Vaticana) do décimo mandamento (2534), conforme figura em Dt 5:21, não confere com o texto que aparece em aprovadas e renomadas Bíblias católicas, como a de Jerusalém dos monges beneditinos, a de

Maredsous dos monges franciscanos, a Tradução Ecumênica da Bíblia, e qualquer outra consultada ao acaso, pois omite a primeira parte, "Não cobiçarás a mulher do teu próximo", e se inicia com a proibição que se segue, como se fosse início de parágrafo, falseando o seu conteúdo. Entende-se que a supressão resulta do desdobramento do décimo mandamento, indo a proibição inicial de cobiçar a mulher do próximo constituir o nono. Mas não se pode entender a falsificação semântica do início do décimo mandamento como citado.

Obviamente, tais reflexões não ocorriam ao menino de 7 ou 8 anos que eu era então, cujo conhecimento dos próprios mandamentos da lei de Deus e de sua reelaboração pela Igreja católica inexistia e cuja noção de pecado era absolutamente rudimentar. É que, ao fazer esse mergulho inclemente e escrutinador no passado, e em todo o meu passado, como manda Santo Inácio de Loyola, outras lembranças vão surgindo, ramificações das memórias que a evocação dos Mandamentos começa a provocar.

Penso no que há pouco comentei sobre o desaparecimento do segundo mandamento: a proibição do fabrico e do culto de imagens. Evidentemente, o menino que se preparava para fazer a primeira comunhão não tinha a mais vaga ideia de que tal mandamento houvesse jamais existido, nem do que pudesse significar o seu conteúdo. Ao contrário, inocentemente, não apenas tinha a clara percepção de que o seu mundo estava povoado de imagens religiosas, como, ainda, era quotidianamente estimulado a venerá-las e a elas dirigir-se para impetrar favores ou mendigar desculpas.

Imagem era, para mim, a representação tridimensional do ser em questão, às vezes esculpida na madeira, normalmente modeladas em gesso, ou "massa", como então se dizia. As imagens eram portáteis e cabiam, acumuladas, no santuário doméstico. A mais próxima de que tinha memória, já dela falei, era a do Anjo da Guarda, a única personalidade espiritual a que havia sido até então apresentado, não sabendo então que era apenas uma, e, ainda por cima, a de menor prestígio na hierarquia dos seres angelicais, tendo em vista sua colocação no fim da linha, após serafins, querubins, tronos, dominações, virtudes, poderes, principados e arcanjos, conforme identificou Dionísio, o pseudoareopagita, decorridos quinhentos anos da era cristã.

A segunda, em ordem de presença no meu imaginário infantil, era a do crucificado. Estava em toda parte, sobre todas as camas, em todos os terços, em todas as paredes, em todos os altares. E era a ela que devíamos nos dirigir quando quiséssemos nos comunicar com Deus. De Deus propriamente, eu não conhecia imagens, mas apenas o desenho do velho barbado surgindo de entre nuvens apavorantes, de sobrolho feroz e olhar ameaçador. Felizmente éramos poupados de uma relação mais direta com ele, podendo utilizar ou os bons ofícios do filho, seu intermediário principal, ou os de sua mãe, a Virgem Maria, ou ainda os de alguns dos inúmeros santos preservados para qualquer emergência no nosso santuário. Como sempre, do Espírito Santo não se cogitava.

À época, não me chocava o fato de que a mais importante figura do panteão celestial que zelava pela minha existência fosse a de um homem chagado e pregado numa cruz. Quanto à Virgem Maria, não sabendo o que significava a palavra "virgem", pensava que o epíteto fazia parte do nome da mãe de Cristo, a quem chamávamos mais comumente de Nossa Senhora. Ainda não sabia, então, que ela era, também, a mãe de Deus, este, ao mesmo tempo, o próprio Cristo. Enfim, um relacionamento complicado ao extremo para meu incipiente entendimento. No caso, o único incômodo que essa maneira de a ela referir-se provocava na minha mente infantil era o fato de ser paralela à que utilizávamos, também, em nossas orações, para nos referirmos a Jesus, como Nosso Senhor, o que parecia sugerir uma relação de parceria igualitária com Nossa Senhora, e não de uma relação vertical, na qual, pela lógica, Maria, a mãe, deveria estar acima de Jesus, o filho.

Da mesma forma, não podia, na época, ter qualquer dúvida sobre o terceiro mandamento. O domingo era um dia santo, disso sabíamos sem sombra de dúvida, e dia santo significava dia de ir à missa obrigatoriamente. O mandamento divino era claro, e se, por acaso, devido a alguma doença — crianças sofriam de sarampo, catapora, caxumba e outras adversidades —, eu era forçado a faltar à missa dominical, mesmo sabendo justificada a falta, ficava-me uma incômoda sensação de haver aflorado o pecado.

Foi, pois, como um choque e com a sensação de haver sido fraudado por vários lustros, que descobri mais tarde que o mandamento bíblico era diferente. Não era domingo a palavra que Deus escrevera na tábua de Moisés com o próprio dedo, mas sábado! Está lá escrito no Êxodo (20:8), no Deuteronômio (5:12). Os textos são quase iguais. Tomo o do Êxodo: "Lembra-te do dia de sábado para santificá-lo. Trabalharás durante seis dias, e farás a tua obra. O sétimo dia, porém, é o sábado de Iahweh, teu Deus. Não farás nenhum trabalho, nem tu, nem teu filho, nem tua filha, nem teu escravo, nem tua escrava, nem teu animal, nem o estrangeiro que está em tuas portas. Porque em seis dias Iahweh fez o céu, a terra, o mar e tudo o que eles contêm, mas repousou no sétimo dia; por isso, Iahweh abençoou o dia do sábado e o santificou."

A instituição do dia de repouso semanal é, talvez, uma das mais significativas e, certamente, a mais permanente das intervenções divinas no governo do dia a dia da humanidade que até então dela não conhecia o conceito nem a prática. Vingou universalmente e só veio a ter um acréscimo ponderável com a instituição da semana inglesa, entre nós de recente histórico. Ao tempo da minha primeira comunhão, tínhamos horários regulares de aulas aos sábados, e meu pai, como em todos os demais dias, só fechava a loja às seis horas da tarde. Mas em nenhum lugar da Bíblia está transferido o dia de repouso do sábado para o domingo. Nem no Antigo nem no Novo Testamento. Ao contrário, a história eclesiástica demonstra que, pelo menos até o quarto século, os cristãos primitivos respeitavam o sábado como dia santificado. O domingo era o dia feriado pagão, o dia do *Sol invictus.* E é Constantino, não a Igreja, que por volta de 321 irá decretar o domingo como dia feriado no império que desejava unificar sob o cristianismo ainda em formação.

Vim a dar-me conta também de que tampouco estabelece o mandamento a obrigatoriedade de culto público no dia santo, mas apenas a abstenção de qualquer trabalho. Tão grave era a obrigação de descanso, que era amparada, como punição de sua transgressão, pela pena de morte. Moisés manda matar um homem que recolheu lenha num sábado. Que tais punições tenham sido abrandadas exemplifica o fato de que Jesus foi apenas criticado por operar milagres num sábado. Tampouco existe no Novo Testamento a obrigatoriedade de culto público no dia do descanso. Poder-se-ia inclusive argumentar que Jesus considerava inapropriado esse tipo de culto. Como de outra forma interpretar suas palavras, reproduzidas por Mateus na mais completa capitulação dos ensinamentos do mestre, o sermão da montanha: "E quando orardes, não sejais como os hipócritas, porque eles gostam de fazer orações pondo-se em pé nas sinagogas e nas esquinas, a fim de serem vistos pelos homens. Em verdade vos digo: Já receberam sua recompensa. Tu, porém, quando orares, entra no teu quarto e, fechando tua porta, ora a teu Pai que está lá no segredo; e o teu Pai, que vê no segredo, te recompensará"? Podia ser mais claro? Não será a palavra de um apóstolo, mesmo sendo ele São Paulo, que poderá servir de aval a um mandamento divino, mas não custa citar o que diz o autoproclamado apóstolo aos atenienses, no areópago de Atenas: "O Deus que fez o mundo e tudo o que nele existe, o Senhor do céu e da terra, não habita em templos feitos por mãos humanas. Também não é servido por mãos humanas, como se precisasse de alguma coisa, ele que a todos dá vida, respiração e tudo mais" (Atos, 17:24-25).

Dessas palavras vim a recordar-me muitas vezes ao contemplar a ostensiva expressão compungida com que regressavam da mesa de comunhão algumas pessoas, e não apenas as beatas de caderneta, e temia pudesse eu próprio estar revelando, quando, em ocasiões de excessivo desejo de união mística, me ocorresse confundir as manifestações de reconhecimento divino com a aprovação, pela assembleia dos fiéis na igreja, do meu piedoso devotamento.

As beatas

Não era muito diferente da que Durtal, o personagem de Huysmans, em *En route*, encontrava em Saint Sulpice, a beataria que eu encontrava em São Pedro dos Clérigos, em Olinda. Elas invadiam a igreja, queixava-se Durtal, movendo-se por toda parte como se estivessem em suas casas, perturbando todo mundo, chocando-se contra você, sem mesmo pedir desculpas. Ou ajoelhavam-se com fausto, tomando atitudes ostensivamente contritas, murmurando intermináveis padre-nossos e ave-marias. Depois saíam da igreja ainda mais arrogantes e com ares ainda mais azedos.

Olinda as tinha às dúzias. Vestiam-se de branco e usavam fitas do Sagrado Coração de Jesus. Tinham os cabelos presos em coque e não usavam pintura. Seus missais se empanturravam de santinhos de propaganda e convites para primeiras comunhões e missas de sétimo dia.

São encontradas por toda parte, e com elas os padres têm uma paciência infinita. Demoram-se nos confessionários, mas são utilíssimas para encher de flores os vasos dos altares e limpar os pingos de velas nas toalhas sagradas. Talvez ajudassem, ainda, naquele tempo, os pobres celibatários a se conservarem castos nos seus pensamentos. Breves contra a luxúria, era a voz popular. Noivas de Cristo, insiste em chamá-las a Igreja. Assim como a maior parte das esposas divinas, aquelas que com ele contraíam o matrimônio espiritual indissolúvel, ao se tornarem freiras. Eram de tal modo inapetentes, que, muitas vezes, eu era levado a inquirir-me sobre o que podia explicar essa preferência divina pelo informe, o disforme, o feio. Não conhecia, então, a *boutade* de Mademoiselle de Scudéry sobre o mau gosto do Espírito Santo.

Nem era diferente o nível mental da beataria leiga do que parecia viger entre a beataria conventual feminina. Contam minhas irmãs, alunas das freiras beneditinas, que irmã Rosário, tendo obtido a permissão de ter uma caveira na cela, para suas meditações sobre a morte, foi tomada de perturbadores escrúpulos ao pensar que o crânio poderia ter sido de um homem, problema que, cheia de ansiedade, levou ao diretor espiritual para que a orientasse sobre como proceder; e irmã Verônica do Amor Divino virava de costas o crucifixo na parede cada vez que tinha de tirar o hábito para pôr a camisola, revelando ambas uma lamentável falta de erudição hagiográfica, pois de tais escrúpulos não sofreram monjas bem mais avançadas na estreita escada do misticismo. A Mechtilde de Magdeburgo, monja cisterciense de Helfta, ordenou o Senhor, que regularmente a visitava: "Senhora alma, deveis tirar vossas roupas. Vós estais tão completamente unida comigo, que não pode haver nada mais entre nós". Como Mechtilde, Ângela de Foligno, irmã da Ordem Terceira dos franciscanos, jogava-se nua nos braços de Cristo. Mas ninguém foi mais privilegiada do que Lutgarde de Tongres, a quem Cristo apareceu despido e deixava que ela lhe sugasse o sangue que escorria do peito. Margery Kempe, não sei se despida ou não, punha-se no leito cada noite abraçada com Jesus, a quem fazia cócegas nos pés. E a Catarina de Gênova, Jesus beijava na boca. Pobres freiras brasileiras, reduzidas a tão poucas perspectivas de intimidade divina.

Anjos II

Não sei a que altura da vida os anjos desapareceram do circuito. Deve ter sido cedo, junto com o desfalecimento da imagem de Papai Noel. Toda criança terá passado pelo trauma da descoberta da inexistência de Papai Noel. No meu caso, não me recordo de como isso ocorreu e em que sequência, mas senti-me duplamente frustrado, de um lado pelo desaparecimento daquele elo sensível com o mundo dos espíritos, de outro pela decepção de ter sido enganado por meus pais durante tanto tempo. Tanto mais que nunca houve, como teria sido desejável que tivesse havido, uma conversa franca entre pais e filhos sobre a natureza e a razão do embuste. Tive que viver todo um ano com o peso da dúvida que me havia surgido a partir do momento em que descobri, na base do cavalo de balanço com que havia sido presenteado pelo emissário celestial, um selo de imposto do consumo. (Para os que não saibam o que era isso, esclareço que era, à época, o comprovante de pagamento do imposto sobre circulação de mercadorias.)

A relação entre Papai Noel e os anjos era tênue, e, certamente, não explícita. Mas se o Papai Noel, a quem eu dirigia pedidos e, quando comecei a escrever, enviava cartas, não passava de uma bem intencionada invenção de meus pais, ele que se manifestava concretamente nos presentes que nos deixava, o que pensar daqueles guardiões imaginários que nunca fizeram nada para indicar sua presença, impedindo-nos de cair, brigar, surrupiar um brinquedo ou maltratar um gato? Acho que eles foram simplesmente obliterados dos nossos pensamentos e se tornaram inconsistentes a partir do momento em que deixaram de ser invocados nas nossas preces rotineiras. Desligados de qualquer simbolismo identificável, subsistiam apenas nas fantasias com que se apresentavam minhas irmãs em algum auto no colégio ou os filhos de algumas beatas em alguma procissão pascal.

No plano da consciência reflexiva, retornaram mais tarde, como parte da tentativa de reconstrução do catolicismo impressionista da infância e adolescência num todo sistemático e coerente. E desarmou-se-me todo o andaime que sustentava a teoria de sua existência e funcionalidade quando descobri a fragílima fundamentação teórica em que se apoiava. Se a Bíblia é a fonte autêntica da Revelação, nela nada se encontra que fale sobre o surgimento dos anjos. Com que palavra divina, antes ou depois da que produziu o céu e a terra, e nesta o homem, foram eles criados? Por que são eles portadores de vontade individual, quantos são, como se repartem, que funções exercem, quais e por que suas hierarquias, se destinados à guarda individual dos homens, como se multiplicam á luz do crescimento populacional na terra? Tudo é criação dos doutores da Igreja, e não é senão passada mais de metade da história eclesiástica que os primeiros dogmas relativos aos anjos são aprovados. É do quarto concílio laterano, em 1215, o dogma da sua existência e o da sua criação com anterioridade à do homem; criação em nenhum lugar mencionada na Bíblia. Quanto à presunçosa ideia de que tais criaturas celestiais e mais perfeitas que o homem hajam sido destinadas a servi-lo, quer individualmente, como pessoas, quer coletivamente, como nações, mesmo os doutores da Igreja, à falta de fontes seguras, não chegaram a entender-se entre si, da mesma forma como não se entendiam sobre as suas hierarquias, se é que existem, e suas atribuições.

O fato indiscutível e amplamente observado é que, a partir de certa idade, em torno da adolescência, os anjos desaparecem completamente do universo do discurso e da prática das devoções de todo católico. Não me recordo de, em toda a minha existência, a partir dos 13 ou 14 anos, haver jamais escutado de um adulto religioso, clérigo ou leigo, qualquer referência a esses seres tão especiais que Deus pôs a serviço do homem, de cada homem, para com eles se comunicarem em cumprimento de suas ordens, com a capacidade, inclusive, de por eles intercederem.

O problema dos anjos não se esgotava, porém, nesse lado luminoso de sua existência gloriosa como adjuvantes do trono divino. Estava inextricavelmente relacionado ao problema do Mal. Pois, no sistema monista em que se insere a tradição cristã e católica, o Mal não pode ser considerado um princípio separado do Bem. O Mal nasce dentro do Bem, dentro, portanto, da substância divina. Ora, a única explicação teológica para essa impossibilidade metafísica é que Deus tenha concedido a uma criatura sua o poder de rebelar-se e tornar-se seu opositor, contraditoriamente rebatendo a sua onipotência, o que, em termos de nossa inteligência humana, parece absurdo. A explicação oferecida é que foi de entre a coorte angelical, criada por Deus para servi-lo nas suas relações com o homem e com o mundo, ambos ainda incriados, que partiu essa rebelião, capitaneada por

Lúcifer, o anjo preferido do Criador, se é que se pode admitir que o ser absoluto tenha preferências. Como o homem tomou conhecimento desse episódio anterior à sua própria criação, pois nada sobre o assunto figura no livro da Revelação, é algo que nunca se considerou necessário esclarecer. Muito menos houve qualquer possibilidade de explicar como, dentro de um ser criado perfeito, num espaço-tempo que se confundia com a própria essência da divindade, pudesse haver-se gerado espontaneamente, sem provocação externa, dentro do ser criador, o impulso de oposição a si mesmo. Se, no caso do homem, a queda se deveu à fraqueza de uma criatura diante da esperteza de um sedutor espiritual, onde estaria o sedutor de Lúcifer, se nada exterior ainda era detentor de um princípio do Mal? Embarcar no exercício bizantino de especular sobre a natureza da revolta luciferiana, se orgulho, se inveja, se luxúria, é a mais fútil das ocupações, da mesma maneira como especular sobre a oportunidade dada por Deus a Lúcifer para o arrependimento ou as razões de tratar Deus o pecado angelical de maneira tão mais drástica e impenitente do que veio a tratar o pecado do homem, para cuja redenção ofereceu-se na pessoa do próprio filho, enquanto nada fez para proporcionar o arrependimento de Lúcifer e seus seguidores.

O DIABO

Meu professor de latim me legou duas frases que nunca me abandonaram: *Insonuere cavae gemitumque dedere cavernae*, que ele recitava quase cantando, para mostrar o poder onomatopaico da palavra *gemitunque*, e *video meliora proboque deteriora sequor*. Da primeira, ficaram-me a melodia das sílabas e a expressão de gozo com que ele se alongava na enunciação da palavra pronunciando-a *gemitumumumque*, dizendo ser ela um recurso onopatopaico para descrever o ruído do vento soprando na caverna. Não era. Vi depois a frase citada em muitas ocasiões e aprendi que era de Virgílio, narrando na Eneida o episódio em que o sacerdote Laocoonte, para advertir os troianos de que era uma cilada o cavalo de madeira deixado pelos gregos ao abandonarem sua tentativa de tomar Troia de assalto (presente de grego!), arroja a lança contra o ventre do cavalo, provocando o gemido descrito. Divergem os intérpretes sobre a sua natureza, se o eco da percussão provocado no oco da caverna constituída pelo bojo do ventre, se o de algum grego ferido no interior. Augusto de Campos, em artigo sobre as formulações poéticas de Euclides da Cunha em *Os sertões*, diz que Guilherme de Figueiredo aproximava a famosa onomatopeia virgiliana de um verso disfarçado de prosa no texto euclidiano, o dodecassílabo "ruído soturno e longo de trovão longínquo...", no conhecido trecho do "estouro da boiada".

Da segunda frase, nunca me livrei, mas foram os tumultuados anos da adolescência, quando o leão com cabeça de porco que se chama puberdade, de que fala Bloy, me assomava impenitente, que me fizeram atualizar diariamente as palavras que Ovídio põe na boca de Medeia. E as via, ademais, cristianizadas pela boca de São Paulo, na epístola aos romanos: "Pois o querer o bem está ao meu alcance, não porém o praticá-lo. Com efeito, não faço o bem que eu quero, mas pratico o mal que não quero." Racine via em seu interior a guerra cruel entre dois homens, mas essa guerra, eu a via mais como o duelo entre o diabo e Deus no campo de batalha que é o coração do homem e que Dostoievski tão bem nos revela em *Os irmãos Karamazov*.

E assim, o diabo, que, como demônio, nos tempos da infância me visitava em sonhos, ganhando sistematicamente as apostas que comigo fazia, agora disputava com Deus a pureza de meu corpo e a honestidade de minhas palavras. O diabo não tinha, porém, a nitidez do demônio, que me visitava vestido com trajes medievais em plena ladeira da Misericórdia. Custava-me dele captar forma ou presença, na qual só acreditava pelos efeitos devastadores que produziam em minha consciência suas recorrentes vitórias sobre minha fraca vontade de manter-me casto de mãos e pensamentos. Não sabia então, e nunca acreditei depois, que fosse evidente, como diz Freud, que o Diabo não é mais do que a encarnação das pulsões anais eróticas reprimidas, mas pareceu-me óbvia, sempre, a relação que existia entre minha consciência culpada e a aparição insidiosa de sua figura ou da ideia da tentação diabólica. Hoje me rendi a *la plus belle ruse du Diable* (à mais bela artimanha do Diabo), como dizia Baudelaire, a de me persuadir de que ele não existe. Mas assim não foi até muito avançar na adolescência.

Tinha existência real, o diabo, no nosso quotidiano. Que nos tentava e nos atraía para o pecado, era óbvio. Quanto a isso, era geralmente mais convincente do que o anjo da guarda que nunca vi manifestar-se para me afastar de qualquer perigo real. Talvez a única intervenção identificável de meu anjo da guarda, mas não o senti assim na ocasião, tenha sido naquela tarde em que impediu que se completasse minha primeira lição de educação sexual.

Que o diabo me visitava em sonhos, era experiência bem viva. Que me ameaçava do escuro, era algo tão forte que me fazia suar frio e ter os pelos do corpo eriçados. E não se esquivava ele de tomar posse de pessoas conhecidas e de realizar estranhas façanhas à nossa volta. Possuía a irmã de Lourdes, por exemplo, que se debatia no chão, arrancando-se os vestidos, quando os exorcistas jogavam água benta sobre seu corpo. Foram necessários dois deles, frei Júlio, franciscano, e frei José Maria Casanova, carmelita, os quais, para entrarem em ação, tiveram que obter uma autorização especial do arcebispo, dom Miguel de Lima Valverde. Não tenho ideia de como conseguiam retirar o demônio das mulheres possuídas, nem se ele saía pela mesma porta por onde costumava entrar, e que Orígenes dizia ser aquela que um homem pudico e casto não olha e muito menos nomeia ou toca. Zezita, a santa que nos acompanhou numa temporada de férias no engenho Passagem, não era possuída, mas sofria acirrada perseguição diabólica que a presença de frei Bonifácio na mesma casa, aonde vinha anualmente a fim de preparar os filhos dos moradores que deviam fazer a primeira comunhão, não era suficiente para afugentar. Mesmo com frei Bonifácio ao lado, logrou certa vez jogar o missal de Zezita na privada. Sabia-se de fonte certa, aliás, que o diabo conversava invisível com o coronel Mané Roque, do vizinho engenho Natal, que lhe vendera a alma para comprar a propriedade na qual havia sido cambiteiro. Isso contou-nos o motorista que o conduzia de carro da estação ferroviária de Aliança para o engenho e no percurso escutava os diálogos entre o príncipe das trevas e o coronel pernambucano. Dava detalhes. Disse-nos, por exemplo, que, irado, saltava Satanás do carro em movimento, abrindo e batendo a porta com estrondo, sempre que passavam em frente à igreja de Nossa Senhora do Ó, dizendo em voz alta "não passo na frente da casa dessa senhora". Era forte o seu poder. Quando o coronel casou a filha, a amurada do alpendre desabou, fazendo cair do alto uma dúzia de convidados que se feriram gravemente. E quando morreu o coronel, os herdeiros não puderam abrir-lhe o cofre. Não tinham o segredo. Escreveram para o fabricante na Alemanha, que lhes informou haver um incêndio destruído os arquivos da época de aquisição. De qualquer maneira, era voz corrente que, se aberto, nele só se encontraria carvão, pois o dinheiro da alma do coronel só a ele próprio poderia servir.

Se nunca fomos estimulados ao exame crítico dos postulados da fé cristã nos seus aspectos positivos, muito menos jamais ocorreu a nossos mentores incitar-nos a pensar criticamente no espírito do mal. Do diabo, tínhamos apenas a imagem de um ser espiritual um tanto caricato, sempre disposto a criar obstáculos à nossa salvação. Onipresente, da mesma forma que o seu adversário celeste, escondia-se na cesta de endívias da freirinha como no canto do pássaro na janela do monge, disse Carducci. No meu caso, embaixo da minha cama ou atrás do muro do quintal, mesmo sabendo que do outro lado estava o convento dos franciscanos.

Um dia, porém, a pergunta chegou, inevitável, insidiosa. Se o diabo era tão mau, por que Deus o havia criado? Desafeto do criador, o diabo teria que ser externo a ele para poder opor-se às suas obras. Isso nos levaria a um dualismo que a Igreja reprovava. Se criado por Deus, sendo este todo-poderoso, onisciente e infinitamente bondoso, como explicar que a ele tivesse sido dada a possibilidade de contrariar a obra divina a ponto de excluir dos propósitos do Criador uma parcela considerável de suas criaturas, reservando-lhes uma danação eterna?

Papini tentou uma resposta. Para o escritor cristão, o Diabo não é o oposto de Deus. Se Deus é aquele que "*é*", segundo sua própria autodefinição, para ser-lhe o oposto o Diabo (e passo a usar todas as maiúsculas, conforme é dos escritores cristãos a delícia) teria que ser o Nada! Ora, se Deus tirou o mundo do Nada, tê-lo-ia tirado do Diabo! Há aqui um silogismo irretocável. O Diabo não é, pois, o oposto de Deus, mas participa de seu ser! Aliás, observa o autor, não fosse o Diabo não haveria santos, pois não haveria tentações a dominar. Satã exerce, pois, uma função insubstituível e uma missão providencial na obra da criação.

Deus mantinha relações cordiais com o Diabo, diz Papini. Não obstante sua queda, Satã continua a conviver com os anjos fiéis à obra divina, como se vê em Zacarias (3:1), dialoga com Deus, como narra Mateus no episódio da tentação no deserto, para onde Jesus foi levado pelo Espírito Santo "para ser tentado pelo diabo" (Mt 4:1), e dele recebe, até mesmo uma missão, como está claro no livro de Jó (1:6 e seguintes).

Nem se pode menoscabar o papel do diabo no episódio da Redenção. Era essencial que Jesus fosse traído, para que ela se completasse. Esse papel coube ao diabo, na pessoa de Judas.

Aliás, as primeiras proclamações manifestas de que Jesus era filho de Deus foram feitas pelo Diabo através da boca de dois possessos que Jesus exorciza em diferentes ocasiões em Cafarnaum (Marcos 1:23 e 5:6)! Satã, observa Papini, estava presente à última ceia, e é a ele que Jesus se dirige quando fala com Judas. Nosso padre Antônio Vieira chama mesmo a atenção para o fato de que Jesus ajoelhou-se diante do diabo ao prostrar-se diante de Judas, para lavar-lhe os pés. É a Satã que beija Jesus nos lábios horas depois! Esse papel fundamental do diabo na obra da Redenção levará os cainitas, seita do século II, a identificar Judas com o Diabo (Lucas, 22:3, o diz explicitamente, e João, 13:2, o confirma) e à tentativa de reabilitá-lo por ter sido instrumento necessário à morte de Cristo, portanto à salvação da humanidade.

Para Orígenes, a Redenção não concerne apenas à falta do homem, mas a todo o Mal na criação. É o movimento de aspiração que reverte o movimento de expiração constituído pela criação. Ao completar-se, fecha-se um ciclo da respiração de Deus. A lógica desse pensamento é a reabsorção do Diabo com o fim do Mal. Essa é a opinião expressa também por Gregório de Nyssa e por São Jerônimo, este Doutor da Igreja, não obstante a condenação eterna prevista no Evangelho de São Marcos (25:41), cuja interpretação literal só começa a ser adotada a partir do século IV. Papini observa, porém, que a palavra "eterno", em grego, não significa a eternidade absoluta, metafísica, mas simplesmente "sempre", o que pode ser interpretado como enquanto exista duração, não indo além, portanto, do "fim dos tempos".

Coerentemente com sua exposição, Papini se pergunta se a um cristão é permitido odiar um inimigo. Não é o oposto o que prega o Evangelho? Ao cristão, diz Papini, cabe o papel de um "tentador do bem". O que ele deve fazer com Satã é abordá-lo "num espírito de caridade e justiça", não para tornar-se admirador seu, mas "com o firme propósito e a esperança de liberá-lo de si mesmo e com isso liberarmo-nos de suas obras".

Não quero fazer destas reflexões um ensaio em demonologia. O que diz Papini, eu não conhecia, ainda, à época em que me surgiram as primeiras inquietações a respeito da existência do diabo e de suas funções. Ocorre-me, porém, lembrar que lá em casa chamávamos o tentador de "demônio", reservando a palavra "diabo" para imprecações e xingamentos. Talvez reconhecêssemos instintivamente na palavra demônio o componente divino implícito na etimologia grega. E, sem nos apercebermos, estivéssemos aceitando que as tentações pudessem ser obra do próprio Deus, ao qual pedíamos, diariamente, que a elas não nos induzisse (*et ne nos inducas in tentationem...*).

Ser padre

Um dia, distribuíram na igreja um folheto fazendo apelo a vocações sacerdotais. Nas quatro páginas impressas com tinta azul, o sacerdócio era apresentado com todo o fascínio de uma vida de amor e de abnegação. E, na contracapa, a figura ao mesmo tempo chagada e deslumbrante de um Cristo aureolado por intensa luz abria os braços para o leitor e perguntava: "Filho, virás?" A pergunta me perseguiu durante dias, semanas.

Decidi que a maneira mais segura de enfrentar o assédio de Satanás seria proteger-me nas barricadas de um seminário. O diabo não me dava trégua, povoando meu sono com perturbadores sonhos simbólicos. Algumas vezes me aparecia travestido, como quando se incorporava no deus Baal, imenso, na escuridão da noite, sentado, como na ilustração do *Almanaque Glória*, iluminado por archotes, sobre um descomunal altar de pedra no quintal dos frades, cujo muro divisório nos fundos da nossa casa havia desaparecido para dar lugar a uma plataforma onde eu, minúsculo, esperava sua sentença. Ou me surgia no topo da ladeira de São Francisco, na minha volta das aulas de violino na Academia Santa Gertrudes, ao final da tarde, e me desafiava, a troco da salvação da minha alma, a ver quem chegava primeiro em casa, eu pela ladeira de São Francisco ou ele pela ladeira do Quiabo. Evidentemente, ele já estava sempre esperando por mim quando eu avistava, ao dobrar a esquina da praça Dantas Barreto, a calçada da minha casa no número 413 da rua do Sol. Ominoso presságio. Algumas vezes, porém, o assédio se processava à luz do dia, embora inteiramente dentro da minha cabeça, onde se sabe que o diabo, até mesmo mais do que os anjos, tem uma capacidade privilegiada de atuar. E o desafio, sempre a troco de minha alma, era o de descer a ladeira sem pisar uma só vez nas linhas divisórias dos blocos de cimento da calçada, oferecendo o espetáculo grotesco que mais tarde vi reproduzido num filme de Jacques Tati, quando, do alto de uma girafa, a câmera o filma levantando alternadamente as pernas para passar por sobre barreiras constituídas por cordões esticados a pouca altura do solo, a delimitar, num amplo espaço fechado, os lugares onde seriam erguidos os estandes de uma exposição, cordões invisíveis da distância em que a cena estava sendo filmada.

Assim foi que, uma tarde, sem nada dizer à minha mãe, fui até o Seminário de Olinda e pedi para ver o reitor. De fora, o seminário me era familiar. Em sua frente, eu passava diariamente enquanto fazia o jardim de infância na Academia Santa Gertrudes, e, pelo menos umas quatro vezes por semana, depois, quando, já estudando no Ateneu Pernambucano, às quartas-feiras me dirigia à Academia para as aulas de violino, às quintas ao convento de São Francisco para as reuniões da Juventude Antoniana, e duas vezes aos domingos, pela manhã, quando ia à missa na igreja do convento e, pela tarde, ao encontro com os colegas da Juventude Antoniana, antes de seguirmos incorporados, sob o comando de frei Martinho, para o jogo de futebol em frente à capela de Nossa Senhora do Monte. Frei Martinho, aliás, estava sempre com a batina impecável, o que me deixava um pouco desconcertado, pois me trazia invariavelmente à lembrança o episódio no qual um seu homônimo havia rasgado a própria capa ao meio para dar a metade a um mendigo que sentia frio. Quanto à capela, não me lembro de termos sido informados, na época, que datava dos inícios da colonização, tendo sido fundada pelo primeiro donatário da Capitania de Pernambuco, Duarte Coelho Pereira, em 1537, já sendo, pois, quadricentenária à época em que eu passava vexames, ou os fazia passar à equipe de futebol da Juventude Antoniana, defendendo o seu prestígio frente aos improvisados times dos molecotes locais.

Havia qualquer coisa de misterioso e fascinante no edifício do seminário, por ser uma construção aos meus olhos monumental, talvez, ou por aceder-se à sua entrada principal por uma aleia bordejada de palmeiras, pomposamente chamadas de imperiais, ou por situar-se no alto de um morro e ser sempre visto de baixo para cima, confirmando a impressão de estar em maior intimidade com o céu, ou ainda por oferecer um acesso alternativo por uma escadaria íngreme que, galgada, tornava possível experimentar, ao mesmo tempo, a provação do penitente e a exaltação de nos aproximarmos, através desse esforço, da recompensa da glória. Uma escada de Jacó? Mais tarde, e só pode ter sido mais tarde mesmo, conferiria à majestade serena do edifício o suplemento de tratar-se, também, de um lugar de eleição da inteligência, ao saber que por ali vivera o padre Antônio Vieira em algum trecho de sua vida. Hoje me pergunto se o seminário não exercia sobre mim algo parecido com o sentimento que um menino da Europa pode experimentar ao passar ao pé de um morro no topo do qual se tivesse erguido um castelo ou uma fortaleza.

Recebeu-me o reitor com respeito, ouviu-me atento, inquiriu-me sobre a plena consciência da expressão do meu desejo e entregou-me um panfleto sobre como certificar-se um jovem da autenticidade de sua vocação sacerdotal. Convidou-me a visitar o seminário. Levou-me às salas de aula, ao refeitório, à igreja, à biblioteca, às celas. Havia por toda parte uma paz acolhedora, desconhecida e sedutora. As celas se situavam de ambos os lados de um largo corredor comprido, com um chão de tábua corrida lavada, impecavelmente limpo, que terminava numa ampla janela aberta para uma vista do mar, por trás de uma selva de coqueiros. Ali, paramos para ver do alto o pátio de onde subiam as vozes e as risadas dos seminaristas na hora do recreio. Jogavam bola, vestidos nas batinas negras. Era uma tarde luminosa, mas fresca pela brisa que nos chegava do mar. Revi aquela imagem inocente dos seminaristas de folga, em suas batinas esvoaçantes, nas fotografias que muitos anos depois vim a conhecer de um italiano cujo nome perdi pelo caminho.

Voltando para casa, escrevi "sim" em seguida à pergunta que gritava do panfleto que motivara a decisão de procurar o reitor, com minha letra ainda informe e a tinta verde da caneta que me sujava permanentemente os dedos, sentindo toda a gravidade do ato que estava realizando, como quem assina um contrato que o engaja pelo resto da vida, e escondi-o junto com meus outros parcos pertences num caixote guardado embaixo da cama.

Devo ter mudado de comportamento e, sem disso me aperceber, traído meu agasalhado segredo, dando azo a que minha mãe espionasse minha arca do tesouro, pois, de um dia para outro, notei que passara a ser tratado com um respeito que nunca havia merecido, atenções especialíssimas e olhares de veneração que provinham dela e de minha tia. É possível mesmo que alguma de minhas irmãs a ele tivesse tido acesso, pois as brigas usuais que nos dividiam escassearam e chegaram quase a desaparecer.

Não me recordo de como a minha vocação terminou. Talvez Satanás tenha levado a melhor, pois me lembro apenas de que, por muito tempo, não sei se imediatamente depois do episódio do seminário, adormecia excitado por imagens sediciosas que somente por instigação sua podiam me estar visitando, ou acordava dos meus sonhos molhados não querendo mais do que a eles regressar.

Mas isso foi depois, muito depois, pois eu já havia deixado para trás a Academia Santa Gertrudes, com minha infância e meus sonhos simbólicos, e era com as criaturas divinas em forma de meninas que eu já começava a me sentir perturbado.

A MORTE

A morte entrou em minha vida pelo mar. Era um afogado. Teria uns vinte e poucos anos. Vira-o quando chegara de bonde, na véspera, e se encaminhara para o "balneário", a casa onde se alugavam cabines para a muda de roupa e que ficava bem em frente à nossa. Voltando do Ateneu, no dia seguinte, e indo tomar meu banho de mar rotineiro, antes do almoço, vi a pequena multidão que se reunia em torno de um corpo deitado na areia. Era o rapaz da véspera. Tinha um olho à mostra, pela pálpebra arrancada, e um lado da boca carcomido, deixando ver os dentes. Algum peixe ou caranguejo havia feito os estragos, comentava-se em torno. O que me ficou foi uma estranha sensação de vulnerabilidade. Aquele rapaz morrera no exato trecho da praia onde eu me banhava diariamente. E nada, nenhuma circunstância externa, fosse de mar bravio ou, que se soubesse, de presságio funesto, havia indicado que aquele seria o seu último dia. E olhando seu corpo rígido, insensível à curiosidade indiscreta dos que o cercavam, tomou-me aquela sensação de estranha inércia que vi descrita, depois, com lúcida propriedade, por Thomas de Quincey diante do corpo da irmã morta.

A morte já estivera por perto, mas eu não lhe tinha visto a cara. Poucos anos antes, quando eu ainda estava no jardim de infância, morrera minha tia-avó, que conosco morava, dormindo no quarto pegado ao nosso. Mas, antes mesmo que a morte a levasse, fomos devidamente evacuados para a casa de vovó, e só regressamos após o enterro, quando fomos avisados de que titia havia sido chamada por papai do céu. Titia não tinha nome. Era assim chamada por todos em casa, inclusive pelas empregadas. Morreu com a aliança no dedo, a que lhe fora comprada pelo noivo que tivera sessenta anos antes e que desaparecera às vésperas do casamento. Seu quarto foi passado para Teté, irmã de minha mãe, a quem sucedi quando completei meus 14 anos. Antes, dormíamos todos, eu, minhas irmãs, e, ocasionalmente uma prima, num mesmo quarto amplo, iluminado por uma claraboia, pois não havia forro no teto, mas apenas a telha vã de onde um dia caiu-me um gambá, ao lado da cama. A essa altura já não havia vestígios de titia naquele quarto vizinho, com janela para o quintal, onde vim a possuir, pela primeira vez, espaço para uma escrivaninha e uma estante, e lazer para curtir os prazeres e as dores de meus amores de adolescente.

Pouco tempo depois do episódio do afogado, morreu Armando, meu companheiro de corridas a cavalo no engenho Passagem, aos 15 anos de idade. E a morte de Armando trouxe para bem perto de mim a presença de sua assustadora realidade. Armando não tinha por que morrer. Não havia se exposto às imprevidências do mar. Era robusto, alegre, jovial, bonito. Sabia, como ninguém, domar um cavalo e apanhar um touro foragido. Morreu de tifo, em duas semanas. Não o vi morto. Soube depois.

Dos 5 aos 15 anos, foram as mortes de que me recordo como tendo afetado a minha vida. Depois, seu cerco foi se ampliando, até que, com o passar dos anos, começou, ao contrário, a estreitar-se à minha volta. Ao ampliar-se, incorporou no seu redil amigos, conhecidos, ignorados, indivíduos e multidões, nações inteiras, banalizou-se ao se tornar inumerável, nos fornos crematórios da Europa, nos genocídios do Oriente Próximo e da Ásia, nas hecatombes bélicas e sanitárias da África, e na violência urbana do Brasil e, em particular, desta cidade do Rio de Janeiro, outrora chamada de maravilhosa, onde a encontro, por vezes, ao dobrar da esquina, até mesmo na forma de uma cabeça atirada numa lata de lixo

Ocupa-se agora em levar meus amigos e, mais recentemente, minha família. Dizem-me os que me restam que o tempo apaga as dores de suas partidas. É engano. Ou, talvez, já não me sobre o tempo necessário para que essa benemérita dádiva divina da acomodação ou do esquecimento se opere em mim. Por enquanto, só a saudade persiste, e a dor imensa de ver um filho morto.

Visita ao leprosário

Em meu tempo de menino, a atitude social com relação aos leprosos não distava muito da que os romanos exibiam à época de Ben-Hur. Éramos resguardados e protegidos contra o espetáculo de um mendigo ou outro, sem lábio ou nariz, recolhidos que se encontravam em um leprosário a distância segura de Olinda. Não me recordo onde ficava o que, um dia, frei Bonifácio me levou a visitar. Nem sei por que até ali fui conduzido e me permitiu ir mamãe.

Tomamos um ônibus que nos deixou em alguma beira de estrada de onde nos embrenhamos por um caminho que logo se adentrava pelo que me parecia uma floresta e talvez não fosse mais do que um civilizado bosque de árvores domesticadas. Minha exaltada antecipação do perigo atribuía às árvores sombrias de que me recordo copas emendadas e lianas pendentes que em mim podiam agarrar-se como as que perseguiam Branca de Neve no filme de Walt Disney. Pareceu-me longa a caminhada, mas eu tinha as pernas curtas, se comparadas às do santo homem que eu estava acompanhando. Devia ser santo, pois, de outra forma, como iria passar um dia entre leprosos? Só pessoas santas visitavam leprosos. Algumas mesmo, como vim a saber, chegaram a beber a água com que lhes lavavam os pés e comer as partes que nela se desprendiam, como se pode encontrar na leitura edificante da vida de Clara de Assis.

Frei Bonifácio foi recebido por outro franciscano, que devia ser o capelão do recolhimento. Celebrou a missa para os enfermos, missa que eu estava ali para acolitar. Não me recordo de como se processou a nossa visita. Não saí muito da sala do capelão, onde desfilaram alguns dos inquilinos por ele chamados para serem apresentados ao visitante. Talvez os casos mais interessantes, pois exibiam uma aterrorizante coleção de manetas, desnarigados, desorelhados, de expostas gengivas, de olhos esbugalhados que nos fitavam desamparados e tristes. Devemos ter feito alguma refeição por lá, pois me recordo da repugnância e do medo com que levei à boca o talher e o copo. Devo ter escolhido as imagens que me ficaram desse dia a partir das que inconscientemente vim a elas assimilar quando adulto tomei conhecimento dos personagens de Hieronimus Bosch. E continuo sem saber que idade eu tinha quando me submeteram a essa inacreditável experiência, nem com que fim o fizeram.

Evolução espiritual — os inícios

Não sendo, por natureza, uma pessoa gregária, fui, desde cedo, no entanto, levado a incorporar-me a associações religiosas, possivelmente mais como resultado do interesse dos padres em cooptar-me do que de alguma iniciativa de minha parte. E logo era levado a posições de comando, ainda que não me reconheça ter sido, jamais, alguém com clara vocação de liderança.

Fui, assim, pré-adolescente, presidente da Juventude Antoniana, uma invenção, eu pensava ter sido, dos frades franciscanos de Olinda. Tirando dúvidas na internet, descubro que um movimento com o mesmo nome havia sido criado por um franciscano em Braga no final do século XIX, e teria tido sua época áurea na década de 40 do século passado, na cidade de Leça de Palmeira, em Portugal. Caracterizava-se por ser um movimento aberto a todas as classes sociais e por oferecer aos jovens, ao lado da formação religiosa, oportunidades de recreio e divertimento. Ora, era precisamente o que tínhamos com aquele mesmo nome, naquela mesma década, em Olinda. Não pode deixar de ter vindo, pois, de Portugal, a influência da criação da Juventude Antoniana de Olinda, que, como seu modelo, parece ter fenecido pelos anos 50.

Reuníamo-nos uma vez por semana, na sala capitular do convento dos franciscanos, lugar fresco e sombreado, dando para o claustro, para recebermos a lição catequética de frei Martinho, nosso diretor. Aos domingos à tarde, já disse, íamos jogar futebol no Monte, a alguns quilômetros de Olinda, num lugar isolado, onde, ao fim da tarde, numa túnica vermelha, coberta por engomada sobrepeliz, eu ajudava, como coroinha, a inevitável liturgia vespertina da "bênção". Gostava das ocasiões em que me tocava o turíbulo ou a campainha, que, na igreja do Monte, tinha quatro campânulas, o que lhe dava uma sonoridade rica e cintilante.

Mais adiante, foi a Congregação Mariana, voltada para obrigações devocionais. Já estava no Colégio Nóbrega e dela fui secretário, depois presidente e editor da revista *Avante!*, criada ao nosso tempo, que chegou a ter cinco ou seis números.

Havia duas correntes de marianos no colégio. A dos alunos, convencional e centrada nas práticas litúrgicas, e a dos ex-alunos, mais orientada para a ação social. Estes eram liderados pelo padre Fernandes, um indiano de Goa, porta-voz do que havia de mais reacionário e obscurantista entre os jesuítas. De alguma forma, chegamos a ser cooptados por ele, pois me recordo de havermos saído pelas ruas a distribuir folhetos que alardeavam não apenas a perversidade intrínseca dos comunistas soviéticos, inimigos da fé, mas também o erro e a maldade inerentes a qualquer pensamento socialista.

Na dos alunos, logo assumimos, Germano e eu, posições de liderança, e, pelo fato de sermos dela dirigentes, acreditávamos estar investidos de responsabilidades especiais quanto ao comportamento disciplinado, dentro e fora do colégio, dos demais congregados, com o fim de preservar a qualidade religiosa e ética de toda a congregação.

Tal zelo nos proporcionou as primeiras decepções com a hierarquia eclesiástica. Levávamos a sério os compromissos que ao receber a fita azul havíamos assumido. A notória violação de iguais compromissos por parte de alguns colegas conduziu-nos a solicitar da direção sua exclusão do nosso meio, com o propósito de poder preservar o bom nome da congregação. Tivemos rejeitada a gestão e fomos desautorizados a persegui-la pela explicada razão de que os pais dos referidos colegas eram pessoas a quem o colégio não podia desagradar. Nossos conflitos com os padres ultrapassaram os limites da congregação e, sobre a força de nosso prestígio moral, começamos a desafiar a própria direção do colégio pelas irregularidades que denunciávamos no ensino e na conduta moral dos padres. Com isso, chegamos a nos dirigir ao provincial dos jesuítas, na Bahia, com fundadas queixas contra um subdiretor do colégio, que, como resultado de nossas gestões, foi afastado do cargo.

Esse espírito apostólico não se coadunava com o que era mais típico do culto mariano, sua vocação ascética e mística, e era natural, no meu caso, ser atraído pela promessa de engajamento evangelizador que havia na Ação Católica. Acho que foi um pouco estimulado por essa disposição de minha parte que o padre Moreira, enfrentando, com isso, a manifesta oposição dos demais padres da Companhia de Jesus no Recife, decidiu criar no Colégio Nóbrega uma seção da JEC (Juventude Estudantil Católica), da qual, como não foi surpresa, vim a tornar-me, também, presidente. Entrado na universidade, passei da JEC à JUC (Juventude Universitária Católica), e, novamente, como já se esperava, dela tornei-me presidente.

Os mandamentos II

De que era perigoso ler a Bíblia, éramos constantemente alertados. Já falei da confusão mental em que fora mergulhado quando viera a ler, em sua forma original, se assim se pode dizer, os mandamentos fundamentais da doutrina cristã. Derivados da Bíblia, diziam-nos ser aqueles dez que Iahweh, com sua mão, havia gravado nas pedras com que Moisés descera do monte Sinai, depois do encontro com o Senhor na escuridão da densa nuvem de onde sua voz surgia em meio a trovões e trombetas, relâmpagos e fogo. Ora, lendo o Êxodo e o Deuteronômio, como já observei, descobri que os mandamentos não somente não foram expostos da maneira como posteriormente a Igreja os oficializou, como ainda eram apenas o *caput*, dir-se-ia hoje, de toda uma série de obrigações rituais, discriminadas no Levítico, que desciam a detalhes rigorosamente absurdos para serem exigência divina, como, de maneira indicativa, o que fazer no caso de um boi ferir com os cornos uma rapariga ou um jumento cair num poço aberto por outra pessoa que não o proprietário do animal, ou no caso de, batendo um homem com uma vara um seu escravo, cegar-lhe um olho ou quebrar-lhe um dente. No mesmo impulso legislativo, estabelece Deus a pena de talião, "vida por vida, olho por olho, dente por dente, mão por mão, pé por pé, queimadura por queimadura, ferida por ferida, pisadura por pisadura". As penas de morte, abundantes, são claramente definidas. Se alguém ferir um homem com intenção de matá-lo, que seja punido com a morte. O que ferir ou amaldiçoar pai ou mãe, que seja punido com a morte. O que tiver roubado um homem e o tiver vendido, que seja punido com a morte. Se um homem ferir uma mulher grávida, e ela morrer, pagará vida por vida. Tendo um ladrão sido encontrado forçando a porta e, sendo ferido, morrer, se o caso ocorreu durante a noite, aquele que o feriu não será réu de morte, mas se ocorrer depois de o sol nascer, será punido com a morte. Aquele que pecar com uma besta será punido com a morte. Aquele que sacrificar aos deuses, com exceção do Senhor, será punido com a morte. Se um homem fizer mal a um estrangeiro, "o meu furor se acenderá e eu [o] exterminarei com a espada, e as [suas] mulheres ficarão viúvas, e os [seus] filhos órfãos". E, para que não se pensasse que essas leis poderiam ser interpretadas lenientemente, vem a advertência implacável: "Não terás compaixão do pobre, não te desviarás do julgamento do pobre em juízo."

A morte segue de perto todos os mandamentos e todas as bênçãos do Senhor e pode assumir as dimensões do genocídio ou do holocausto. "Enviarei o meu terror adiante de ti e exterminarei todo o povo em cujas terras entrares." Não o fará Deus de uma só vez, para que a terra não se despovoe, mas à medida que cresçam as forças do povo eleito para dominar as terras conquistadas.

E Moisés escreveu todas as palavras do Senhor, e selou com o sangue de novilhos sacrificados a aliança do povo com seu Deus, diz a Bíblia.

A essas leis de caráter geral, Deus acrescentou outros mandamentos especificamente relacionados com o culto que desejava lhe fosse prestado, determinando rigorosamente e em detalhe, por exemplo, como queria que fosse a arca da aliança, na qual habitaria. Ora, entre os detalhes exigidos, um, em particular, chamou-me a atenção, como já observei. Queria Deus que na arca fossem instalados, em suas extremidades, dois querubins de ouro maciço, o que me parecia transgredir flagrantemente o mandamento dado quarenta dias antes no sentido de que não devia seu povo fazer "imagem de escultura, nem figura alguma do que há em cima, no céu, e do que há, embaixo, na terra".

Esse furor legislativo acompanhará a história do povo eleito e será retomado, mais adiante, com o mesmo ímpeto onívoro, por Esdras, quando da restauração. Li em algum lugar que são 613 os mandamentos da Lei. Não os contei. Mas, obviamente, só um obcecado fanático poderia cumpri-los todos.

Mitos e ritos

Olhado retrospectivamente, nosso catolicismo era uma mescla de mitos e ritos, mitos em que acreditávamos pacificamente, sem qualquer esforço crítico, e ritos que fortaleciam a fé. Um e outro se retroalimentavam. O ritual mantinha aceso o mito, e o mito necessitava do ritual para se conservar como alento da fé. Nada mais certo do que dizer, com Karen Armstrong, que a única maneira de conservar a fé é praticá-la, e a forma mais expedita e eficiente de praticá-la é o ritual. Vivíamos de rito em rito, pontuando nosso calendário de recordatórios dos mitos em que devíamos acreditar.

O rito nos carimbava, punha-nos a marca visível de nosso engajamento espiritual. Testemunhávamos a nossa fé através dos ritos, muito mais do que através de nossas ações, estas nem sempre praticadas, ou, se praticadas, nem sempre afins com os sentimentos que deviam estar expressando. Muitas vezes, na maior parte das vezes, provavelmente, nossas ações ou se distanciavam de qualquer manifestação autêntica da fé ou, se procuravam refleti-la, não passavam de exibições farisaicas. Nisso, não diferíamos fundamentalmente da beataria que censurávamos. Apenas tínhamos mais "classe" na manipulação de nossa imagem.

CANTOCHÃO

Já disse em outra parte que tinha o privilégio, compartido com um ou outro irmão da Ordem Terceira, de frequentar o coro da igreja dos franciscanos em ocasiões solenes, como a cerimônia do lava-pés e o Ofício de Trevas. Tal privilégio seria devido, penso, ao fato de que os frades poderiam estar vendo em mim um possível recruta para a vida monástica, o que não parecia ser muito usual já naquela época, pelo menos no Brasil. Era notório serem estrangeiros, no caso alemães, todos os noviços que se alojavam no convento. Tinham os monges comigo outras atenções especiais. Lembro-me, por exemplo, de haver sido por eles instruído sobre a maneira de ler e entoar as partituras em notação gregoriana e de ter mesmo, à disposição, durante os ofícios religiosos, um exemplar do mesmo antifonário usado pelos monges e noviços para a recitação salmodiada de seus ofícios.

O uso ritual da música parece ser um ingrediente natural de toda práxis religiosa. Nisso, ela se apresenta como a herdeira natural das sociedades primitivas, nas quais é a música a forma usual para alcançar comunicação com a divindade ou outros seres espirituais. Nesses casos, é a combinação de sons ou invocações estilizadas com ritmos acompanhados por movimentos corporais que vai criar a *kenosis* que abrirá no executante o vazio mental onde se instalará o ser invocado. Nas religiões monoteístas, toma a forma de invocação salmodiada, seja no judaísmo, como no islamismo e no cristianismo. Mas se a música conservou-se nessa forma primitiva naquelas duas primeiras manifestações, no cristianismo enveredou por um uso inteiramente novo e desconcertante, sobretudo a partir da Renascença. Até então, era o canto gregoriano, *a capella*, praticamente a única forma permitida de utilização da música nas cerimônias religiosas. O elemento musical estava simplificado no cantochão à sua mínima expressão. O registro das vozes se limitava a um reduzidíssimo número de intervalos, e a modulação servia apenas para expressar as pausas, conclusões de frases ou a natureza afirmativa ou interrogativa do texto salmodiado.

De Gregório a Paulo VI, o cantochão conservou posição privilegiada nos mosteiros, embora, por óbvias razões, nunca tenha extrapolado os muros conventuais. Muito cedo, foi a música profana que invadiu, lentamente, as catedrais e as igrejas paroquiais, na forma, primeiro, de oratórios e cantatas, ou seja, de música para acompanhar os atos litúrgicos e para ser ouvida pelos fiéis, depois na de uma participação cada vez maior dos próprios fiéis. No caso da Igreja católica, enquanto a língua do culto permaneceu o latim, a música cantada pelos fiéis seguiu dois rumos paralelos: o acompanhamento de certos atos litúrgicos na língua sagrada, mas com melodias que se aproximavam da música profana (os *Tantum ergo*, os *Venite adoremus* e outros hinos religiosos), e o canto livre, não vinculado a atos litúrgicos especiais, como os hinos de louvor e devoção de rica variedade e liberdade, aproximando a melodia, quando não a letra das músicas, de conteúdos populares ou operísticos. No Brasil da primeira metade do século passado, algumas dessas músicas chegaram a adquirir uma linguagem ostensivamente erótica. Recordo-me da unção com que as beatas cantavam hinos de devoção como:

> Vós que sabeis minha vileza extrema
> Horror não tendes de até mim descer
> Oh, vinde, vinde aspiração suprema,
> Vinde à minh'alma que abraçar-vos quer
> Se nesse abraço, meu Jesus, pudesse
> Morrer de amor, sim, de puro amor,
> Ouvi meu Deus a minha ardente prece,
> Oh, vinde, vinde a mim, Senhor.

Nunca me senti à vontade para participar dessa forma de adoração religiosa. Se acompanhava contrito o cerimonial monástico, entoando com os oficiantes os salmos do Ofício de Trevas, não me recordo de haver uma só vez aderido a essas canções batizadas de "benditos". Tive a graça de haver sido poupado de ver nas igrejas o órgão solene, ou mesmo a ingênua monodia das sacras "cantigas de amigo", substituídos pelas guitarras elétricas ou o rock caipira.

UM POUCO DE ANTROPOLOGIA

Mais ou menos simultaneamente, sofremos no colégio o impacto de duas verdadeiras revoluções nas nossas convicções científicas. Nossos livros didáticos de física foram substituídos no meio do ano, em virtude de estarem ultrapassados nos conhecimentos que nos transmitiam. Essa ideia de que o que era verdade científica até julho já não o era a partir de agosto foi extremamente desestabilizadora. Deixava-nos presumir que também verdades científicas, presentes nos livros didáticos de outras matérias, podiam sofrer igual sorte, tornando nosso esforço de aprendizado profundamente vulnerável a desmentidos subitamente advindos.

O outro acontecimento foi a lição aprendida, igualmente nas aulas de ciências, sobre a evolução da espécie humana.

Nossos orientadores religiosos procuravam diligentemente evitar qualquer conversa que pudesse conduzir a um pedido de explicação sobre as contradições entre o ensinamento bíblico e os conhecimentos científicos sobre a origem do homem, que já não podiam ser abafadas. Ainda não se falava de Lucy, mas já sabíamos algo sobre o homem de Neandertal e o de Cro-Magnon, este então rotulado de *Homo sapiens*, e hoje, se não me engano, de *Homo sapiens sapiens*. Sabíamos que o *Homo sapiens*, com seus 150.000 anos, era, seguramente, muito mais antigo do que Adão, que, pelos cálculos do bispo Ussher, feitos em 1650 e atualizados para 1940, época aproximada em que minhas dúvidas começaram a surgir, tendo sido formado por Deus no sexto dia da criação, para ser mais preciso no dia 23 de outubro de 4004 a.C., ao meio-dia, teria completado, nesse ano, se vivo fosse, 4.294 anos, o que, de qualquer forma, não conferia com a contagem do ano judaico, que dava, para a mesma época, a passagem de 5.700 anos desde a criação do mundo.

Ora, como podiam nossos mestres jesuítas, ao mesmo tempo em que, com livros de história natural, nos instruíam sobre a origem física do homem e nos faziam manejar aqueles nomes estranhos e aquelas palavras em latim, das poucas que nos apareciam fora dos devocionários e missais, quererem fazer-nos crer na versão bíblica da criação do homem e na inverossímil história do pecado de Adão? Mais uma vez, éramos chamados a exercícios mentais que desafiavam as mais elementares noções de verossimilhança que mesmo a cabeça de um adolescente, deformada por anos de doutrinação arbitrária, não alcançava conceber. Como conciliar a multimilenar evolução biológica do homem com a instantaneidade física e mental de Adão?

Olinda II

Para mim, morar em Olinda era tão parte da minha essência quanto ser branco, ter 1,85m ou chamar-me Geraldo. Não conseguia me imaginar morando em outro lugar. Várias vezes papai falou em mudar-se para o Recife, para estar mais perto da loja, e nós todos, as crianças, dos respectivos colégios, eu do Nóbrega, e minhas irmãs agora do São José. Até casa escolheu, uma delas tão "nobre" que veio a servir de sede à Aliança Francesa. Dava para o parque 13 de maio e tinha garagem e jardim, com um portão na esquina. Sobretudo, tinha um primeiro andar, o que lhe dava ares de palacete, seguramente uma promoção social, se comparada à nossa velha casa na rua do Sol. Não me convencia. Olinda era parte do meu nome.

Morar em Olinda tinha suas peculiaridades. Uma delas era transformar cada dia, mesmo os domingos, numa constante aventura. A aventura da viagem. Viver em Olinda era viajar constantemente, muitas horas por dia, fazendo a *navette* entre Olinda e Recife, sob sol ou chuva, calor ou frio, de noite ou de dia.

Em Olinda apenas se compravam as coisas elementares, a comida de cada dia, o Veramon e as tinturas de acônito ou beladona da mamãe. Tudo o mais vinha do Recife, até o pão, que papai trazia na hora do almoço ou de noite, embalado em grosseiro papel cor-de-rosa, amarrado com um barbante fino, devidamente dobrado aquele, enrolado este, quando desfeitos os pacotes, e armazenados ambos por mamãe para futuro uso doméstico. Lembro-me bem do gesto característico com que nas lojas e armazéns se rompia o barbante depois de feito o embrulho, dando-se com ele um laço no dedo indicador da mão esquerda e puxando-se o restante, preso ao novelo, com um gesto seco da mão direita.

Do que para mim era feita a vida, tudo se passava no Recife. Ali estudava, ali ia agora à missa dominical no colégio, ali visitava meus amigos, ali moravam minhas namoradas, ali iria exercer minha profissão de homem um dia. Assim pensava.

O BONDE

Viajava-se de bonde. Os bondes eram originalmente abertos, com bancos longos, onde sentavam cinco pessoas. Tinham motores na proa e na popa. Nos terminais, viravam-se os encostos para que ficassem de frente. Se chovia, baixavam-se cortinas de lona que mal impediam a entrada da água e do vento por suas frestas laterais. Nas horas de muito movimento, os passageiros se acomodavam como pudessem, em pencas de homens pendurados nos estribos por sobre os quais o cobrador, inexplicavelmente intitulado condutor, fazia acrobacias aéreas para passar de um varal a outro, na incessante tarefa de efetuar as cobranças. Usava uniforme que comportava colete e gravata, igual, quanto a esta, a todos os passageiros homens. O uniforme, azul-marinho, estava consistentemente amarrotado, e a gravata, preta, reduzida a um molambo sebento. Carregava uma bolsa de couro a tiracolo, cheia de moedas que agitava com a mão para avisar aos passageiros sua chegada. Ao verdadeiro condutor do bonde, chamava-se motorneiro. Viajava de pé, num espaço reservado, nas horas de *rush* igualmente invadido por passageiros, manobrando uma manivela que regulava, num plano horizontal, a velocidade do veículo. Havia uma graduação de 1 a 8 para as velocidades possíveis, mas a mais elevada raramente era alcançada. No Recife de meu tempo, dizer que uma pessoa "ia a oito" significava ir apressado, correndo. No trecho entre Olinda e Recife, essa velocidade imprudente apenas era alcançada entre o Varadouro (lugar de pouco fundo junto ao litoral onde se encalham embarcações, diz o Houaiss) e Santo Amaro, a meio caminho do Recife, trecho no qual não havia paradas, pois corria o bonde por um istmo em pleno mangue onde se misturava a água do rio Beberibe com as do mar. Nas marés baixas, víamos os caranguejos tomando sol. Se, indo para o colégio, eu estava sentado do lado do mar, o sol esquentava-me o lado esquerdo do rosto, a mão sobre o livro, a perna da calça do uniforme colegial. E era bom quando o bonde entrava numa zona de sombra e o sol ainda ficava nos restos quentes do corpo que demorava a esfriar.

Na hora do almoço, com o sol a pino, havia somente a sombra. Se tivéssemos sorte, a brisa afastava o calor. E alimentava o sono quando, depois do almoço, era a viagem. Mas a mais bela hora era o fim da tarde, quando o sol deitado dourava os bancos, lançando sombras do bonde sobre o espelho da água. O sol, vermelho e grande, deitava-se por trás da fábrica da Tacaruna, cercada de nuvens debruadas de ouro. Outras vezes era a chuva. Se leve, arrepiava a água parada da "maré", cinza e brilhante, de um brilho fosco de panela areada. Se pesada, encharcava as estradas de terra e criava poças cor de barro nas paradas. Em agosto, as marés subiam, traziam "baronesas" (tufos de plantas, galhos, palha, carreados pelas enchentes) e sufocavam o istmo, copiando meus pesadelos futuros. A noite, se era de lua, desenhava o fantasma da praia, cor de alma do outro mundo. Se escura e fria, deixava passar apenas um latido distante e o marulho quase imperceptível.

Durante a guerra, viajávamos no escuro, para não sermos avistados pelos submarinos alemães, e a cobrança era feita, de uma só vez, ao chegarmos a Santo Amaro, onde as construções do lado do mar impediam a visão pelo inimigo e podiam ser acesas, discretamente, as luzes necessárias para permitir ao condutor exercitar o seu ofício.

De bonde se fazia tudo. Não havia ainda os ônibus, nem as famosas lotações, nas quais se viria a viajar mais rápido, porém com menos conforto, e que, de qualquer forma, como os ônibus, nos viriam a exigir, na volta para casa à noite, não menos de uma hora de espera nas filas intermináveis. Havia os bondes regulares, com relógio de ponto nos terminais e em lugares intermediários. E havia os bondes de segunda classe, os "lorés", onde as lavadeiras podiam carregar as trouxas de roupa recolhidas nas residências para lavar nas beiradas do rio, e os vendedores de galinhas ou de siris, suas cargas para as feiras. E havia até mesmo os bondes para mudanças, constituídos de uma enorme prancha aberta onde era acomodada a mobília dos que a eles recorriam. Não me lembro de haver, e acredito que não havia, bondes funerários.

Uma das características especiais do bonde aberto era permitir aos cavalheiros abordá-los em movimento. Muitas vezes, ao se aproximarem de uma parada, vendo o motorneiro que o bonde era esperado apenas por um ou dois futuros passageiros homens, de aparência jovem ou saudável, não chegava a parar o veículo, admitindo, por princípio, não ser necessário. Certa vez em Olinda, onde havia uma parada em frente a nossa casa, vimos isso acontecer quando papai, após o almoço, voltava para a loja. Ao tentar abordar o estribo, escorregou e caiu de bruços no calçamento de paralelepípedos, ferindo o queixo e sujando o terno branco. O bonde não parou. Ainda vejo o chapéu palheta de papai rolando pelo chão.

Muitos anos depois, voltando para casa num fim de tarde, eu quis pegar um bonde em movimento antes que ele chegasse à parada ao lado da matriz de Santo Antônio, no Recife, onde o esperava grande quantidade de passageiros. Esse era um dos truques para tentar obter um lugar antes de o bonde se encher. Já estava ocupada a maior parte dos espaços nos estribos da frente e do reboque. A rua estava em obras, com os paralelepípedos retirados e amontoados em trincheiras aos lados dos trilhos. Subi na que se acercava à calçada e procurei alcançar o estribo num movimento que devia simultaneamente permitir-me encontrar o espaço para o pé e um varal disponível para a mão direita, enquanto a esquerda segurava os livros escolares. Não havia ainda sido inventada a mochila dorsal. Encontrei o varal, mas meu pé não achou lugar no estribo, e caí embaixo do bonde, na vala entre a trincheira e os trilhos, ficando com o corpo encostado aos dormentes aparentes. Lembro-me de ver os bicos dos sapatos dos que se encontravam nos estribos passando a um palmo de meu rosto, de ouvir gritos e o guinchar dos freios. Quando o bonde, ao parar, me descobriu, levantei-me, provavelmente lívido, apoiado em alguns passantes solícitos que me perguntavam se eu estava bem. Quis dizer alguma coisa, mas nenhum som me saía. Estava a dois passos da entrada lateral da igreja, e nela me recolhi atordoado, sem outro intento se não o de recuperar, longe das atenções e curiosidade alheias, a sensação de estar vivo.

A MORTE II

Em algum momento devo ter me virado criticamente para o que levara anos repetindo mecanicamente ao recitar, por obrigação litúrgica, o credo apostólico: "Creio na ressurreição da carne." Assim aprendíamos o Credo nas aulas de catecismo. Assim o repetíamos sem pesar-lhe o significado.

Tão pronto comecei a tomar conhecimento da amplitude numérica do gênero humano e dos condicionamentos da vida corporal do indivíduo, passei a duvidar fortemente da possibilidade concreta da ressurreição da carne, da carne de todos os indivíduos jamais nascidos e ainda por nascer. A hipótese pressupunha a possibilidade de essa massa humana continuar existindo materialmente, por toda eternidade, ocupando, por conseguinte, um lugar no espaço, o que representaria uma quantidade incomensurável de gente. E uma extensão incomensurável de espaço. Por outro lado, com que corpo seríamos ressuscitados concretamente: com o que tínhamos na hora de nossa morte ou com outro qualquer de nosso percurso histórico? Preocupava-me saber como encontrar e reconhecer mamãe, por exemplo, dentro daquela multidão infinita, pois não era com a promessa de que estaríamos todos juntos, "na glória do Senhor", que nossos mentores religiosos aplacavam nossa angústia e sofrimento diante da morte de um ente querido?

Perguntas ociosas, todas essas, diz o *Catecismo da Igreja Católica*. "Este 'como' ultrapassa a nossa imaginação e nosso entendimento, sendo acessível só na fé" (art. 1000).

DEUS II

Tal como vivido na sociedade simplória que era o nosso ambiente, o catolicismo convencional não permitia que a religião se apresentasse de forma problemática. Se procuro analisar a maneira como surgiu e evoluiu em mim uma inquietação quanto à autenticidade de meus sentimentos religiosos e o cadinho das dúvidas que chegaram a constituir-se um problema existencial, primeiro, e metafísico, depois, tenho dificuldade em poder detectar uma série de etapas mais ou menos coerentes e consequentes entre si.

As primeiras ocorrências dessa escalada de dúvidas podem estar relacionadas com a noção do pecado. De um modo muito incipiente, eu percebia alguma contradição entre a existência do mal, representado pelo pecado, e o contexto em que eu devia estar inserido, de um ser criado por Deus, por ele desejado e amado, segundo me haviam ensinado, a ele dedicado por meus atos e intenções, supostamente protegido pelas promessas do batismo, verdade que feitas por outro em meu nome, mas por mim mesmo ratificadas por ocasião da crisma, e pelo modelo de vida em que estava empenhado em seguir. Se, de repente, meus pensamentos e minhas ações, por menos adversas à boa ordem das coisas que fossem, passavam a ser condenáveis, causadoras de imensas tristezas a meu criador, puníveis por seus representantes na terra, algo de errado devia existir na concepção que me tinham impregnado de uma eleição divina e protetora. Haveria, pois, alguma força externa a essa esfera de proteção divina capaz de transformar atos e pensamentos meus em infrações de algo tão imensamente além de minhas forças como a própria vontade divina. Se assim era, o que seria essa força capaz de opor-se ao plano divino?

É claro que eu não sabia então verbalizar essas perguntas, que apareciam difusas e intermitentes no meu espírito. Seguramente surgiram de forma muito mais simplificada do que as narro, nas mais remotas ocasiões até mesmo apenas como perplexa incompreensão da capacidade dos demônios de interferirem nos projetos divinos com relação a mim pessoalmente.

Com o tempo, minhas informações foram se ampliando e as inquietações se refinando. Como explicar que Deus, todo-poderoso, criador único do universo, onipotente, onisciente, que tinha a perfeição de todas as qualidades do bem, do amor e da justiça, pudesse ter inserido na criação o germe do mal? Disso já falei. Mas minhas perguntas se refinavam. Em algum ponto desse roteiro, veio a resposta de que o mal surgira imprevisivelmente de uma revolta de criaturas (os anjos) contra o criador. Não era preciso conhecer a figura da petição de princípios para perceber que essa não era uma resposta concebível, porquanto, para que uma criatura divina pudesse se revoltar contra Deus e instaurar na sua criação um princípio de desordem, seria necessário que a possibilidade do mal já existisse em potência na criação. Aplicado esse raciocínio aos anjos, criaturas de Deus, *a fortiori* ele seria válido para o caso do homem. A resposta que acompanha essa pergunta é mais desconcertante do que a própria pergunta. Dizer que Deus quis dar à sua criatura humana a dignidade do livre-arbítrio (que nem aos anjos parece haver dado, pois disso não se fala) para valorizar sua escolha do caminho reto de obediência às leis do criador e amor a sua pessoa divina tem os sinais de um raciocínio desesperado. Por que a um Deus, que sendo tudo e bastando-se a si próprio, poderia ocorrer a diversão de criar seres capazes de se oporem a seu plano, e como falar de plano com respeito a um ente no qual a própria eternidade é um momento simultâneo?

A essas inquietações de ordem ética subjazia uma pergunta de ordem metafísica. Se Deus não existe no tempo, se a eternidade não é uma sequência de antes e depois, em que ponto da eternidade se insere a criação? Como pode um ente que simplesmente *é*, sem causa ou consequência, *desejar*? E o que podia desejar Deus com a criação?

Não tinha eu, por essa época, a capacidade de entender, ainda que assim o quisessem meus orientadores religiosos — e não creio mesmo que disso fossem eles capazes —, os argumentos que pudessem me apresentar com alguma versão pasteurizada das cinco provas da existência divina de São Tomás de Aquino. Mas não faltavam provas mais elementares e tidas por imbatíveis para as pessoas do nível intelectual de meus mestres. Uma delas era, por exemplo, o argumento cosmológico. Em suas versões mais respeitáveis, podia ser encontrado em Pascal, ou em Kant. Mas recebia-a eu em sua versão de almanaque. Como não aceitar que exista um ser supremo, criador de todas as coisas, diante do espetáculo de beleza suprema do universo sideral, com toda a maquinaria de causas e efeitos que postulam a causa primeira?

O argumento era forte e podia sustentar a existência de uma causa primeira. Mas não era suficiente para provar que essa causa primeira era um Deus, sede em potência de todas as perfeições, conforme vamos encontrar nos argumentos de São Tomás. Menos ainda podia sustentar a tese de que toda a incomensurável maquinaria da criação tenha sido concebida por essa causa primeira para servir de crisol e cenário para a criação do homem. Na época em que o universo celeste era composto de meia dúzia de planetas, de um sol que se podia parar para dar tempo a que se concluísse uma batalha, e de algumas centenas de estrelas, algumas das quais capazes de traçar rotas celestiais para encaminhar personagens reais a uma manjedoura, talvez fosse concebível que tudo isso fosse o palco montado por Deus para o grande teatro da vida de seu povo eleito e da meia dúzia de outros povos colocados à volta para serem por ele exterminados. Mas agora, quando meus orientadores me passavam o argumento cosmológico, o universo já havia crescido desmesuradamente para tornar crível que, em nosso minúsculo planeta, cada um de seus bilhões de piolhos humanos pudesse, de fato, ser o objeto imaginado por Deus para gozar de toda a obra da criação e capaz de, com seu louvor, aumentar-lhe a glória. Alguma coisa parecia dizer-me que, ao contrário, era a desmesurada pretensão humana que fazia o homem imaginar que todo o universo houvesse sido criado por um Deus para servir a ele, o micuim humano.

Concomitantemente com a tomada de consciência da aparente infinitude do universo, veio-me o conhecimento, e isso já não podiam evitar os meus mestres jesuítas que acontecesse, de que o homem, diferentemente do que sempre me haviam ensinado, não provinha do par edênico com quem Deus conversava e ao qual puniu e a toda a sua descendência pelo pecado original de uma mulher tentada por uma serpente na qual se investira o diabo, mas era resultado da evolução por alguns milhões de anos de alguma célula primitiva que ao longo do tempo se fizera peixe, réptil, mamífero, quadrúpede, símio, ereto, Lucy, e não Eva, *Homo faber*, *Homo sapiens*, troglodita, caçador, pastor, agricultor, guerreiro, conquistador, colonizador, filósofo, poeta, profeta, e padre jesuíta. E essa descoberta teve mais perturbadoras consequências que a outra.

Eu tinha aprendido ser verdade certa que os primeiros seres humanos haviam sido Adão e Eva e que, por ter sido Eva construída a partir de uma costela de Adão, a mulher era inferior ao homem, como dizia São Paulo, tirando a lição da ordem e da maneira como o criador formara o primeiro par. Sabia, também, que Adão e Eva viveram no paraíso, em alguma parte da terra que não fora possível posteriormente identificar, embora não tivesse faltado quem o tentasse fazer. Sabia que viviam na inocência e na paz, nuzinhos e sem malícia, até o dia em que acontecera a fatídica imprudência de Eva. Sabia da terrível punição divina que viera a pesar sobre toda a humanidade, para todo o sempre, palavras de Santo Agostinho. E sabia que essa ofensa eminentíssima, como diria o padre Pinamonti (vamos ter muito o que dizer dele mais adiante), pois o grau da ofensa não se mede pela importância de quem comete a ofensa, mas pela de quem a sofre, não teria meios de ser apagada por quaisquer que fossem os gestos de contrição, arrependimento ou reparação praticados pelo homem, o que requerera que Deus, na sua infinita bondade, adotasse, para redimir a humanidade do horrível pecado, a generosíssima decisão de enviar o próprio filho unigênito à Terra para que, investido da natureza humana, pudesse, com sofrimento, tortura e morte físicos, expiar a falta original e redimir, assim, a humanidade de sua pena fatal.

E de repente, da noite para o dia, nos mesmos bancos escolares onde o padre Mosca nos recontava a dolorosa história dos nossos desastrados fundadores genealógicos, ouvíamos de outro padre a detalhada descrição da evolução da espécie, versão nada nova, pelo que logo soubemos, pois datava de pelo menos uns setenta anos. Padre Moreira, sempre conciliador e pragmático, confrontado com nossa perplexidade, explicava bondosamente que devíamos entender a situação simbolicamente e que o pecado original não era o fato de uma Eva real ter comido indevidamente uma maçã proibida e fazer Adão participar da transgressão, mas terem os homens, ao longo da História, se afastado das leis divinas, contrariando os desígnios do Criador. Essa explicação tinha o mérito de deslocar a falta de um par original, inconsciente da gravidade do que estava cometendo, para a do conjunto, no espaço e no tempo, de todas as criaturas. Ficávamos, porém, com o problema de saber em que preciso momento tomaram os homens conhecimento das leis divinas. Se elas não foram especificamente comunicadas a quem pudesse transmiti-las generativamente, como se processara a transmissão infusa do seu conhecimento para a coletividade humana? E em que momento essa coletividade se tornara capaz de absorvê-lo, se, como ensinava a nova ciência, o homem era o resultado de uma lentíssima evolução que necessitara, para realizar-se, do transcurso de milhões de anos e não apenas dos dias e horas entre o aparecimento de Adão e a projeção de sua costela na forma de uma companheira que lhe amenizasse a solidão. Aliás, apenas para isso havia sido criada, pois o próprio mandamento da multiplicação só viera depois e em consequência da queda. É verdade que Deus em pessoa costumava aparecer a suas criaturas para ditar-lhes regras de conduta e princípios para a ação. Mas isso ele o fazia apenas para o povo eleito, e quando nesse povo já se tinha implantado o pecado. A infração era assim anterior ao preceito.

A invenção de Cristo — a palavra invenção aqui utilizada com o sentido de evento inaugural — havia sido um grande fator apaziguador das inquietações religiosas da humanidade e, no meu caso particular, fator essencial para que perdurasse o meu espírito religioso ainda por muito tempo.

Cristo, na realidade, sempre foi o Deus dos cristãos. O Deus criador, o Deus dos judeus, o Deus padre dos católicos, a primeira pessoa da Santíssima Trindade, rarissimamente assume a dianteira nas nossas preces, e não passa de um nome nas nossas invocações. Jesus, sim, é o Deus ao qual nos dirigimos, que amamos, a quem imploramos, que está presente em todas as paredes, em todos os altares, em todos as medalhas, colares, rosários, estandartes, quem preside nosso batismo, quem pensamos estar nas hóstias, quem beijamos na hora da morte, no crucifixo que nos levam à boca. E era por ele que os anacoretas se maceravam, os místicos se flagelavam, os ascetas jejuavam, as mulheres se mantinham virgens, os homens partiam em guerra para matar os que o haviam matado ou para resgatar com a espada aqueles a quem sua mensagem ainda não havia chegado, mesmo se para isso tivessem que matá-los primeiro.

Depois, mas isso foi muito tempo depois, a pergunta que me roía o cérebro e o coração assumiu sua inteira dimensão: se Cristo viera ao mundo para redimir o homem do pecado original, por que continuávamos a nascer manchados por ele? Que diferença fundamental, do ponto de vista da vulnerabilidade do homem ao pecado, ocorrera depois do seu sacrifício?

De um jeito ou de outro, perguntas como essas iam tomando forma, e quando aos meus orientadores faltavam as respostas que constituíssem argumentos racionais, sobrava-lhes sempre o recurso de dizer que não podia o homem conhecer de forma direta a natureza de Deus nem os seus desígnios, ao conhecimento de Deus só se podia chegar pela fé. A famosa formulação de Agostinho: *credo ut inteligam.*

A Bíblia

Nas boas famílias católicas não se lia a Bíblia. Não se guardava sequer um exemplar do Antigo Testamento em casa, pela ameaça que sua presença podia representar, sobretudo onde houvesse crianças e adolescentes, para sua formação religiosa e moral. Minhas primeiras associações da Bíblia eram, pois, com o interdito, o perigoso, o diabólico, algo a ser preservado longe de minha curiosidade, ao mesmo título que outras obras colocadas no *Index Librorum Proibitorum*, ominoso nome para a estante onde pudessem ser encontradas, além dela, obras como *O corcunda de Notre-Dame*, *O vermelho e o negro*, ou *O crime do padre Amaro.*

Um dos primeiros atos de rebeldia anticlerical de minha parte pode ter sido, pois, a aquisição dos quatro volumes da *Bíblia Sagrada*, do padre Matos Soares, publicada pela Tipografia Pôrto Médico Ltda, em Portugal, em 1940. Eu devia estar pelos meus 18 anos quando cometi esse ato temerário. Apaziguei os espasmos de minha consciência assegurando-me de que poderia sempre argumentar, se me vissem lendo o perigoso livro, com o *nihil obstat* e o *imprimatur* que figuravam ostensivamente no anterrosto. Tenho diante de mim esses exemplares, já bem encardidos pelo passar dos tempos, e descubro, com surpresa, que a obra é apresentada com o *fac-símile* de uma carta de E. Card. Pacelli, futuro Pio XII e à época secretário de Estado do Vaticano, ao padre Matos Soares, o autor, comentando favoravelmente a tradução e enviando-lhe a bênção apostólica do Sumo Pontífice.

Já nas primeiras páginas, encontro minha estupefação assinalada por uma marca de lápis ao lado da nota 13 ao capítulo XII do Gênesis, na qual o autor justifica a mentira de Abrão (ainda não se chamava Abraão) ao faraó, entregando-lhe Sarai (ainda não se chamava Sara) como se fosse irmã, praticamente vendendo-a em troca de proteção ou de benefícios bem concretos, como diz a Bíblia, pois de seu protetor recebeu ovelhas e bois, e jumentos, e servos e servas, e jumentas e camelos. Comenta o padre Matos Soares: "Quanto ao modo de proceder de Abrão, nada há de censurável. Exposto a perder a vida e a ver violarem a castidade de sua mulher, tomou o partido que lhe pareceu mais próprio para evitar o primeiro desses males e conjurar o segundo. Sobretudo confiava em Deus." Em que o partido tomado conjurara o segundo dos males não parece haver lógica, pois tornar-se concubina do faraó não era a melhor maneira de proteger a castidade de Sarai. Em todo caso, como regra de procedimento moral, o exemplo de Abrão não encontrava respaldo nos mais elementares ensinamentos que eu recebia sobre não mentir e assumir as minhas responsabilidades. Abrão, aliás, era useiro e vezeiro na prática daquele expediente. Muito tempo depois, já Abraão, ao passar como peregrino por Gerara, terra dos filisteus, volta a instruir a mulher, agora Sara, por sinal com mais de 90 anos, a que se faça passar por irmã, reincidindo, dessa forma, no estratagema que havia usado para obter as boas graças do faraó. O expediente surte efeito, e o rei Abimelec manda buscar Sara para o palácio. Mas, antes que Abimelec a tocasse, aparece-lhe Iahweh em sonhos para avisá-lo da trama e do perigo que lhe estava preparado se consumasse o pecado de tomá-la como mulher, precaução que não encontrara lugar no episódio anterior com o faraó, devido, provavelmente, ao caráter pagão da vítima potencial. Abimelec defende-se provando sua inocência e devolve Sara a Abraão. Mas Iahweh já havia tornado estéreis Abimelec, sua mulher e seus servos, por causa do pecado que o rei iria cometer. Novamente, como se vê, a punição recai sobre o inocente, e Abraão escapa ileso.

A duplicidade de Abraão pelo visto era hereditária, pois Isaac, seu filho, milagrosamente poupado do holocausto, tendo se casado com Rebeca, com ela parte para Gerara, a fim de pedir ao mesmo Abimelec, ainda rei dos filisteus, passagem livre para o Egito, onde pretendia refugiar-se da fome que assolava sua terra. Lá chegando, diz aos homens do local que Rebeca é sua irmã, para evitar que o matassem e dela se apossassem, "pois ela era formosa". Ora, Abimelec avista um dia, da janela, Isaac, que acaricia Rebeca. Chamando-o ao palácio, o rei o recrimina por haver enganado o povo dizendo que ela era sua irmã, o que teria podido levar a que com ela alguém dormisse, atraindo com isso as iras de Iahweh contra todo o reino. E Abimelec falava com experiência. Permite, porém, que Isaac permaneça em Gerara, onde enriquece, da mesma maneira como seu pai o fizera. Outra vez, o falsário é quem sai premiado.

Outros episódios da Bíblia, e foram inúmeros, me deixavam perplexo, e eu estava longe ainda de conhecer o episódio de Davi, de cuja semente brotaria um dia o Messias, com relação a Urias e sua mulher Betsabeia. Tinha razão, pois, minha mãe, quanto à perniciosa influência que o livro sagrado poderia exercer sobre minha mente ainda imberbe.

Um pouco de cosmologia

O universo no qual se moviam as nossas crenças religiosas era, na década de 30, para o nosso entendimento de crianças, pouco maior do que alcançava a nossa visão. Havia o céu e a terra, e pouco faltava para que continuássemos a acreditar que era o sol que girava em torno da terra, como parecia evidente. Na realidade, tudo o que interessava à nossa salvação se passava na terra. O resto era cenário. Cenário banal para as almas não inquietas, mas impressionante para os espíritos especulativos. Diga-o Pascal. Contavam, para o nosso dia a dia, o sol, fonte de luz e vida, e a lua, provedora de marés. E de poesia, poderia acrescentar, se estas reflexões estivesse fazendo mais tarde. Em algum lugar, nas alturas, estaria o céu, de onde Deus me espiava com olhos de lince e me escutava os pensamentos. E em algum lugar, "embaixo", estaria o inferno. Mas o que eram as alturas perdia sentido com a esfericidade da terra, se em qualquer ponto dela víamos o céu "em cima". Quanto ao inferno, "embaixo", onde seria encontrado nessas condições de uma terra esférica? E se escutássemos o que já se dizia de um universo muito mais amplo do que o que dele percebíamos, em que pontos do espaço iriam situar-se os lugares da felicidade suprema e da condenação eterna? Reconheço que tudo isso é um pouco confuso, mas confusas andavam as nossas mentes.

Tudo ficou mais confuso ainda poucos anos depois, quando descobrimos que, pelo menos havia mais de cem anos, já se sabia que a estrela mais próxima que se conhecia estava a cerca de 40 trilhões de quilômetros de distância da terra, e, muito mais ainda, décadas depois, quando os progressos da astronomia permitiram imaginar o raio do universo em 47 bilhões de anos-luz, sabendo-se que um ano-luz tem 9,46 trilhões de quilômetros. Basta fazer as contas. Dessas cifras mirabolantes eu não tinha ideia, mas quando nos foi ensinado que, para além das estrelas que víamos nas noites sem lua, havia muitas mais, e tão distantes que não podíamos enxergar-lhes o brilho, isso já dava um universo bem grande, muito grande mesmo, enorme, destinado apenas ao nosso deleite.

Hoje posso refinar minha estupefação. Aprendi, por exemplo, que nesse universo inabarcável pelo entendimento humano, nossa pequena galáxia tem 100 bilhões de sóis, onde pelo menos um quarto tem mais de 3 bilhões de anos, o mínimo considerado provável para que ele possa ter adquirido alguns planetas. Que é possível estimar um total de 500 bilhões de planetas na nossa família galáctica. Ora, supondo-se que em apenas 1% desses planetas hajam sido alcançadas as condições climáticas e químicas necessárias ao surgimento de seres vivos, teríamos que 500 milhões de planetas seriam viáveis. Desses, 0,2 e 2,0%, ou seja, entre 1 e 10 milhões, podem ter desenvolvido seres inteligentes. Que tais seres possam ter as mesmas características do ser humano e serem capazes de se comunicar entre si e com os homens, é matéria puramente especulativa. Em todo caso, porém, pelos parâmetros bíblicos, seriam criaturas de Deus, ao mesmo título que nós, terráqueos, embora, em boa lógica, não possam ter sido contaminados pelo pecado de Adão e Eva, tendo, assim, uma perspectiva escatológica inteiramente distinta da nossa. E só estamos falando da nossa galáxia, quando sabemos de outras dez vezes maiores. O mínimo que se pode dizer é que tal constatação abala profundamente as concepções aprendidas de um universo constituído exclusivamente para permitir o aparecimento do homem, e que o louvor que desse homem possa receber o Criador lhe seja profundamente agradável.

É fácil imaginar que tal problema não poderia jamais terse apresentado aos pastores que, com a ajuda do Espírito Santo e seus heterônimos — J (o Javista), E (o Eloísta), P (o Sacerdote), D (o Deuteronomista) e R (o Redator) —, escreveram o livro do Gênesis. Mas não pode ser ignorado pelos seus descendentes na fé que hoje falam em seu nome. E o tem sido. Seja como for, considerar que todo esse desmesurado aparato astronômico haja sido criado para que o infinitesimal micróbio humano que habita o grão invisível de poeira que é o planeta Terra reconheça a grandeza do Criador e, ao prestar-lhe a homenagem de seu reconhecimento, dê-lhe a glória merecida por tão arrojado empreendimento não pode passar de uma insana presunção.

A GUERRA I

A guerra começou distante, como todas as guerras de que eu tinha notícia pelos livros de história. As fotos de jornais eram parcas, algumas cabeças recortadas de retratos de homens de Estado, com nomes que não me diziam grande coisa — Pétain, Laval, Daladier —, espalhadas pelas páginas do *Jornal Pequeno*, associado este ao pão de seda que papai trazia de noite, comprado na Padaria e Pastelaria Confiança. Como vivíamos cercados de alemães, havia no ar um vago clima de simpatia pelos nazistas, que, com seus louros e sorridentes apolos, pretendiam livrar o mundo das garras do comunismo. Alemãs eram as freiras da Academia Santa Gertrudes, que nos haviam ensinado a ler e a cantar canções de Brahms transformadas em *lullabyes* ingênuos. Alemães eram os frades franciscanos que nos passavam mangas por sobre o muro. Alemães eram os monges beneditinos que serviam de diretores espirituais de toda a elite católica do Recife e de Olinda. Alemão era o meu professor particular de inglês, com quem aprendi a gostar de jazz e dos tangos alemães dos anos 20, 30. Alemão era o fotógrafo de todos os casamentos, nascimentos, batizados e primeiras comunhões do Recife. Alemão, o proprietário da melhor loja de equipamentos óticos de pesquisa e diretor da Sociedade de Cultura Musical, cujas filhas, de uma alvura extraterrestre, iluminavam um camarote do Teatro Santa Isabel nas noites de récita. Os dois últimos pagaram caro a cidadania que por tantos anos só lhes trouxera prestígio na cidade. No dia em que os submarinos do Eixo torpedearam o *Baependi* nas costas da Bahia, tiveram seus estabelecimentos invadidos e todos os equipamentos e estoques destruídos, de nada servindo ao sexagenário Schaeffer e ao judeu Odenheim, a um, toda uma vida de fotógrafo documentarista no Recife, a outro, ser judeu, e por isso, pessoalmente, mais do que todos nós, vítima do regime cuja violência catalisava nossas iras.

Foi a entrada do Brasil na guerra que a trouxe para perto de nós. Antes, tratava-se de algo remoto, de que mal nos apercebíamos. A pedido das freiras, juntávamos em bolas as folhas de papel prateado dos chocolates Lacta que eram enviadas a Alemanha para servirem ao esforço de guerra. E eu aprendia a geografia do Leste Europeu colorindo de vermelho os territórios invadidos pelos cruzados do Reich nos mapas em papel cuchê que a *Revista da Semana* publicava regularmente, papel que dificultava consideravelmente a fixação dos traços que eu aplicava com os meus lápis de cores. No começo, os nomes das cidades e aldeias conquistadas eram fáceis, alguns conhecidos já das lições de geografia. Depois começaram a aparecer nomes complexos, trabalhosos para serem encontrados no mapa, como Marojarosavec, Bezanickaya, Struji-Krasnyje e outros, que dificultavam enormemente meu trabalho cartográfico. Maior do que a dos generais de Hitler era minha impaciência de ver já de uma vez inteiramente vermelha a Polônia ou a Hungria, a Rumênia, que então chamávamos de România, ou a Tchecoeslováquia.

No bonde, debatia-se o avanço nazista em acaloradas discussões. Estas se acendiam principalmente a partir da entrada do cônego Jonas Taurino no Varadouro, última parada antes do istmo que unia Olinda ao Recife. Ali o bonde chegava lotado, e o cônego, com suas meias roxas e cordão no chapéu, seus sapatos de fivela, seus óculos coruscantes, seu guarda-chuva ruço, entrava sorrindo, mostrando o dente de ouro, catando com os olhos ágeis quem lhe iria ceder o lugar e quem seria o debatedor do dia. Havia uma surda competição entre os senhores para ver quem aguentava mais tempo fingindo não se haver dado conta da chegada do homem de Deus para não ter que enfrentar-lhe o olhar suplicante e ceder-lhe o lugar. Quieta no seu canto, uma das inúmeras filhas "dos Lundgren" continuava impávida a leitura do livro que marcava com uma fotografia do Führer, provavelmente trazida da Alemanha, para onde, certamente, teria sido mandada estudar, como todos os seus irmãos e irmãs nascidos de operárias da Fábrica Paulista. Os bondes rodavam nos horários, controlados por relógios de ponto. Por essa razão, eram as mesmas pessoas que nele se encontravam, e quase sempre sentadas nos mesmos bancos, de modo que as tertúlias se produziam como se constituíssem uma sessão contínua, interrompida quotidianamente no momento em que o bonde chegava ao Recife e os ocupantes começavam a se dispersar a partir da parada em frente à Escola Normal.

Liguei-me ao cônego já não sei se por iniciativa própria ou movido por estímulos maternos, minha mãe sempre pronta a incentivar os contatos que pudessem ser benéficos à salvação de minha alma. Sabia-o autor de um livro, exemplar do qual logo me deu, o que o singularizava em meu respeito. Ajudava suas missas no asilo de velhas na praça do Carmo, não sei por que razão chamado de Colégio Eucarístico, pois de colégio não tinha nada, precedendo as atribuições de coroinha com a capenga execução de alguma melodia religiosa na desafinada serafina da capela. Como me visse seguir atento os debates matutinos sobre os acontecimentos internacionais ocorridos no bonde, convidou-me o cônego um dia para ir ouvir em sua casa as emissões da rádio alemã em língua portuguesa, e foi assim que, numa tarde, mais para o fim da guerra, ouvi ao vivo, em tempo real, os ruídos de um bombardeio aliado antes que a estação saísse do ar.

Coisas estranhas começaram a acontecer muito tempo antes de o Brasil entrar na guerra. Vários clérigos franciscanos com os quais eu convivia, pois na minha qualidade de presidente da Juventude Antoniana frequentava com regularidade seu convento, de repente largaram a batina e se incorporaram à vida civil em Pernambuco, alguns deles para trabalhar na fábrica dos Lundgren, em Paulista. Na ocasião, a única surpresa que o fato me causou foi ver pessoas que viviam de burel e cinturão de corda, tonsura franciscana e sandálias abertas, a quem chamávamos de irmão, como o irmão José, se transformarem, da noite para o dia, em cidadãos iguais aos outros, com seus ternos de brim branco, seus sapatos Clark pretos e seus novos nomes civis de José.

José Buhr foi o que melhor conhecemos. Tão pronto cresceram-lhe os cabelos, procurou-nos, minha tia achava que por ela, outra versão familiar sendo a de que era por minha irmã mais velha. Zé Buhr, como passamos a chamá-lo, vinha todos os domingos e me ensinava a jogar xadrez. Guardara a mansidão do claustro. Tinha um jeito suave, trazia bombons, nunca falou de política. Quando a guerra começou, eu tinha 8 anos.

Não entendia muito bem o que estava se passando. Ainda não estava o Brasil envolvido no conflito. Um dia, Zé Buhr obteve de mamãe autorização para me levar a uma festa num navio nazista que estava ancorado no Recife. O convés estava enfeitado com suásticas, comia-se e bebia-se com algazarra. Pelo que me recordo, era um dia especial, em que toda a população da Alemanha comia um mesmo prato popular, simbolizando algo como a união do povo germânico. Havia muita gente, alemães, nazistas ou não, alegres por se sentirem num clima de confraternização germânica. O comandante era o alemão típico: alto, alvo, esbelto, louro. Trajava um terno branco civil. Fez-se fotografar comigo na torre de comando. Não me recordo de haver tido uma noite tão alegre até então.

Em casa não se discutia política. Muito menos política internacional. Nossos contatos alemães eram fruto de nossas associações religiosas ou da circunstância fortuita da forte presença germânica no Recife e em Olinda, desvinculados de qualquer conotação política. Na verdade, muitos dos alemães de projeção no Recife eram judeus e, portanto, contrários ao regime nazista. Alemãs ficaram para mim as memórias inconscientes da religião em que me criara, das músicas que aprendera menino, do amálgama de melodias em que me fiz adulto, Bach, Beethoven, Brahms, Schubert, Schumann, Mendelsohn.

Quando o Brasil entrou na guerra, Zé Buhr e todos os demais clérigos que haviam largado a batina foram recolhidos num campo de concentração. Seriam espiões infiltrados sob o hábito de religiosos. Talvez. Passada a guerra, Zé Buhr casou-se com uma operária dos Lundgren e colocou-a na Academia Santa Gertrudes para ser alfabetizada e educada. Nunca mais soube dele.

Música

Muitas vezes ao longo da vida procurei entender o fenômeno musical, a coisa em si e o que a música representava para mim. E não é tardia essa inquietação. Menino ainda — e essa recordação está ligada à casa em que moramos, na rua do Sol, 413, para onde nos mudamos, expulsos pelo mar —, via-me perguntando a mim mesmo o porquê da presença incessante da música no nosso quotidiano. Impressionavam-me particularmente os anúncios cantados, e eu me indagava o que pensaria de nós um extraterrestre que arribasse à Terra e ouvisse aquela constante mistura de sons falados e cantados. Tomaria isso como uma forma de linguagem específica dos seres terrenos?

Cheguei à música pelo violino ou comecei a estudar violino porque, de alguma maneira, a música já me atraía? Não me parece verossímil que, no ambiente inane do ponto de vista musical em que vivíamos, pudesse ter surgido em mim uma clara vocação para o estudo de qualquer instrumento musical aí pelos 7 anos de idade. Isso fazia parte, no entanto, da boa educação que se recebia, e o instrumento escolhido era quase sempre o piano, sobretudo entre as meninas, mas também o violino, como opção nobre. Eu era bom aluno nas aulas de teoria, solfejo e ditado musical, à frente mesmo das alunas quase adultas que compunham o restante da turma. Meu "bom ouvido" foi, talvez, o fator determinante na escolha do instrumento.

Gostava de ouvir música "clássica" (quando será resolvida a aparentemente insolúvel questão da denominação da música de concerto?). Logo estaria disputando o horário a ela dedicado na estação de rádio local, a PRA-8 ("Pernambuco falando para o Mundo!"), para desespero de minha mãe e de minha tia. Em casa não havia vitrola (assim se chamava então o que mais tarde veio a adquirir a inexpressiva designação de "som"). A única maneira, pois, de conhecer alguma coisa desse universo imenso do qual apenas começava a levantar o véu era entregar-me aos 60 minutos matinais em que podia travar conhecimento com os nomes e as melodias que começavam a me intrigar, dos Beethoven, Tchaikóvski, Chopin. O repertório era pobre, e a reiteração da Quinta Sinfonia do primeiro, da Sexta do segundo ou de alguma valsa do terceiro acabou por produzir um desgaste auditivo do qual só vim a me recuperar muitos anos depois, quando passei a ouvir música com os olhos ou os ouvidos da inteligência ou da cultura musical. De Chopin foi difícil a cura, pois, para destruir quase que completamente sua imagem, surgira, pelos meus 16 anos, o filme *À noite sonhamos*, onde a única coisa boa de que me recordo era a face de Merle Oberon, contribuindo para a completa desmoralização do artista e de sua obra. Deve ter sido dessa época, igualmente, meu primeiro contato com o *Bolero* de Ravel, tornado, depois, tão nauseante quanto o *Adágio* de Albinoni décadas a seguir e pelas mesmas razões de uma vulgarização devastadora. Do desgaste do *Adágio* ainda não me recuperei, embora recorde sempre com nostalgia o impacto que me causou ouvi-lo pela primeira vez como fundo musical de um dos exercícios cinematográficos de Norman McLaren, na época áurea do filme de arte canadense, um balé em que os movimentos da bailarina eram decompostos em imagens sucessivas superpostas, provavelmente obtidas por luz estroboscópica, provocando uma experiência visual e rítmica de grande beleza. Já o *Bolero* teve a redenção inaugurada com Maya Plissetskaya, sublime num longo vermelho, dançando sozinha em meio aos vinte bailarinos vestidos de preto, sentados à sua volta, no palco do Teatro Bolshoi, em Moscou.

Duas instituições recifenses resgataram o desorientado músico amador — a Sociedade de Cultura Musical e o Departamento de Documentação e Cultura da Prefeitura do Recife, o DDC. Graças à Sociedade de Cultura Musical, pude assistir a alguns concertos memoráveis cujos programas constituíam uma introdução a um incipiente conhecimento enciclopédico musical. Guardava-os diligentemente, quase todos autografados, até que, numa de muitas mudanças pelo mundo, eles se perderam. Eu já não saberia reconstituir o desfile de intérpretes notáveis que por Recife passaram. De um só me recordo, e com boas razões: Claudio Arrau. Porque não deu extras e porque o programa dizia que havia vencido um concurso internacional importante tocando *Islamey*, de Balakirev, supostamente uma música de dificílima execução. Li depois, em algum lugar, que Arrau dizia ser contra *encores* e que o único que ardentemente desejava era o da própria vida. Quanto à música de Balakirev, demorei a encontrá-la, não sendo copioso o arsenal de discos disponíveis no Brasil. E é, de fato, peça quase que obrigatória nas exibições de virtuosismo pianístico.

O DDC cumpriu um importante papel na formação da cultura musical no Recife. Mantinha num edifício da avenida Guararapes um serviço de audição de discos de impecável organização. Tínhamos à disposição seis cabines individuais insonorizadas onde podíamos escutar até 55 minutos de músicas selecionadas na discoteca. Aos sábados à tarde realizavam-se palestras num auditório para umas vinte pessoas, com programação preestabelecida. Naquelas cabines, passei alguns dos momentos mais agradáveis da minha adolescência e desenvolvi o gosto pela música que com o tempo só fez crescer.

Não sei em que ordem as coisas foram acontecendo, mas, à medida que aumentava minha erudição musical, eu sentia formar-se dentro de mim um forte apelo para maior dedicação à música como intérprete e, mesmo, o desejo ainda informe de ser criador.

Nas longas viagens de bonde entre Olinda e Recife, indo para o Colégio Nóbrega, ou dele vindo para casa, exercitava-me em criar, mentalmente, melodias sobre temas que me vinham espontaneamente ou que eu fabricava a partir de quatro notas escolhidas mais ou menos ao acaso para imitar Nélson Ferreira, o pianista da PRA-8, que num programa noturno semanal improvisava, a pedido dos ouvintes, valsas e boleros com base nas notas que lhe enviavam por telefone. Na verdade, nosso pianista provinciano não fazia nada muito diferente do que o grande Sebastião já havia famosamente realizado ao compor sua fuga sobre o tema derivado das notas que correspondiam ao seu nome, no sistema de notação musical alemão baseado no alfabeto (B A C H), ou quando elaborou, para dedicar a Frederico, o Grande, a complexíssima *Oferenda musical* sobre um tema que lhe fora proposto pelo próprio rei. Minhas sinfonias se desvaneciam antes mesmo de a viagem terminar na rua do Sol, em Olinda, ou na esquina da rua do Príncipe, no Recife. Mas os momentos em que ouvia dentro de mim a orquestra que me interpretava, alheio aos companheiros de bonde, ignorantes de meus devaneios, eram de intenso prazer.

Devia ter 16 anos quando ganhei de papai uma vitrola, a primeira que entrava lá em casa. Por essa época, já havia deixado de compor sinfonias no bonde e até mesmo abandonado o estudo do violino. Não que me houvesse desgostado do instrumento. Por pura covardia. No meu círculo de amizades e conhecimentos, nenhum menino que se levasse a sério estudava música, e muito menos violino. Isso era coisa de meninas ou de "veados". Vexava-me sobraçar o estojo negro de meu instrumento no bonde e eu temia encontrar nas ruas do Recife, assim municiado, algum colega de classe ou companheiro do colégio. Vítima dessa fatalidade, perdeu o Recife o meu gênio musical que começava a ser burilado pelo maestro Fittipaldi, o grande professor local de violino e regente da Orquestra Sinfônica do Recife.

Com a vitrola, chegaram os primeiros discos do que veio a se tornar uma obsessiva coleção: os Concertos para violino de Beethoven e de Bela Bartok, interpretados por Jascha Heifetz, e a *Páscoa russa*, de Rimsky-Korsakov, pela Orquestra da Suisse Romande, sob a regência de Ernest Ansermet. A Ansermet alcancei ver regendo essa mesma orquestra quando servi em

Genebra em fins dos anos 50. Eram discos de vinil, pesados, que giravam a 78 rotações por minuto. Mudávamos a agulha do braço da vitrola após a leitura de cada uma das faces dos vários discos que continham a mesma música, pois uma só passagem era suficiente para torná-la imprestável para outra.

Eu não tinha disponibilidade financeira para comprar discos. Minha mesada se esgotava com os livros, que não deixavam de invadir meu quarto. Minha erudição musical era acumulada nas cabines da DDC e nos concertos da Sociedade de Cultura Musical, com a ocasional contribuição que podia vir de alguma audição dos alunos de piano de Manuel Augusto ou de violino do maestro Fittipaldi. De Manuel Augusto, que havia preparado mais de uma geração de pianistas no Recife, lembro-me de ter escutado, pela primeira vez, o *Carnaval*, de Schumann, no concerto com que se despedia de suas atividades como professor. Mulato, de mãos possantes e dedos cuja potência exercitava diariamente mediante artefatos por ele mesmo inventados, Manuel Augusto havia sido um virtuose precoce, e corria a história de que, aos 5 anos, havia tocado para o imperador da Áustria. Fittipaldi fora o meu mestre durante um ano, enquanto estudava no Conservatório Musical do Recife. Tinha uma aluna de excepcional musicalidade, Esther Rothmann, cuja interpretação da *Tzigane* de Ravel me deixava siderado. Mas o acaso ou a persistente curiosidade armavam ocasiões para novas descobertas. Foi não sei como que conheci Zé Inácio. Ele era médico, morava no sótão de uma pensão na rua do Hospício, uma dessas casas avarandadas e de fachada espalhada, dentro de um jardim à francesa. Tinha, no espaço que acumulava as funções de sala de estar, de refeições, de música e de dormitório, um piano de cauda literalmente coberto com pilhas de discos. Era, talvez, a maior discoteca privada de música erudita do Recife. Zé Inácio me introduziu, ou procurou me introduzir, no mundo inquietante e enigmático da música contemporânea, fazendo-me ouvir algum compositor de música atonal ou concreta, cujo nome não me ficou na memória.

A BELEZA DAS PALAVRAS

Se, muito cedo, abortou minha vocação musical, brotou e vingou precocemente o meu gosto pela palavra. Era um leitor voraz com alguma aptidão para distinguir o vulgar do especial e embrenhar-me na leitura com uma disponibilidade total. Lembro-me de um poema que escrevi aí pelos 13, 14 anos, intitulado "A mão e o livro", cujo primeiro verso era: "Quando Deus criou o mundo, criou a mão e o livro." Assim vivia eu, permanentemente com um livro na mão. Assim vivo eu, ainda.

De alguma forma, sentia existir nas palavras uma realidade mais ampla, para não dizer mais verdadeira, do que nas pessoas ou nas coisas que me cercavam. Aprendi, desde cedo, a refugiar-me no mundo por elas criado quando desejava afinar a percepção do segredo contido nos fatos, nos objetos ou na memória que deles tinha. Foi assim que introduzi na minha rotina dois hábitos que fundamentalmente afetaram o relacionamento com o mundo exterior: escrever um diário e transformar em poesia minhas perplexidades, meus desencantos, minhas epifanias. Estou falando dos meus 14 anos. Data de muito antes, porém, o primeiro exercício como poeta. Dos meus 7 anos. Tendo recebido de presente o livrinho da editora Melhoramentos sobre Casimiro de Abreu, fiquei abalado pela leitura do poema "Meus oito anos". Tomei-me de uma antecipada nostalgia pelo que estava vivendo naquela época e, num impulso, escrevi minha primeira poesia. Intitulava-se "Saldades da infância" (assim mesmo, com "l"). Tinha um parentesco indisfarçável com o modelo que me havia inspirado. Mostrei-o a mamãe, que o exibiu a papai, que o levou a seu Azevedo, a quem, orgulhoso, fez com que o lesse em presença do autor. Seu Azevedo, que não perdia a oportunidade de demonstrar ao meu pai a superioridade de seus conhecimentos intelectuais, comentou, com riso mordaz, ter o jovem poeta se servido copiosamente do original de Casimiro de Abreu. Inexperiente quanto ao efeito devastador da crítica literária, pude, no entanto, perceber, na ironia sibilina do sócio de papai, uma reação que podia ser representativa da ignorância dos adultos em relação ao inefável. Em todo caso, por precaução, ou despeito, fechei-me aos amargos prazeres da criação literária pelos próximos sete anos. Foram os desejos inominados, os sofrimentos calados e as decepções incontidas dos primeiros amores reais que reabriram a ferida por onde voltaria a recolher as palavras em poemas.

Minha produção dos 14 aos 19 anos foi abundante e, como não poderia deixar de ser, desigual. Lendo-a retrospectivamente, anos depois, quando já podia obter uma distância crítica razoável que soubesse distinguir do que era depoimento o que fosse literatura, pude muita coisa podar, e o resto pôr em perspectiva. Donde os títulos que passei a dar aos livros que não publiquei e dos quais extraí alguns poemas para figurarem em *Poesia reunida*. Os que correspondem a essa época, entre a adolescência e a juventude, guardam os títulos de *O aprendiz de feiticeiro* e *A louca da casa*. No primeiro, está refletida minha descoberta do valor e do mistério da palavra, algo que me acompanhou pelo resto da vida. É clara a referência ao conto de Goethe, do qual não tinha conhecimento senão por sua ilustração musical na obra de Paul Dukas, magistralmente utilizada por Walt Disney no marco cinematográfico que foi *Fantasia*. No segundo, revejo o que chamei alhures, num depoimento já publicado, a força devastadora da imaginação durante a adolescência. O título, é evidente, deriva de Montaigne. Em ambos, e em muito do que escrevi depois, o tom é confessional, o que quase permitiria seguir as etapas da minha vida pela leitura em sequência de toda a minha poesia. Talvez por essa razão, raras vezes o que escrevia saía das gavetas.

Nunca escrevi pensando em publicar. De certo modo, escrevia para recapturar a realidade que estava no mundo da fantasia em dose maior do que no mundo material. Sartre põe sentimento semelhante em frase sucinta e elegante quando diz, em *Les mots*, que, aos 9 anos, dominado pela paixão da escrita, representar as coisas através da linguagem dava-lhe a sensação de aprisionar-lhes a essência.

Apenas uma vez, penso, escrevi algo completamente desligado de qualquer experiência ou sentimento pessoal, e isso por pouco não me custou a amizade de meu melhor amigo. Tínhamos pelos 15, 16 anos. Havíamos aprendido no colégio noções de versificação, o que nos levou a fazer experiências com alguns gêneros poéticos. Talvez tenha consistido no impulso inicial para a adoção do soneto como forma dominante de expressão o que me fez encher cadernos de louvações ou desespero, de uma namorada para outra, nos dolorosos anos de aprendizado do amor. Germano se interessou pelo acróstico. À época, estava devotado ao amor platônico por uma menina que morava não longe da sua casa e que tudo ignorava dos sentimentos de seu *amant courtois*. Mostrou-me um acróstico a ela dedicado que me pareceu insuficiente para descrever a tamanha paixão que dizia sentir por ela. A menina chamava-se Ester. Eu não a conhecia. Não tinha, no momento, namorada ou musa inadvertida. Distraí-me em tomar o nome do amor escondido de Germano para o exercício de um poema e fiz-lhe um acróstico retumbante que julguei merecedor de mais exposição do que a do fundo de minha gaveta e mostrei-o ao meu amigo. Assim dizia:

És do meu estro a inspiração constante,
Sombra, quimera, alma de meu canto.
Tanto te quero, amor, te quero tanto,
E embalde grito aos céus a todo instante:
Retorna ao peito que te espera em pranto.

O poema causou um profundo constrangimento entre nós. Germano não podia crer que ele não fosse sincero, tanto revelava a natureza da paixão que o consumia. E eu não conseguia desfazer o mal-estar que se instalara argumentando não conhecer a musa, não tendo, portanto, razão para por ela nutrir qualquer tipo de sentimento. O mal-estar se agravou quando Germano descobriu, no bloco de notas de Samuel, o terceiro elemento da tríade de amigos inseparáveis que éramos, o nome de Ester escrito, quase que às escondidas, no canhoto de cada folha destacável. Era demais, ver-se assim traído pelos dois maiores amigos.

Talvez seja este o momento de abordar o que, por essa época, começava a se tornar o eixo de todos os sentimentos mais perturbadores da adolescência.

Amores

Ana Maria foi um momento bom nas nossas vidas. Quem a conheceu primeiro foi Germano, creio que quando passava férias em Boa Viagem. Ana morava perto do terminal. Íamos visitá-la pelo menos uma vez por semana. Encontrávamo-nos na praia, em frente à casa dela, e ali passávamos a tarde conversando sobre o tudo e o nada. Não me recordo de momentos mais agradáveis na minha adolescência. Não nos perturbava nenhum jogo de sentimentos conflitivos. Não sabíamos, Germano e eu, se a namorávamos ou não. Nem tampouco devia ela sabê-lo. Mas sabíamos ambos que a amávamos. E isso ela o devia saber também. Talvez nos amasse um pouco, em retribuição. Disso, porém, nunca se falou. Poderia ser o fim daquele colóquio sem mácula, daquele nó espiritual em que nos havíamos entrelaçado, feito de pura ternura e respeito mútuo. No fundo, éramos ainda uns meninos. Mal havíamos entrado na adolescência, e dos sentimentos solenes com que ela se veste ainda tudo ignorávamos. Nenhuma risada se comparava à de Ana Maria. Cristalina é o lugar-comum para descrevê-la. Só que no caso dela nada era lugar-comum. Sua risada irisava o céu, limpava o coração e ficava na memória como um bálsamo. Como um bálsamo a recordo agora, quase 13 lustros depois.

Sem nos darmos contas precisas do que começava a nos acontecer, nos vimos, de repente, a só pensar em meninas. Saíamos correndo das classes para vê-las passar no fim da tarde, terminadas as aulas do Colégio Eucarístico ou do Colégio São José. Fazíamos poemas pensando nelas, delas falávamos a todo tempo, sonhávamos com elas. E, inevitavelmente, começávamos a nos interessar pelas irmãs uns dos outros, exibindo-nos canhestramente para atrair-lhes as atenções. A severidade das nossas famílias não favorecia os encontros endogâmicos, e o que poderia ter sido a sementeira de nossos primeiros namoros poucos frutos rendeu. Mas terminou por ser no círculo alargado de nossas relações que muitos pares se formaram.

Todos os meus amigos moravam no Recife, onde, aliás, passava-se a maior parte da minha vida. Olinda era praticamente apenas o dormitório. Isso reduzia minhas oportunidades de aprofundar os relacionamentos que os eventuais encontros em esporádicas festas de aniversário propiciavam. Apaixonava-me regularmente em cada ocasião que se me apresentava, e não menos regularmente meus enamoramentos se dissipavam no vazio que se seguia a cada encontro.

Minhas reais namoradas surgiram com as oportunidades que tive de conviver diariamente com elas nas férias anuais que papai nos proporcionava em Garanhuns, no Sanatório Tavares Corrêa, que, atrás desse nome, escondia um hotel de grande qualidade. Ali ficávamos um mês, todo ano, e ali fui sucessivamente me enamorando dos 14 aos 17 anos. Mas, me antecipo. Ou me confundo. Como eram breves essas vilegiaturas e acabavam sempre na estação de trem de Garanhuns os nossos namoros, quando regressávamos ao Recife, eu tinha o resto do ano para me sentir infeliz. Esses meses, prenchia-os na ansiedade e na amargura. E a escrever poemas.

No meu pequeno círculo de colegas e amigos, não era fácil enamorar-se. Sobretudo no meu caso, o único a não habitar o Recife. Mas eu tinha minhas musas, minhas ninfas constantes. Não posso deixar de incluir nesta resenha sentimental o encantamento que produziam as irmãs Gondim, Jenny e Lucy, "tão bonitas,/tão iguais,/que nem sei/de qual das duas/gosto mais", escrevi no meu diário. Considerava-as inacessíveis, colocadas num patamar social tão acima do meu, que me pejava ousar pensar em merecer-lhes a atenção. E, no entanto, assim não se julgavam elas, ou mesmo seus pais, que viam em mim um potencial pretendente apreciável, possivelmente pela reputação de que já gozava por minha religiosidade. Eram um casal de pétreas convicções católicas, ele, Isaac, apesar do nome hebreu, autor de livros de edificação espiritual católica, o que o exaltava, em meu conceito, a elevadíssimos níveis de cultura. Eu lhes cercava as filhas, a uma e a outra, na praça da Soledade, enquanto vinham do Colégio São José para a avenida Rosa e Silva, onde moravam. Ora me decidia por uma, ora por outra. No dia em que parti para o Rio de Janeiro, creio que para um Congresso Mariano que iria realizar-se em Petrópolis, fui pela manhã ao teatro Santa Isabel, à audição das alunas de Manuel Augusto, convidado pelos pais de minhas musas para sentar-me no camarote onde só se encontrava a família. Puseram-me ao lado de Jenny, que começava a configurar-se como minha predileta, o que já dera motivo a que dona Mercês me tivesse convidado para um jantar íntimo cuja sobremesa havia sido especialmente preparada para mim por sua filha mais velha. Não fui. De medo. Na audição, à medida que se aproximava o momento da apresentação de Jenny, senti que algo a confirmava na eleição que se produzia em meu espírito. Digo espírito propositadamente. O corpo não participava com a mesma força nas definições que era chamado a tomar. Presumo haver sido influenciado pela leitura que então fazia de Júlio Diniz. Descobria nos olhos de Jenny aquela misteriosa e suave luz, aquele reflexo levado para ali do mais íntimo de sua alma, e, nos seus lábios, o sorriso expressivo de afabilidade e de brandura, prometedor de plácidas, mas duradouras felicidades, com que descreve sua heroína o autor de *Uma família ingleza*. Olhava-a com outros olhos, e mesmo com enlevo, ao contemplar sua pequena figura no imenso palco. Ao regressar ao camarote, chegou-se Jenny diretamente a mim e me disse, enquanto segurava minha mão com a dela quente e empalmando um lenço perfumado, "eu toquei para você". Foi o momento culminante de nosso recíproco amor. Sim, vimos um e outro, naquela hora, que nos amávamos. Mas a distância que nos separava, física e social, não permitiu que esse amor, tão espontaneamente revelado, fosse além daquela inesperada e derradeira confissão.

Mas, retomemos o fio da meada. Ia falar de namoradas, e a primeira assim considerada vim a conhecer em Garanhuns, no primeiro ano em que ali passamos férias, toda a família reunida.

Chamava-se Lise Lothe, a mais bela menina e, depois, que me dissessem, a mais bela mulher do Recife. Eu tinha 14 anos. Ela, 13. Meu amor por Lise Lothe era oficialmente reconhecido e acatado por todos os meninos que se encontravam no Sanatório. Lise Lothe sabia que estava me concedendo muito mais do que ao que eu fazia jus com minhas demonstrações canhestras de púbere afeto. Condescendia. Como eu não tinha rivais, julgava-me correspondido. Foi minha *belle dame sans merci*. Durou menos do que uma rosa de verão.

No segundo ano, foi Yvette. Eu já havia passado dos 15 anos. Yvette tinha 14. Meus namoricos anteriores não haviam sido mais do que flertes infantis. Se amei ou pensei amar alguém antes de Yvette, as manifestações externas desse amor não terão passado de incoerentes balbucios, tímidos contatos, e a palavra "amor" jamais teria sido dita ou ouvida. Mas Yvette me dizia e me escrevia: "Amo-o de todo o coração e não amarei a mais ninguém enquanto for viva. Desde o momento em que eu te vi compreendi que você seria o único homem do mundo a quem eu poderia pertencer. Se me deixares, como poderei viver sem ti?"

Era forte demais. De repente, todas as mulheres de minhas leituras se corporizavam em Yvette, alguém que usava as palavras que eu só conhecia de livros. Temia reconhecê-las, e me alagava o prazer de receá-las verdadeiras. Meu deslumbramento foi tal, que perdi a noção da terra. Não sei o que pensavam de nós os adultos. A meninada nos invejava e se acumpliciava, ajudando-nos a estar sozinhos.

O regresso de Yvette ao Recife e o meu a Olinda foi fatal para o nosso amor eterno. Yvette voltou para o namorado que já tinha, e eu, para o refúgio do meu diário, que assumiu proporções alarmantes, mais de duzentas páginas de agonia. Destruí-o em 1970. Antes, reli-o com ternura, vergonha e pena de mim mesmo.

Meus 16 anos representaram um período de grande agitação interior. Eu lia compulsivamente e passei a viver na atmosfera dos livros mais até do que na realidade do que me envolvia. Isso teve consequências marcantes na condução da minha vida sentimental. Apaixonava-me com mais facilidade pelas mulheres com que convivia nos livros do que pelas que me era dado conhecer, meninas ainda, quando eu já desejava a mulher. Foram muitas, e recordá-las todas seria fazer o inventário dos romances que lia. Já sofrera com Agnes, e pelo que David Copperfield a tinha feito sofrer. Já quisera estar ao lado de Antoinette para minorar o sacrifício que fazia por Jean-Christophe. Já me dividira, incorporado a Mishkin, entre o amor de Aglaia e a sedução de Nastassia. A que eu agora buscava, não podia encontrá-la real, concreta e visível nas meninas que saíam pelos portões dos colégios que eu assediava ou nas namoradas eventuais e temporárias que intercalavam minha solitude nos entretempos de Garanhuns. Tinha que inventá-la nelas, completando-as com a minha imaginação. E sofria com a renovada decepção de não receber eco para as palavras com que as exaltava, transformando-as de colegiais provincianas em pares de Armance. Lembro-me de como, numa festa de aniversário, ocasião quase que indispensável, ou pelo menos a mais propícia, para os enamoramentos, estando naquele então impregnado de Stendhal, descobrindo o prazer de uma deslumbrante linguagem de sedução, sussurrava aos ouvidos de uma de minhas amigas preciosas palavras de galanteio, incompreensíveis para ela, que apenas sabia contestar perguntando-se o que pensaria de nós, dançando naquele terraço, o pobre periquito encarapitado na gaiola e que o ruído da música não deixava dormir.

Foi nesse espírito, e na casa de Yvette, numa festa pelos seus 15 anos, quando já estávamos reduzidos às proporções de meros amigos, que conheci Eda, pequena, simpática, de olhos negros brilhantes, a quem o sobrenome de Hoffmann emprestava uma aura especial, leitor que vinha sendo dos contos fantásticos de seu homônimo, que até hoje me evocam a brisa do Capibaribe entrando pelas janelas da Biblioteca Pública, na rua do Imperador.

Eu estava mais velho, mais envolvido pelo quotidiano de tarefas escolares e abalado por preocupações religiosas que estabeleciam um conflito permanente entre o que eu sentia e queria e o que me propunha e devia. Começara a viver intensamente, e com extremo rigor, o chamado para um ascetismo devorador, intoxicado por novas exigências espirituais. Tudo isso era bastante complicado para acomodar o clima satisfatório a uma relação amorosa.

Cometi com relação a Eda todos os erros possíveis a um imprevidente amante. Só lhe falava de coisas importantes e definitivas, e isso a deve ter assustado e desiludido. Eda provavelmente, e com razão, teria esperado encontrar um namorado normal que a levasse a um cinema ou com ela se encontrasse na praia, não algum extraterrestre que lhe despejasse estapafúrdias inquietações religiosas ou metafísicas. Foi o mais breve de meus amores.

Bethy foi minha quarta namorada, mas poderia ser considerada a terceira, a que me "deu a mão", como a Teresinha de Jesus o cavaleiro da parlenda infantil, ou mesmo a segunda, porque meu namoro com Eda não passou de um generoso equívoco da parte dela. Bethy, por ser judia, dava ao nosso mútuo encantamento um clima de transgressão que as conversas de sua mãe com a minha só fizeram confirmar, pois tanto deveríamos parecer enleados um no outro, que dona Sara (assim a chamo por não recordar seu verdadeiro nome, mas que outro melhor poderia ter uma mãe judia?) achou necessário adverti-la do perigo que isso podia representar para as nossas famílias, devido à diferença de religião. Foi, também, o resultado de um encontro no Sanatório.

O que se passava entre nós era distinto de tudo o que até então sentira. Nela, eu encontrava uma correspondência unívoca de sentimentos, perplexidade diante do que estava nos ocorrendo, desejo de amparo, vontade de amparar, alegria e sofrimento. Sabíamos ambos que era insuperável o muro que nos apartava. Mas não queríamos privar-nos do prazer de estar juntos. Nada nos dizíamos do que nos torturava. Tínhamos consciência de serem desnecessárias as palavras, perigosas mesmo, por anteciparem o desfecho natural que aguardava nosso recíproco encantamento. Assim se passaram duas ou três semanas de companheirismo cheio de silencioso afeto. Foi breve e profundo

Só muito mais tarde, e retrospectivamente, ter-me-ei dado conta de que Eda, como Bethy, como Yvette, como as outras que haviam povoado minha fantasia, ocupado meus devaneios noturnos, causado os primeiros estremecimentos de meu corpo, não eram, na verdade, meus primeiros amores, mas, como diria Kierkegaard, as ocasiões para o primeiro despertar de minha visão poética da existência. Transformava em poesia todos os desencontrados sentimentos com que me torturavam os meus amores. Enchi cadernos com poemas que tiveram o mesmo destino dos diários e das cartas destruídos, irmanados na sua ingênua inutilidade.

Beirava os 18 anos quando encontrei Helena.

Helena foi, ainda, fruto indireto das férias habituais em Garanhuns que dessa vez não pude gozar. Preparava-me para o vestibular da faculdade de direito e havia ficado em Olinda, estudando noite e dia, enquanto toda a família se deslocava para as habituais semanas de descanso no Sanatório Tavares Corrêa.

Terminadas as provas, parti para Maceió, renovando antigo hábito de gozar férias individualmente na casa de meu tio Rubem em São José da Lage, antes que passassem a ser coletivas, em Garanhuns. Meu tio havia sido providencialmente transferido para a capital.

Essa ida a Maceió não seria já um disfarçado pretexto para conhecer Helena? Dela tanto me haviam falado mamãe e minhas irmãs ao voltarem de Garanhuns, a ela tinham tanto falado de mim enquanto lá estavam, que era como uma imposição da boa ordem das coisas que nos conhecêssemos. Foi assim, expectante e tenso, que a procurei, logo que cheguei. Helena não estava na cidade e tive que esperar que o bom deus do acaso a fizesse voltar.

De como a esperava, bem dá ideia o que escrevi a Germano logo após minha chegada à capital alagoana. Na verdade, estava tão necessitado de amar alguém, que já amava Helena antes de conhecê-la. "Insondável Providência que me deu mais esse dia de ansiedade. Misterioso Deus que tão ardilosamente sabe complicar os seus planos!", assim descrevia a meu melhor amigo o que estava sentindo. E o mesmo deus do acaso nos juntou, a Helena e a mim, no fortuito encontro num bonde, no dia seguinte àquele em que a havia procurado para entregar-lhe as cartas de apresentação de minha mãe e de minhas irmãs.

Seguiu-se uma semana de total enlevo. Vivíamos absorvidos na descoberta um do outro, encontrando surpreendentes correspondências de sentimentos e de aspirações o que mais urgente e óbvio entendimento de nossos corpos só fazia corroborar. Digo isso e tenho que dizer também que descobrir o corpo era, então, para as pessoas de nossa idade e formação religiosa, algo que hoje considerariam demasiadamente inocente os nossos filhos e, mais ainda, os nossos netos. Mas tenho a mais forte convicção de que em nada eram menores as nossas emoções, o nosso prazer, o nosso deslumbramento, com os beijos vacilantes e as carícias furtivas que nos permitíamos do que o serão agora, para as gerações saciadas da nossa sociedade permissiva, as mais desenfreadas intimidades sexuais. Vivia eu, ademais, o auge de uma crise religiosa na qual um desejo ardente de autenticidade na fé e de ascético comportamento pessoal e social mesclava-se a um acelerado processo de desencantamento com a doutrina e a prática eclesiástica, o que acarretava profundos distúrbios intelectuais e morais.

Li na cópia de uma carta minha para Helena, transcrita em meu diário: "Só há uma tristeza, e é a de não se ser santo. Por que estou triste por tão pouco?" A frase era de Léon Bloy e vinha de uma carta por ele escrita a Juana Malbech, sua noiva. "Minha Juana se chama Helena", escrevi a Germano, e minhas cartas para Helena poderiam ter saído das páginas das *Cartas a su Novia*, que à época se havia tornado o meu breviário. Sempre a literatura se entranhando pelos meus sentimentos (*cette chienne de la littérature*, como escreveu Bloy um dia, queixando-se de síndrome semelhante). Juana, a protestante, chegara a Bloy quando o "desesperado" Marchenoir, seu *alter ego*, já não tinha mais forças para suportar o sofrimento. Tornou-se o signo da liberação, o sinal do reencontro com a misericórdia divina. Com o mesmo espírito, jubilante pela confirmação da fé e recuperação da confiança, escrevi a mamãe.

Era uma longuíssima carta, na qual falava de coração aberto sobre o miraculoso acontecimento que a providência divina me havia proporcionado. "Há uma semana sou inteiramente feliz", anunciava-lhe, e, ao cabo de quatro páginas de elogios àquela "que era responsável pela impossível transformação que ocorrera em mim, que havia feito do homem amargo que eu era alguém cheio de esperança e de alegria cristã, porque me oferecera compreensão, companheirismo, apoio e amor", dizia, extasiado: "Sabe de quem falo? De Helena, sim, a Helena com quem tantas vezes você conversou sobre mim mesmo, seu filho distante por quem se preocupava." E terminava, heróico, dizendo que não era mais o menino que lhe escrevia, mas o homem que acreditava no que dizia e tinha a coragem de encarar o futuro. "Sou outro. Helena me trouxe coragem e decisão. Pela primeira vez, conheço a grandeza de um amor verdadeiro. Saberei manter-me à altura da confiança que ela me dedica", escrevi solenemente. Não soube.

Dois dias depois de enviada a carta, recebo de meus pais o lacônico telegrama, obviamente redigido por mamãe, com a seca mensagem: "Ciente assunto sua carta pedimos voltar imediatamente primeira condução." E, para meu tio, que me hospedava, o telegrama de papai: "Forneça dinheiro necessário viagem Geraldo."

De volta a Olinda, nem uma só palavra me foi dirigida por mamãe ou papai sobre o assunto. Era assim na minha casa. Ao cabo de alguns dias, não suportando o silêncio, cobrei de mamãe uma explicação. Com aquele jeito só dela, que gelava a todos nós, os filhos, e mesmo os nossos amigos, apenas disse: "Que sabe você do amor?" Da mesma forma como, em outra ocasião, me cortou qualquer possibilidade de explicação das angústias existenciais e das aflições religiosas que me abalavam, perguntando-me: "Que sabe você do sofrimento?"

Eu não soube lutar por Helena. Não soube defender o meu amor inabalável e definitivo. Diante da certeza da oposição materna, minhas resoluções desmoronavam, minha coragem desaparecia. Senti-me humilhado e impotente e transmudava meu desespero na hipocrisia de minhas cartas para Helena, onde inconscientemente procurava construir as razões necessárias para que o nosso amor acabasse. No caso de Helena, não era a religião o que poderia nos causar problemas, o que posso deduzir das causas secretas que motivavam a oposição materna, pois éramos ambos católicos. Disso nunca se falou, mas penso que a verdadeira razão estava em Helena ser alguns anos mais velha do que eu.

Um desencontro de cartas fez Helena aparecer no Recife quando eu já lhe havia escrito desfazendo a perenidade de nossa relação. Dizê-lo de viva voz foi dos momentos mais constrangedores de minha vida. Não posso imaginar o que, em seguida, se passou com ela. Estava demasiado ferido no meu amor-próprio e no meu próprio sofrimento para pensar no dela. Sobrou-me do que eu poderia ter guardado na memória como um belo momento apenas o gosto amargo da vergonha, do desprezo por mim mesmo, do qual nunca me recuperei totalmente, e esta confissão é, talvez, o epitáfio.

No meu diário, anotava pensamentos edificantes que pretendia servirem-me de modelos. Um deles dizia: "Onde quer que seja ofendida a verdade, defende-a." Estava assinado: Emerson. Que ironia saber, depois, que quem estendeu a Helena a mão amiga, no momento em que a deixei abandonada, traindo a verdade, foi um rapaz chamado Emerson. Morava na pensão para onde ela se transferiu, aquela onde vivia Zé Inácio. Emerson era, também, de Alagoas, e, tanto quanto eu sei, os dois se casaram. Espero que tenham sido felizes.

Já tivesse lido Kierkegaard, teria aprendido que um verdadeiro amor me teria levado a fazer com que Helena me desprezasse, e não que tivesse pena de mim.

AMORES (UMA REFLEXÃO)

Que o capítulo anterior tenha a ver com a minha história religiosa, muito tem. Quem era esse menino, esse adolescente, esse jovem que pensava que sabia amar? Teria razão minha mãe quando me fizera a pergunta fatal?

Adubado o espírito por uma formação religiosa inclemente, encrespado pela violência de uma fé que exigia de mim uma coerência insuportável, quem falava por mim era um arremedo de Savonarola, armado apenas de uma pureza de intenções que, como todas as boas, mais se prestavam a preparar o caminho do inferno. Pelo menos, o do meu próprio. Não é à toa que encontro em página escrita em 1948 ser o inferno não o lugar da tortura em comum, mas o da acusação individual da consciência.

Em meus amores, não fui menos exigente do que era comigo mesmo e com todos aqueles que me cercavam, fossem família, amigos, namoradas. Carregava o meu discurso moralista amparado por dilacerantes dilemas, sobretudo do que respeitava à castidade que eu pregava e praticava como um asceta. Mas meu corpo e meu espírito tinham sede do que eu os privava e eu lutava com eles, como Jacó com o anjo. Perdia, em meus sonhos, as batalhas com o emissário, que, no caso, não podia ser outro senão o demônio, no qual já não acreditava, pois em meus devaneios eu queria ser o perdedor. À luz do dia, voltavam-me as exigências de uma conduta consentânea com o que pregava. E, no entanto, não podia evitar que, persistentes, me revisitassem os pensamentos de luxúria, nos quais procurava, pelo menos, pôr em quarentena as imagens de minhas namoradas. Quantas vezes, como Durtal pensando em Florence, não pude impedir que as mulheres com que eu entrava em contato, ou que apenas via, estivessem elas protegidas nas telas do cinema ou no anonimato das ruas, se aproveitassem de meus olhos cerrados, enquanto tentava dormir, para se porem nuas sob as cortinas abaixadas de minhas pálpebras.

Tenho pena das namoradas que tive. E tenho pena do menino, do adolescente, do rapaz que fui, acorrentado por escrúpulos e desperdiçando em ociosas divagações interiores e patéticas exibições de rebeldia a oportunidade única de viver intensamente os inefáveis prazeres da descoberta do amor.

A GUERRA II

A guerra foi uma presença quotidiana da infância à adolescência da minha geração. Menino, já contei a abstração que para mim representavam os movimentos das tropas nazistas, primeiro, e russas, depois, no vaivém pelas cartas geográficas da Europa, e a dificuldade em compreender o que estava em jogo no plano ideológico. A guerra já estava avançada quando comecei a entender que havia bons e maus envolvidos no conflito, mas que nem todos os bons eram bons, e nem todos os maus eram maus. Tinha uma grande dificuldade em separar os alemães dos nazistas, e os russos dos comunistas. A entrada do Brasil na guerra simplificou o problema. O dia exato em que as coisas se aclararam foi o do "quebra-quebra" que se seguiu ao afundamento dos cinco navios brasileiros nas costas da Bahia.

A incorporação do Brasil ao bloco aliado trouxe alterações sensíveis na vida da província. Estava o Nordeste brasileiro em situação estratégica nos planos aliados para uma invasão da Europa a partir do Mediterrâneo. No Recife, foi logo instalada uma base americana que deu à praia da Piedade a aparência de um cenário de filme americano. Na cidade, as ruas se encheram de marinheiros louros e negros, e muitas moças que com eles conviveram perderam a reputação, ficando conhecidas como "as moças do USO" (United States Office). Os clérigos alemães que haviam largado a batina foram encarcerados em campos de concentração. As filhas dos Lundgren deixaram de ostentar retratos de Hitler nos livros que liam nos bondes. Quem era alemão se encolhia. Instaurou-se o *blackout* em toda a orla marítima. Seis canhões foram postados no largo da Sé de Olinda, de frente para o mar, e exercícios de defesa antiaérea eram realizados ocasionalmente. Quando isso ocorria, contrariando as instruções divulgadas, reuniamo-nos todos no quintal para ver a dança dos holofotes perseguindo os aviões "inimigos". Os jornais cinematográficos da Pathé ou da Movietone nos traziam imagens realistas do que se passava nas diversas frentes de batalha, dando-nos a possibilidade de melhor entender o que alhures acontecia.

O verdadeiro encontro com a guerra demorou, no entanto, ainda mais alguns meses, e só ocorreu de fato após a partida dos pracinhas para a Itália. Estávamos em 1944, penso, quando começaram a chegar aos hospitais do Recife os primeiros brasileiros feridos em combate. Eu ia visitá-los regularmente, levando-lhes revistas e biscoitos preparados em casa. Pude então descobrir o que representava lutar num campo de batalha. Via jovens, pouco mais velhos do que eu, sem braço ou perna, com bandagens nos olhos, na cabeça. Alguns se animavam com as visitas. Outros não queriam contato. Poucos se dispunham a falar do que lhes ocorrera.

Quando a guerra terminou, eu tinha 16 anos. Durasse mais, e eu poderia ter sido recrutado e ver-me um dia num leito de hospital como aquele ou, talvez, transformado apenas no nome e numa cruz em algum cemitério toscano. Começava a temer que isso pudesse me acontecer, e foi com eufórica sensação de alívio que me prontifiquei a ir badalar os sinos da capelinha de São José, ao ouvir no rádio a notícia da rendição da Alemanha.

O fim da guerra foi também, para nós que a seguíamos de longe, a oportunidade para conhecer, através dos jornais cinematográficos, a enormidade da tragédia que havia desabado sobre a Europa. Guardo nítidas as primeiras imagens divulgadas dos prisioneiros libertados nos campos de Auschwitz, Belsen, Treblinka, tantos outros, esqueletos humanos cobertos por baça camada de pele, amontoados em rústicas prateleiras, olhando incrédulos para a câmera que os revelava, ou a horrenda remoção dos cadáveres amontoados perto das valas comuns, levantados do chão pelas escavadoras americanas.

Os próximos anos foram de readaptação da cidade ao ritmo de uma economia de paz, agora profundamente alterada pelas novas influências mercadológicas que partiam principalmente dos Estados Unidos. Desapareciam as agfas, as voigtländer, e ficavam apenas as kodaks, sumiam os citroëns e chegavam os chevrolets, o doce japonês passou a se chamar doce americano, e Americana, também, passou a ser nome da mais famosa casa de sorvetes do Recife, a Sorveteria Gemba, supostamente um nome japonês. Inaugurou-se o costume de usarem os homens camisas coloridas, de mangas curtas e para fora das calças, a que chamávamos de "silaques". As empadas e os pastéis de carne começaram a ser substituídos pelos *hot-dogs*, que nada tinham do nosso antigo cachorro-quente, feito de carne moída e pimentão. Não sei se foi por aí que irromperam, para destronar os sucos e as "vitaminas", a Coca-Cola e o *milk-shake*.

Exercícios espirituais de Santo Inácio

Eu já disse um pouco o que a Ação Católica fizera por mim e de mim. Tornara-me, sem o buscar nem querer, uma espécie de referência no círculo limitado de colegas e estudantes secundários nos principais colégios católicos do Recife. Em grande parte, dividia com Germano a reputação e as tarefas. Olhando para dentro de mim, considerava que, se líder havia, de nós dois, era ele, obviamente, quem conduzia. Sempre me achei um pouco provocado, se não levado, por ele no meu apostolado.

Enquanto congregado mariano, era no plano interno que se concentrava a minha evolução. Isso não me impedia de exercer as responsabilidades que sentia caber-me na boa ordem em nossa congregação e de, por essa razão, envolver-me em atritos com a hierarquia do colégio, e até em níveis mais altos, como já narrei. Aí, também, vinha de Germano o impulso original, ou era por sua causa, que neles me empenhava.

Não me recordo de haver sido levado a integrar a congregação em razão de alguma devoção especial por Maria. Provavelmente não foi assim. Fui filho de Maria desde menino, e a isso devo ter chegado por fazer parte da formação católica apurada, a que me senti desde cedo destinado, integrar alguma associação religiosa. Das disponíveis, a Congregação

Mariana era a mais difundida e a que se apresentava como a mais seletiva. A dedicação do mês de maio à Virgem, com o extenso e intenso envolvimento das nossas famílias nas comemorações, dava um realce especial à figura de Maria como protetora e intercessora, humanizando o contato com o sobrenatural. Menino, fazia questão de oficiar, transformando em altar a cômoda onde se assentava o pequeno oratório, a cerimônia quotidiana do culto mariano no mês de maio. Usava o pano de cobrir as teclas do piano como estola, punha-me à frente do mulherio da casa, mamãe, minha tia, minhas irmãs e todas as empregadas, fazia-as entoar a ladainha de Nossa Senhora e apresentava-lhes uma miniatura de relicário que lembrava um ostensório para a bênção com que se encerrava o ato. Adolescente e jovem, já não me atraíam as comemorações. Se ainda me tocavam fundo certas manifestações litúrgicas e me comoviam aquelas iniciáticas, como o Ofício das Trevas e outras particulares da Semana Santa, as que fossem influenciadas pelo culto popular, ou criadas para a clientela beata, começavam a parecer-me suspeitas do ponto de vista ortodoxo e vizinhas de uma quase simoníaca exploração da ingenuidade dos fiéis. Achava, pois, que a Congregação Mariana era apenas uma maneira de auxiliar o progresso espiritual pelo favorecimento de um convívio estimulante à prática das virtudes. Mas era dentro de cada um que esse progresso haveria de ser buscado. Foi, pois, com profunda adesão da vontade que acolhi o convite para participar dos Exercícios Espirituais de Santo Inácio.

A ideia de realizar um retiro de oito dias, para a prática dos Exercícios, creio haver partido do padre Vasconcelos, nosso orientador na congregação. Os jesuítas dispunham de uma casa de retiros isolada, na praia da Piedade, à época um imenso e tranquilo coqueiral. A ela se acedia a pé, numa meia hora de caminhada por uma estrada de terra, a partir do terminal do bonde, em Boa Viagem, lugar de onde eles regressavam ao Recife, como se chamava, e acho que se chama ainda, o bairro portuário da cidade.

Estávamos por terminar a vida escolar. Em breve deixaríamos o colégio para ingressar na universidade. Era o momento para um calculado exame de consciência, entrar a fundo dentro de nós mesmos para nos confirmarmos na fé que abraçávamos, consolidar nossa determinação de seguir um caminho de virtude, pensar nas nossas responsabilidades futuras como profissionais, avaliar nossas vidas e buscar a proteção divina para nossas boas resoluções.

Éramos uma dúzia de jovens e partimos como para uma aventura. Nunca, que soubéssemos, havia sido feito nada parecido, essa *total immersion*, como hoje se diz, numa experiência coletiva de interiorização espiritual de jovens leigos, por um período tão longo.

Na casa de retiros, fomos distribuídos, dois por quarto. Deveríamos guardar silêncio total durante toda a semana dos exercícios, e revezar-nos, igualmente em duplas, dia e noite, na capela, em turnos de duas horas, na adoração perpétua ao Santíssimo Sacramento. Durante o dia, teríamos dois períodos de meditação, um na parte da manhã e outro na parte da tarde. Cada meditação seria precedida de uma introdução feita pelo padre Vasconcelos, com base nos Exercícios Espirituais de Santo Inácio de Loyola. Durante as principais refeições, um de nós faria a leitura de trechos escolhidos de obras de instrução religiosa ou da vida de santos.

Padre Vasconcelos era a única pessoa no nosso círculo de relações eclesiásticas capaz de dar sentido e tornar convincente a inusitada experiência. Era alto, magro, esquálido. Flutuava dentro da batina surrada. Os cabelos ralos, grisalhos, soltos, pareciam não aderir à cabeça. O porte e as maneiras eram de um asceta; a cabeça, de um místico. Falava baixo, quase pedindo desculpas. Nenhum de nós teria o pensamento de jamais enganá-lo ou de fazer com ele alguma brincadeira.

Meu querido amigo Jorge Rodrigues, satélite da tríade que constituíamos e que tão cedo nos deixou, teve a feliz ideia de presentear-me com o livrinho *Exercícios de S. Inácio e Leituras Espirituais*, tradução portuguesa do que o padre jesuíta Giovanni Petro Pinamonti publicara à intenção dos leigos no ano em que morrera: 1709. Dele, cheguei armado a Piedade, junto com um exemplar da *Imitação de Cristo*, de Thomas Kempis. Logo vi que o livro do padre Pinamonti oferecia de perto o roteiro que o padre Vasconcelos iria adotar como guia na imprevista travessia que iríamos encetar.

Rememoro as palavras com que o jesuíta italiano apresentava o seu texto. O fim dos exercícios, escrevia, é tirar da alma os afetos e as inclinações desordenadas e conduzi-la a uma união íntima com Deus. Teríamos que mergulhar a fundo em nós mesmos, rever toda a nossa vida, a fim de verificarmos quanto havíamos buscado viver de acordo com o plano divino para cada criatura, ou dele nos havíamos desviado. Feito esse exame, devíamos pesar as consequências desses desvios em termos da nossa salvação eterna e assumir o compromisso de emendar-nos. Para tanto, deveríamos buscar, através da oração, o apoio divino. E, aqui, o bom padre recomendava que, em nossas "petições", alegássemos ao Senhor "os títulos e razões" que tivéssemos para dele alcançar o que solicitávamos.

A recomendação me perturbava. Se méritos tivéssemos a alegar, deles já teria conhecimento o Senhor, e nada acrescentariam os nossos recordatórios. Não disse Mateus que o Pai sabe de todas as nossas necessidades? E como acreditar que nossos argumentos pudessem modificar no que quer que fosse o plano divino? A última ocorrência documentada de que se tem notícia parece ter sido ainda o resultado da impertinente insistência de Abraão com o Senhor junto ao Carvalho de Mambré. Desde que a Igreja introduziu a teologia da graça, essa possibilidade estava afastada. Pelo que me havia sido ensinado, nenhum mérito pessoal podia comprar a graça que era, como o próprio nome o indica, uma absolutamente gratuita concessão unilateral do Senhor. Iniciava-se, assim, de chofre, com aquela advertência, todo um longo período de profunda inquietação religiosa, durante o qual a questão dominante seria a da graça da fé.

O plano dos trabalhos era rigoroso. Nos oito dias de meditações, as 14 primeiras seriam destinadas a purificar a alma, esvaziando-a de todo pensamento ou preocupação com outro tema que não fosse o da sua salvação. Era a via purgativa. Assim purificada, durante as 14 seguintes meditações buscaríamos nela introduzir a disposição contrita de procurar na imitação de Cristo a regeneração de nossas vidas. Era a via iluminativa. No último dia, estaríamos prontos para, nas quatro meditações finais, alcançar aquela união com Deus de modo a "quase nos transfomarmos nele". Era a via unitiva. Duas vezes ao dia, durante as principais refeições, seriam realizadas as leituras espirituais, antes das quais seria invocado o Espírito

Santo (*Veni Creator Spiritus*). Como sempre, ao pobre Espírito Santo era reservado um papel um tanto periférico. Dele não se falava, e não se falou durante as prédicas. E assim, nessa função pré-prandial, não parecia estar colocado à altura de sua dignidade trinitária.

No primeiro dia, fomos levados a meditar sobre quanto havia feito e sofrido Deus para assegurar a nossa salvação eterna. Não posso recordar as palavras do padre Vasconcelos, mas posso recuperá-las através das do padre Pinamonti. Deus já a havia contemplado desde toda a eternidade, e desde toda a eternidade já lhe havia preparado a recompensa da contemplação eterna de sua glória no céu, se cumpríssemos em nossas vidas a sua lei. E com que aplicação Deus nos criou, a cada um de nós, como se não cuidasse de criar outros além de mim?

Bem se vê que Deus quis comprar a nossa salvação, a minha salvação, a todo preço, não se contentando com empregar nela as suas obras, mas empregando também suas dores. Mostrou preferir a minha salvação aos seus próprios bens. Não podendo padecer na sua divindade, inventou um modo indecifrável de unir a si a nossa humanidade a fim de nela padecer, e com que excesso, para me salvar. Padeceu nos bens externos, vivendo na pobreza; na honra, suportando injúrias e calúnias; no corpo, sofrendo dores e tormentos acerbos; na alma, com tédio, tristeza e agonia.

Que tenho padecido eu para merecer o sacrifício divino? Ao contrário, quantas vezes pus o benefício material e imediato à frente de meu dever de reconhecimento para com a infinita bondade de Deus a meu respeito! Injuriei um Senhor tão bom em si mesmo, que, se os demônios que tanto o aborrecem no inferno pudessem vê-lo claramente, cada um deles se reconheceria obrigado a amá-lo incomparavelmente, mais do que todos juntos o tivessem até então aborrecido; e se mais amá-lo houvesse de custar um novo inferno de pena, aceitaria cada um deles alegremente esse novo inferno, para dessa maneira amá-lo e não lhe dar o mínimo desgosto.

E eu que faço? Eu ofendo a Deus com meus pecados. E o padre Pinamonti me advertia: "Tu és o ofensor: Para perceberes a tua vileza, considera-te primeiramente quanto ao corpo, que agora é um vaso de imundície e dantes era um nada; considera-te quanto à alma cheia de ignorância, de fragilidade, de malícia, de imprudência, de maldade."

E o dia terminaria com a evocação daquele pecado "pestilentíssimo" de Adão, que está na raiz de todo mal, cujo veneno percorre a humanidade desde então e a percorrerá até o dia do juízo final.

Obviamente, não foram essas as palavras com que o padre Vasconcelos se dirigiu a nós na preparação de cada meditação. Ele era um homem doce e incapaz de querer amedrontar-nos com tais imagens obscurantistas. Mas não devia estar muito longe delas. Discordaria, talvez, da forma como haviam sido postas as ideias centrais das meditações requeridas. Mas não discordaria da mensagem nelas expressa.

Guardo daquele primeiro dia uma lembrança ambígua. Por um lado, sabia e sentia honestamente que havia muito o que reparar na minha vida, mas não aceitava serem as razões alegadas as que motivavam meu desconforto, nem seria em função delas que eu deveria reorganizar meu comportamento. Parecia-me estar entrando em contato com um universo estranho e perturbador. Até então, vivia minha fé católica com preocupações éticas, mesmo metafísicas, algumas teológicas, mas, era passada a fase de terror infantil com as apostas diabólicas, o pavor escatológico. Não me reconhecia na figura que estava sendo chamado a admitir de mim mesmo.

Dormi mal e no dia seguinte levantei-me antes do alvorecer para ir passear sozinho na areia molhada da praia e ver o sol surgir. Lá, encontrei um companheiro de retiro que fazia o mesmo. Obedientes à regra, não nos falamos e perseguimos calados nossos caminhos opostos. Pensava em como encarar aquilo sobre que havíamos sido chamados a meditar na véspera.

Descontava tudo o que me parecera excesso, ou uma percepção pré-iluminista da criação, das responsabilidades do homem na terra. Já não conseguia acreditar que, em plena consciência, pudesse um homem inteligente falar da criação em termos adâmicos. E padre Vasconcelos era, indubitavelmente, um homem inteligente.

Minhas reflexões me levavam mais longe. Nunca me havia detido numa questão preliminar que agora, por ver-me forçado a ponderar o que antes me servia apenas como pano de fundo para minha fé, iluminava-se de repente. Como explicar que a falta de um só homem, admitindo-se *ad argumentandum* que o episódio da queda tivesse efetivamente ocorrido, e por um motivo cuja futilidade é aparente para qualquer criança, pudesse contaminar todos os seres humanos e para todo o sempre, a ponto de privá-los do bem supremo da salvação eterna, caso não viesse a haver a conjunção da obra da redenção coletiva com uma vida de penitência individual? Pela maneira como o padre Vasconcelos falava, estava descartada qualquer interpretação metafórica do livro do Gênesis. Estaria eu, por sentir-me católico, obrigado a inserir-me no sistema antilógico a que ele me convidava para poder prosseguir na minha autoanálise?

Com essas perguntas, mais do que com qualquer resposta, iniciei o meu segundo dia de exercícios espirituais.

Começamos por considerar a grande e horrível quantidade de nossos pecados. Tínhamos que voltar atrás nas nossas vidas para executar uma varredura completa de nossos atos ignominiosos. Sendo, ordinariamente, o pecado princípio e disposição para outro e maior pecado, não deveríamos deixar que se ocultasse qualquer um deles de que nos lembrássemos. Para que nada nos escapasse, deveríamos exercitar a memória tomando cada um dos sentidos, já que são estes a porta natural de todos os vícios. Completado esse exame, deveríamos considerar a enormidade de nossas faltas para com um Deus boníssimo e procurar compreender a infinita retidão da justiça divina ao puni-las com os castigos equivalentes, pois Deus, depois de ter posto, na sua retíssima balança, de uma parte o pecado e da outra aquele abismo de todos os males da pena por ele merecida, julga que o pecado é uma tão grande desordem, que, para reordená-la e, de algum modo, render à majestade divina a honra que esta mesma desordem lhe tirou, é necessária uma pena gravíssima, quais sejam as dores do inferno.

Ora, tais dores eternas são precisamente aquelas às quais estaríamos destinados se morrêssemos em pecado. E que significam os finitos prazeres da vida terrena em face de uma vida futura de dores infinitas? Com a morte, tudo o que foram os bens pelos quais trocamos a salvação perpétua desaparece. Padre Pinamonte advertia: "Acabam-se as comodidades, as amizades, as conversações, os parentescos, a vaidade do vestir, a estimação do bem falar, a soberba do trato, a complacência dos louvores, os interesses, os divertimentos, os gostos. E o teu corpo virá a ser tão asqueroso e tão corrupto que ainda que se possa suportar o morar junto a um monturo, não se poderá suportar o estar muito tempo com o teu cadáver. Para que, pois, tantas ânsias e fadigas por esse saco de podridão que é o teu corpo?"

Essas aterrorizadoras reflexões foram completadas no terceiro dia pelas meditações sobre os juízos particular e universal e sobre as penas do inferno. Destas últimas, recordo-me de haver falado o padre Vasconcelos com convicção e realismo, se podemos chamar de realista a descrição de algo imaginário. Sentia-se que para ele o tema parecia familiar. Imagino que, até mais do que o paraíso eterno que ele podia desejar, mas cujas delícias devia ignorar, sua vida de privações, sofrimento e medo podia mais facilmente fornecer-lhe as imagens capazes de descrever o inferno. Mas, tomemos outra vez o padre Pinamonti, desta vez seguramente melhor guia para o padre Vasconcelos do que Virgílio. "No inferno" — diz o padre italiano —, "todos os sentidos externos e internos que foram instrumentos para a alma pecar serão também instrumentos para afligi-la. As potências interiores, que são mais nobres, serão também capazes dos maiores tormentos; a fantasia flutuará sempre num mar de tristezas; a memória se afligirá sempre pelas boas ocasiões que deixou passar debalde; o entendimento se não poderá aplicar mais que a considerar a sua miséria; a vontade se enraivecerá sempre contra Deus que a castiga, contra as criaturas que a ajudaram a pecar, contra os demônios que a enganaram e agora as insultam e atormentam. E a todas essas penas se acrescenta o fogo devorante a queimar sem destruir."

Mais uma vez, não consegui dormir. Não que temesse voltarem-me em sonhos os demônios que em outras épocas me visitavam para propor apostas que punham a prêmio a salvação da minha alma. Havia perdido o hábito de pensar no demônio. Acreditava no pecado, mas já não na tentação. Ou, pelo menos, num agente específico para as tentações com que tinha que lutar e às quais frequentemente sucumbia. Da minha cartografia cosmogônica haviam desaparecido todos os domínios. Restava apenas algum espaço imaterial para um Deus criador, perante o qual eu teria, ou não, algum tipo de contas a prestar.

Rearticulavam-se, mais organizadas, as dúvidas que há anos viviam me afligindo. A menos que desde sempre tivesse havido dois princípios, o princípio do bem, ou, metaforicamente, da luz, de um lado, e o princípio do mal, ou das trevas, do outro, como seria possível admitir que de um só princípio se gerasse a sua contradição? Se Deus é o princípio eterno de tudo, e a realidade presente de tudo, como pode nele gerar-se e coexistir o mal? Falar de bem e de mal não é projetar em Deus categorias criadas para avaliar circunstâncias próprias da existência humana? A intuição do problema já em mim existia desde algum tempo, disso já falei, mas a metódica investigação sugerida pelos exercícios espirituais dava-me agora a possibilidade de formular de modo mais preciso, e com uma lucidez apavorante, as perguntas antes vagamente pressentidas.

Assim, perplexo e angustiado, dirigi-me à capela para a última etapa da via purgativa. Iríamos meditar sobre os pecados veniais. Esperava uma meditação tranquila, pois nunca me tinha sido transmitida, por qualquer dos muitos confessores aos quais tivesse recorrido, algum tipo de angústia especial no que concernia a gravidade da falta venial. Mal escutada pelos confessores, ela era sempre apagada em bloco pela penitência de três padre-nossos e três ave-marias, receitada quase que invariavelmente com tédio ou com pressa pelo confessor, pronto a ouvir de outro pecador algo que mais valesse suas penas.

Ora, fomos instruídos então, naquela prática matinal, que, ainda que o pecado venial se dissesse leve e pequeno, não era leve e pequeno em si mesmo, mas somente considerado em comparação com o pecado mortal, que é um mal quase infinito ("horribilíssima injúria"). Eu estava sendo advertido agora de que o pecado venial é mal tão grande, que é o maior de todos os outros males, exceto, unicamente, o pecado mortal. "Não desgostam essas culpas o Senhor? Não diminuem a sua glória, que é o fim supremo do universo? E por isso o pecado venial vem a ser um mal de ordem superior a todos os males, um mal que não se pode justamente eleger; de sorte que, se tu [eu!], com um só pecado venial, pudesses impedir todas as guerras, todas as esterilidades, todas as pestes que assolaram e assolarão o mundo, não devias cometer o tal pecado; antes, se pudesses tirar do inferno todos os condenados ou ter mão que não caíssem naquele abismo infernal todos os bem-aventurados do céu, devias antes permitir todas essas ruínas e males tão grandes, em vez de dar um leve desgosto a Deus pecando venialmente uma só vez; porque o sumo mal de todas as criaturas é infinitamente menor que o mínimo mal que ofende ao Senhor."

Tais reflexões me deixaram atônito. Se já me parecia difícil, em certos casos, estabelecer a distinção entre o pecado mortal e o venial, impossível me parecia poder ser tão grande o desgosto do Deus criador de todas as coisas, e de mim criador, com algum desrespeito eventual de minha parte a suas divinas ordenações, como, por exemplo, ter sucumbido, não sem lutas ingentes contra os agentes diabólicos, por Deus mesmo autorizados, à tentação de exaltar no meu corpo, em seguida a pensamentos de luxúria irreprimíveis, provocados pela evocação da beleza de suas divinas criaturas, no caso o de alguma adolescente que me ocupasse a imaginação, as sensações de prazer que ele mesmo introduzira na criação para associar ao desejo da comunhão carnal. Privar-me, uma só vez, dessa ofensa à sua justiça divina — uma ofensa, aliás, que uma oportuna penitência de três padre-nossos e três ave-marias costumava facilmente apagar —, como poderia ela valer a libertação de todas as almas do purgatório e a redenção de todos os condenados às penas eternas do inferno?

Alguma coisa estava errada ou na doutrina da Igreja ou na maneira de seu ensinamento.

Nos dias seguintes, mudou-se o registro das meditações. Certificados da nossa própria ignomínia e desmerecimento, fomos chamados a refletir sobre a infinita misericórdia divina, que, contrabalançando a justíssima retidão de suas penas e sentenças, oferecia aos indignos seres que éramos a possibilidade de nos limparmos da mancha hereditária provocada pela falta de Adão que nos tornava vulneráveis ao pecado e tanto empanava a divina glória. Não tinha Deus na criação, fosse na terra, fosse na região angelical, nada comensurável com a grandeza da injúria que lhe havia sido feita e que lhe pudesse ser oferecido como resgate da falta original. Concebeu, então, a magnânima invenção de dedicar o próprio filho, ou seja, a si mesmo, única possibilidade de comensurabilidade entre a falta e o seu perdão, em holocausto para a redenção da humanidade.

Não nos foram oferecidos elementos nem para compreender a sequência temporal de tais eventos no contexto da intemporalidade do criador, nem para penetrar nessa primeira porta aberta para o mistério da Trindade, nem para entender a criação do tentador responsável pela queda do primeiro homem, nem para estimar o não menor mistério da transmissão perpétua da falta original. Muito menos, sendo nós alunos de um colégio religioso, mas onde, se nas aulas de religião nos era ensinado o catecismo niceno, nas de ciências havíamos aprendido as teorias não tão recentes e, de nenhum modo advertidas como erradas, da evolução das espécies, como conciliar com a história bíblica o que, pelo menos pelo silêncio, se admitia como a história real da humanidade.

Não me recordo da sequência em que essas dúvidas me apareceram, nem da intensidade com que me abalaram. Não haviam surgido naqueles dias, mas apenas tornadas mais precisas pela injunção que eu sofria de ter que meditá-las em palavras que me pareciam cada vez mais desprovidas de sentido.

Considerava-me cristão, e bom cristão. Esforçava-me por seguir o modelo de vida deixado por Cristo, adaptando-o, guiado pelo bom senso, às circunstâncias de meu século e de minha vida. Mas não costumava meditar sobre sua vinda como um evento ligado à minha salvação pessoal. Não conseguia vincular sua paixão ao meu destino individual. Na verdade, evitava pensar no assunto. Temia perder o modelo se tentasse exaltá-lo acima da minha compreensão.

Ao aproximar-se do fim, os exercícios apenas haviam conseguido exacerbar o estado atormentado da minha alma.

As hipérboles se sucediam. Agora não eram mais as "horribilíssimas" visões do pecado que nos eram apresentadas para meditação, mas as recompensas "honorabilíssimas" que nos trariam a contrição, o arrependimento e as promessas de dedicação integral ao cumprimento da vontade de Deus. Estaria à nossa espera um paraíso em que sempre nos deleitaríamos e nunca nos enfastiaríamos por toda a eternidade. "Imaginássemos um sol tão resplandecente que com a sua luz fizesse desaparecer cem milhões de sóis; tal sol seria como um carvão comparado ao corpo glorioso de Jesus Cristo, o qual com o seu resplendor realçaria sobre os resplendores de tantos milhões de corpos gloriosos dos santos bem-aventurados, cada um deles ainda mais resplandecente do que o nosso sol material."

Ora, nenhuma descrição das recompensas celestiais que me haviam sido até então oferecidas exerceu sobre mim qualquer espécie de sedução. Se tormentos eternos podiam ser concebidos, quando a eles estivesse associada a possibilidade de sofrimentos físicos, a dor no corpo não estando excluída, ou fazendo mesmo parte das torturas infernais teoricamente impostas só a almas, a felicidade eterna, desprovida do suporte físico, parecia insípida e tediosa. Como conceber uma alegria eterna contemplativa? A descrição de Pinamonti, mesmo se enxugada nas palavras honestamente proferidas pelo padre Vasconcelos, não era mais sedutora. Era mesmo perturbadora, pois apelava para um sentido — a visão — que, na condição humana, não poderia suportá-la, e, na condição espiritual, era inconcebível. Quanto à cláusula final, seguramente não pronunciada pelo nosso bom diretor espiritual de carne e osso, como seria possível contemplar a glória do Filho sem contemplar ao mesmo tempo a glória do Pai, se um e outro eram o mesmo Deus? Completada a obra da redenção e obtida a salvação eterna, teria a alma que depender, ainda, da intermediação do Filho para contemplar a Deus? E o que fazer do pobre Espírito Santo? Mas estas últimas reflexões as faço agora. Na casa de Piedade já me bastava sentir fugir-me o solo com a progressiva iluminação das minhas dúvidas.

No oitavo dia, tínhamos a considerar três motivos "eficacíssimos" para nos mover a amar a Deus: o primeiro, porque a isso ele nos manda; o segundo, porque é digníssimo dele; o terceiro, porque a isso ele nos provoca com o seu próprio amor. Palavras de Deus na Bíblia, palavras do ensinamento da Igreja. A essa altura, já se me contorcia a consciência num círculo vicioso: de onde vinha a autoridade da Bíblia se não de que ela era a palavra de Deus, mas quem afirmava que ela era a palavra de Deus se não ela própria? Por que Deus requer do objeto de sua criação que o ame? Em que tal amor pode dignificar o ser absoluto? Como é possível saber que Deus "ama" sua criatura? O que é então o amor, para poder ser ao mesmo tempo algo que pode vir do ser absoluto para sua criação e ir do ser criado para o ser absoluto? Não é o amor um sentimento? Deus tem sentimentos? Precisava obter uma melhor compreensão do significado da palavra amor no contexto das relações entre a criatura e o criador, o indivíduo e a divindade. Na minha limitada experiência de vida, eu já havia conhecido o amor, já o havia experimentado em relação a outras pessoas e em algumas de suas muito variadas formas. Amar era algo que vinha espontaneamente. Não se podia forçar ninguém a amar. Não se amava por encomenda. Eu não amava os meus pais porque era obrigado. Eu os amava independentemente da obrigação de amá-los. Eu amava minhas irmãs, um pouco menos meus parentes, de uma maneira diferente meus amigos. Quando menino, tinha amado minha professora. E, perdidamente, amara, sucessivamente, cada uma das minhas namoradas. A qualquer uma dessas pessoas, enquanto eu as amava, e na medida de meu amor, que era diverso para cada uma, eu seria capaz de oferecer sacrifícios proporcionais. À pátria, eu não amava. Teria que dar outro nome ao que sentia por ela. E se sacrifícios eu tivesse que por ela fazer, não seria por amor, mas por outro sentimento ao qual faltasse talvez um nome, embora pudesse ser espontâneo e mesmo profundo. Mas não seria amor. E eu não amava Deus. Eu o temia. Mas não o amava.

A falta era minha?

Nesse dia, coube-me o turno de adoração da madrugada. Entre duas e quatro horas, seríamos, Ciro e eu, os que deveríamos assegurá-la. Nenhuma melhor ocasião para fazer o balanço daquela semana.

A capela permanecia na semiescuridão, iluminada apenas pelas valas do altar de onde um crucifixo nos olhava. Havia dois genuflexórios à nossa disposição. Coloquei o meu um pouco atrás do de Ciro. Tinha contas a ajustar com o crucificado e não queria dar o espetáculo do que me propunha fazer. Podia ser mal-interpretado, ver confundida com alguma manifestação espalhafatosa de devoção o que não devia passar de uma tentativa de exteriorizar para o ser superior presente no ostensório minha honesta perplexidade e meu desesperado apelo por um recado de paz. Faria o meu turno de adoração com os braços abertos em cruz, enquanto as forças não me faltassem, e pedindo a Deus, na pessoa de seu Filho, que me enviasse um sinal de que me ouvia, como já lhe pedira uma vez, ao solicitar em vão um sinal que confirmasse minha vocação sacerdotal, aos 7 ou 8 anos, e voltaria a fazer alguns anos depois na igreja do seminário dos dominicanos, em Saulchoir, na França, ao despedir-me da fé. Não pedia que ele me estendesse os braços, me olhasse nos olhos, ou desse qualquer desses indícios perceptíveis de que ouvira meu apelo. Queria um sinal na alma, a súbita e clara iluminação da fé, que me confirmasse na sua graça. A outros já fora dado. Não falo dos tempos em que um servo de Abraão podia dar a Iahweh instruções de como seria o sinal que o Deus de Israel lhe enviaria para que reconhecesse Rebeca. Falo de coisas mais simples. Algo como Murilo Mendes parece ter experimentado no velório de Ismael Nery, uma súbita certeza interna. Sabia que nenhum mérito meu poderia valer-me tal privilégio. Até mesmo nos eleitos não há mérito que possa requerer a manifestação da graça divina. Mas um sinal, por menor que fosse, de que eu não encontrava de parte de Deus senão indiferença e silêncio, poderia determinar de outra maneira a minha vida.

Não sei por quanto tempo permaneci naquele gesto de convite ao abraço divino. Mesmo nada esperando, não tirei os olhos daquele Cristo flagelado, ensanguentado, daquele homem das dores, onde nenhum traço de divindade transparecia, daquela figura ultrajada, daquele olhar que não me via, daquela figura de um condenado que diziam haver morrido por minha causa e para me salvar. "Fala, que teu servo te ouve", poderia eu estar dizendo, como Samuel, se à época conhecesse melhor a Bíblia. Não me falou. Baixei os braços envergonhado. Terminado o turno, saí sem dizer palavra ou trocar olhares com Ciro e fui esperar sentado na areia da praia o sol nascer.

Não posso resumir melhor o resultado daquela semana de retiro espiritual do que reproduzindo, sem retoque, as palavras que escrevi no meu diário de então, ainda no local do retiro:

"Tenho 18 anos. Num quarto úmido da Vila Nóbrega, o vento força as frinchas das persianas. Uma cama patente, uma mesa de tábuas cruas, uma cadeira de junco, uma quartinha de bico quebrado, a *Imitação de Cristo*, um caderno Escolar, minha caneta. Ouço o ruído do mar.

Há uma semana sigo os exercícios espirituais de Santo Inácio. De oito em oito horas, toca-me o turno da adoração na capela. Hoje, no turno da madrugada, mantive-me com os braços estendidos em cruz enquanto orava. A dor que ao cabo de algum tempo passei a sentir mais que me lacerar me estimulava no gozo do sacrifício.

Há uma semana não falo com ninguém. Se vamos assistir ao nascer do sol na praia deserta de Piedade, em frente à casa de retiro, eu e o meu companheiro de oração noturna caminhamos silenciosos.

Encho meu caderno de pensamentos palpitantes de espiritual emoção:

A verdade é a paz, e se não podemos alcançar a paz integral, é porque é impossível a posse da verdade completa.

A grandeza de Cristo não está nas suas palavras, mas no seu exemplo de vida. Só perdura a doutrina que está comprometida com a realidade. É preciso que o pensamento e a ação sejam uma só coisa. A imitação de Cristo não está na reprodução passiva de sua vida, mas na recriação desse processo de harmonia entre o pensamento e a ação, entre a sua doutrina e as nossas ações.

Diante do inevitável do sofrimento, não deve nossa atitude ser a de abandono, mas a de aceitação construtiva. O sofrimento é sempre repugnante, mas se dignifica na medida em que dele fazemos o pretexto para o fortalecimento da nossa vontade.

A inteligência ilumina o caminho, mas é o amor que deve dirigir as nossas ações.

Fugindo à vaidade, não devo recolher-me no orgulho.

Aborrecer a erudição levou-me ao exagero de querer partir do zero para adquirir qualquer conhecimento. A vida é um só dia, porém, e o tempo é curto para tudo reinventar. É sobre o pouco que já se descobriu antes de mim que posso acrescentar minha parcela de descoberta. Como discernir, porém, o que é a fundação certa?

A humildade não repele a sabedoria.

A verdade existe, mas precisa ser desvendada aos homens de maneira que eles se percam por ela. Se é por minhas qualidades de convencimento que a transmito, perder-se-á quando forem dissipados os encantos dos artifícios que eu empregue.

Há duas maneiras de transmitir a verdade: dando testemunho por uma unção profunda, ou convencendo por intermédio de uma inteligência privilegiada. Faltam-me ambas. *Quid me vis facere, Domine*?

'Renuncia ao desordenado desejo do saber, porque nele há muita distração e ilusão. Os letrados gostam de ser vistos e tidos por sábios. Muitas coisas há cujo conhecimento pouco ou nada aproveita à alma. E mui insensato é quem de outras coisas se ocupa se não das que tocam a sua salvação.' (*Imitação de Cristo*, Lib. I, 2-2)

Angustio-me. A lógica da criação obriga-me à obsessão da salvação. Mas não vejo claros os caminhos. Todo mandamento é absoluto: 'Amar a Deus sobre todas as coisas.' Mas como? Não há estágios que se possam completar no caminho da ascese. O esforço é contínuo. Não posso parar.

Angustio-me porque não consigo dar de mim o máximo de uma maneira visível e modelar. Mas não estarei, simplesmente, sendo vítima do orgulho ao querer construir tão elevado o edifício da minha santidade? Quero que os outros se salvem com a seiva que de mim escorra. Permitiu-me Deus a agonia desta confissão (quarta regra de Santo Inácio) para que me descubra com o rosto na lama.

E se minha própria angústia não for senão o refúgio da minha vaidade? Não é dela que derivo o sentimento que não consigo extirpar de minha superioridade sobre os crédulos e os inconscientes? Mas julgo que ela é mais produtiva do que a certeza dos otimistas e temo trocá-la pela fé dos simples.

Preocupa-me a obsessão que tenho de julgar as pessoas que me cercam com cada um de seus atos. Tomo a resolução de não julgá-las. Mas, quando tiver que agir, como evitar que, com meu silêncio, minha omissão, se prejudique a verdade?

Preciso aprender a distinguir da pessoa que erra o erro que comete, a este condenar, mas não magoar aquela. Preciso aprender a não ser arrogante com quem me repreende ou aconselha, isolando a censura ou a lição, que podem ser corretas, da pessoa de quem procedem, a quem posso não apreciar.

O meio é o lugar dos fracos. Se me dizem que devo dar tudo, nada me deverá deter no caminho de dar. Mas tudo o que eu fizer para dar ainda será pouco. Dar tudo é dar muito mais do que se pode dar. A não ser que Deus ponha os seus limites na minha capacidade de dar antes do desespero. Mas como sabê-lo?

Ser sábio é ser santo. Eu quero ser santo.

'Bem-aventurado aquele a quem a verdade por si mesma ensina, não por figuras de vozes que passam, mas como em si é,'

'De que serve a sutil especulação sobre questões misteriosas e obscuras, de cuja ignorância não seremos julgados?' (*Imitação de Cristo*, Lib. I, 3-1).

Meu Deus, quanto exiges de mim! Devo, então, desprezar a arte e a ciência, na medida em que ambas deturpam a verdade ao reduzi-la às dimensões do homem?

Se é verdade, porém, que 'no prolongamento de cada criatura está o criador', a Ele não chegarei, fatalmente, ao me distender pelos caminhos que me deixou de minha inteligência e da minha sensibilidade?"

Ainda no meu diário, encontro, mais adiante, esta nota, escrita dias depois de findo o retiro:

"Quando saí da casa de retiro, quase não pude suportar a luz e o ruído da cidade. Tudo me parecia falso e vão. Se a ela me havia recolhido buscando a paz, agora me sinto mais terrivelmente perturbado do que nunca."

Rilke

Desiludido pelo silêncio de um Deus que teimava em me ignorar, vi-me desamparado no esforço para conservar a fé. Mas não era somente o vazio futuro que me orfanava. O próprio presente se cercava de sombras que se adensavam e me sufocavam. Eu necessitava urgentemente de algo que me fizesse recobrar a visão, que me permitisse reapoderar-me da claridade, de ver translúcida uma vez mais a aparente realidade do que me cercava para poder justificar minha existência.

Um dia, indo de bonde de Olinda para Recife, ao passar pela altura de Santo Amaro, onde os trilhos ainda corriam entre descampados e águas de mangue, vi um navio que entrava no porto, iluminado pelo sol horizontal do ocaso, como se deslizasse sobre a copa dos manguezais. Era tão belo aquele encontro fortuito do edifício de ferro com os reflexos dourados das escotilhas de bronze, sobre o verde-escuro da folhagem, que eu quis poder parar o instante e me senti roubado quando o deslocar-se do bonde, ou o do barco, fizeram-no sumir. Era muito pouco, quase nada. Mas aqueles segundos em que a conjunção de tantos movimentos a mim externos me permitiu sentir o privilégio de um instante de beleza trouxeram-me, também, um novo sentido a dar à palavra eternidade. Dei-me conta de que, irrepetível, aquele momento tampouco deixaria jamais de ter existido, sendo, nesse sentido, único e eterno, e eu com ele.

Algo me fazia pressentir que era essa comunhão profunda entre o que se produzia fora de mim, independente de mim, talvez por ninguém mais apercebido, e o que, por sua causa e simultaneamente, ocorria dentro de mim, afinando-me a percepção, fazendo-me assumir a consciência de sua beleza única, que representava o cerne mesmo de uma experiência poética. Mais tarde, encontraria em Joyce a palavra para definir o que havia experimentado: uma epifania. Joyce, que laicizou a palavra, investindo-a de uma carga semântica incomparável, não a define. Outros tentaram fazê-lo. Vejo Richard Elmann, revisitado por Roland Barthes, dizer que a epifania joyciana é a "revelação súbita da quididade (*whatness*) de uma coisa". É um pouco rebarbativo, mas não achei nada melhor.

Muito tempo depois, fui encontrar em Rilke uma descrição mais completa daquilo que eu havia experimentado. O que eu vivera era um desses instantes em que chegara perto de *ser* o nome e a coisa. Como só aos deuses é fácil conseguir, diz Rilke num dos sonetos de Orfeu. Eu havia espiado pelas frestas que separam o mundo visível do invisível, o das aparências do da realidade transcendental da beleza. "'Toda grande arte é uma tentativa — louca, talvez — de encontrar a eternidade, de imobilizá-la no instante', acabo de encontrar no ensaio de Daniel-Rops para o livro *Rilke et la France*", escrevia eu em 9 de maio de 2001, mais uma vez achando, dito por outros, o que eu houvera querido expressar.

Hoje é mais fácil, para mim, ler ou reler Rilke de forma benevolente. Quando o encontrei, adolescente, e ainda encouraçado por uma fé sustentada por prescrições e interdições, não me foi possível aceitar nem a obscuridade do poeta nem a liberdade *à outrance* do homem. Desesperei-me de orientar-me por entre as metáforas das Elegias e discordava do direito que o poeta se arrogava de passar por sobre as convenções sociais, inclusive as da vida familiar, para sentir-se disponível para a experiência poética. Irritava-me com a presunção que assumira de uma proximidade com o divino, mesmo um divino que nada tinha a ver com aquele de que eu mesmo queria me acercar e que, presunçoso à minha maneira, acreditava ser o único possível, porque o único verdadeiro.

Por muitos anos, ficou-me o desejo de escrever uma biografia falsificada do poeta, ou a biografia de um poeta onde certos incidentes objetivos coincidissem com os da vida de Rilke, para satirizar a empáfia do poeta e ridicularizar suas tiradas filosóficas e proféticas. Cheguei a esquadrinhar os *Cadernos de Malte Laurids Brigge* para marcar todos os pensamentos que pudessem servir de armação para minha história. Felizmente, não o fiz. Teria hoje que me arrepender. Ainda que mantenha um desacordo fluente com a maneira como Rilke se fez disponível para a poesia, e mesmo que continue a recusar qualquer profundidade na obscuridade, estando convencido de que nada, por mais inefável que seja a experiência, pode recusar-se a uma transmissão inteligível, reconciliei-me com o poeta e posso aceitar que era sincero na sua inabalável determinação de viver poeticamente.

Direção espiritual

Eu nunca havia pensado em ter um diretor espiritual. Entre as pessoas que conhecia, apenas algumas senhoras beatas, entre as mais respeitadas por suas eminentes virtudes de mães cristãs exemplares, e algumas solteironas desdenhosas de qualquer batom nos lábios ou vestido de mangas curtas, se faziam assistir, ostensivamente, de diretores espirituais. Aparentemente, essa era uma função privativa dos padres beneditinos, e dom Pedro Bandeira era o guru (não se usava essa palavra então) de todas elas. "O imperador", chamavam-no suas admiradoras. Nunca ouvi falar de um diretor espiritual franciscano, e buscá-lo entre os jesuítas seria impensável.

Por essa época eu já estava lendo *Les grandes amitiés*, de Raïssa Maritain, comprado na filial do Recife da Companhia Editora Nacional, na rua da Imperatriz, perto da loja de papai. Ali me abastecia do que de melhor atendia minhas necessidades de leitura, no plano intelectual como no religioso. O amável e diligente Aluízio conhecia os hábitos e as preferências de cada freguês e era particularmente atento às limitações da clientela jovem. Mal chegava um livro que pudesse me interessar, avisava-me e o punha de lado para dar-me a preferência. E quando eu já havia gastado minha mesada, deixava-me levar o livro com a promessa de pagar-lhe no mês seguinte. Esse processo de prevenir o leitor interessado não era tão simples como hoje se pode pensar. Ninguém tinha telefone em casa, e a única maneira de saber o que havia de novidade era passar regularmente na livraria ou ser informado através de algum amigo que lá houvesse estado.

Ora, o livro de Raïssa foi uma invasão nas nossas vidas. Nosso pequeno grupo de jovens católicos contestatários nele encontrou uma verdadeira revelação. De dentro da Igreja, como estávamos, sentíamos a nostalgia do ardor de catecúmeno que vibrava em cada página do livro da convertida. Invejávamos a emulação recíproca que unia aquele grupo de desesperados no esforço de penetrar os mistérios da fé e encontrávamos em nós próprios a mesma disponibilidade para a amizade irrestrita e generosa. Queríamos ser Raïssa e Jacques, Ernest Psichari e Pierre van der Meer, e até mesmo, por que não?, Péguy, com todas as suas dúvidas e relutâncias, hoje para mim tão compreensíveis, mas tão exasperantes para a pobre Raïssa.

E foi em Raïssa que encontrei as palavras do abade beneditino de Appuldurcomb a Jacques Maritain, quando por ele procurado para seu diretor espiritual, no sentido de que a direção espiritual só era necessária em três casos: se o postulante sofresse dúvida sobre a própria vocação religiosa, se fosse de uma escrupulosidade doentia, ou se estivesse sendo conduzido pela via extraordinária das visões e das revelações. Eu não me reconhecia em qualquer desses casos. Não obstante as instantes aflições que me acompanhavam pela erosão da minha fé teológica e a do respeito à hierarquia eclesiástica, considerava minha vocação religiosa ainda clara e firme; não me assaltavam escrúpulos incomuns, e, lamentavelmente, apesar de meu desejo intenso e constante, nunca havia recebido a graça de um sinal qualquer de que Deus, ou seu Filho, ou sua mãe, ou seus santos, me reconhecessem entre a multidão dos escolhidos.

Ainda assim, fui procurar "o imperador", a conselho de Iolanda, que não era mãe virtuosa, nem solteirona beata, mas uma doce amiga mais velha que nos reconfortava com sua simpatia para com nossos arroubos ainda adolescentes e com sua voz macia e cálida. Eu não buscava alguém que me escutasse os pecados e me receitasse os padre-nossos e as ave-marias que lhe pagassem a absolvição. A vida cristã, dizia o padre Clérissac a Jacques e a Raïssa, é construída sobre as bases da inteligência. Deus é, antes de tudo, a Verdade. Amai-o sob esse aspecto. Mais do que a paz do meu corpo, eu queria a do meu espírito. Se sofria o seu silêncio, sentia-me ainda em relação com Deus, mas, após tantas decepções, já não me sentia à vontade com a sua Igreja. Na direção espiritual, eu buscava a palavra que me ajudasse a desfazer as teias, ou a bruma, que me impediam de ver a claridade que da fé me escondia. Mas dom Pedro não era nenhum *Père* Clérissac, e, não encontrando nele nada que o distanciasse substancialmente dos confessores ordinários, de cuja ignorância ou descaso procurava distanciar-me, logo me desfiz da intenção de depositar em algum sacerdote minhas esperanças de um diálogo esclarecedor e pacificador.

Amizades

Para mim, era a amizade, então, um suporte da fé. Necessitava sentir-me inserido numa comunidade de crentes, que na sua limitada composição me fizesse parte de uma espécie de corpo imaterial. Usava as palavras da Igreja ao se dizer a parte terrena do corpo místico de Cristo. Mas não chegava a perceber como real esse organismo espiritual. Nem com a Igreja, nem, muito menos ainda, com o conjunto celestial dos santos e do próprio Cristo. Era entre pessoas concretas que eu queria inserir-me.

Les grandes amitiés, de Raïssa Maritain, mais ainda pelo título do que pelo conteúdo, servia a mim e aos amigos do pequeno grupo que repartia as mesmas inquietações religiosas, de inspiração e modelo. Felizmente, eu não conhecia, então, para mais atormentar-me, as palavras de Santa Teresa ao chamar de fraqueza a amizade e considerar uma imperfeição para uma religiosa desejar ver os seus próximos. No que a pobre carmelita, aliás, não fazia mais do que seguir, e agora, sim, imperfeitamente, o conselho divino de odiar pai e mãe.

Chesterton

Andei lendo Chesterton, não o Chesterton de *Ortodoxia*, o que, na época, menos me interessava, mas o que distribuía lições de filosofia de vida em seus romances. Queremos a verdade, pergunta-se ele em *The Napoleon of Nothing Hill*. Fácil; ela está do outro lado, *in the reversal of the obvious*. A família está do outro lado, a pátria está do outro lado, os amigos estão do outro lado. O certo é, simplesmente, o contrário do evidente. Em *Manalive*, levanta Chesterton a imprevidência dos inocentes contra o siso dos prudentes. Inocent Smith mostra o revólver e diz: *I'm going to hold a pistol to the head of Modern Man. But I shall not use it to kill him — only to bring him to life.* (Vou apontar o revólver para a cabeça do Homem Moderno. Mas não para matá-lo — apenas para trazê-lo de volta à vida). Palavras como essas apenas me forneciam munição para hostilizar os que me cercavam. Encontro-as citadas, por exemplo, no discurso que, aos 18 anos, proferi para os concluintes dos cursos universitários do Recife, em nome dos que se iniciavam na universidade, algo que não lembro como ocorreu, nem onde, nem por quê, mas que o texto manuscrito de vinte páginas que encontrei nos meus arquivos atesta que ocorreu.

Bloy

Léon Bloy, o insuportável Bloy, canibal celeste, colecionador de ódios, como o chamava Borges; bigorna e martelo sem clemência, gênio horrível e encantador, como o descreveu Baudelaire; com o coração transbordante de cólera e de ternura, como o via Georges Bernanos; anunciador rugiente do Paracleto, flagelo dos burgueses bem nutridos e sentenciosos, dos intelectuais iluminados e das almas tépidas, em paz consigo mesmas, nas palavras de Roberto Calasso; esse Bloy que falava como um homem que tivesse uma missão extraordinária a cumprir que nada ou ninguém podia impedir, que se impelia para esse fim único, através de todos os obstáculos, como uma torrente que arranca árvores e rochedos de suas margens, como escreveu Raïssa Maritain; esse gigante da dor me fascinava. Sua exasperação contra a *mollesse* pequeno-burguesa me dava as palavras para minhas renascentes revoltas e a justificativa para a cólera que me roía. Mais tarde, encontraria a mesma torrencial invectiva contra o bom-mocismo burguês em outro escritor católico furibundo. "Não me sinto absolutamente obrigado a compartilhar a esperança dos imbecis (...). Uma única onça de desespero bastaria para preservar cem mil imbecis do apodrecimento", escreveria Bernanos em *Français, si vous saviez.*

Bloy chegou à minha vida trazido por Germano, mais uma vez Germano, que um dia apareceu com um pequeno volume em espanhol intitulado *Cartas de Léon Bloy a su novia*. Dele, já falei. Tornou-se um breviário no qual buscávamos inspiração para o que gostaríamos de encontrar em nossas namoradas. "É indubitável que existem seres que correspondem exatamente um ao outro na trama sem defeito do grande plano divino — escrevia a Juana Malbech já em sua primeira carta —, e esses seres se encontram no momento preciso em que o infalível Senhor haja decidido, do fundo dos céus e da eternidade, que seu encontro era necessário." E adiante: "Temos, não duvide, um lugar muito importante no plano divino, e o que devemos fazer, na verdade, é consentir amorosamente em ser instrumentos de sua vontade infalível."

Como queríamos acreditar nisso!

Bloy me marcou em muitas vertentes sensíveis: na concepção do amor, na incapacidade de ser alegre, na revolta radical contra a mediocridade burguesa, no absoluto compromisso com a verdade cristã. No primeiro caso, foram as cartas a Juana a avassaladora influência. No segundo, a alucinante descrição dos sofrimentos de Marchenoir, o Desesperado. No terceiro, a sua irritada intolerância com a mediocridade e a hipocrisia burguesa que me dava as palavras para a revolta que eu já sentia antes de lê-lo contra tudo o que me cercava, minha família, meus mestres, minhas companhias, meu colégio, minha cidade. Finalmente, em Bloy encontrei uma forma quase gráfica de dar corpo à ideia inaciana de inflexível adesão à verdade.

Para Bloy, Deus, visivelmente, os havia empurrado, a ele e a Juana, um para o outro, e esse encontro era um acontecimento considerável cujas consequências podiam ser infinitas. "Sinto, no mais profundo de minha alma e de meu espírito, que *tenho necessidade de você para realizar grandes coisas.*" E era assim que eu queria o meu encontro com a mulher amada, a inelutável convergência de dois seres concebidos, um para o outro, desde toda a eternidade, a fecunda conjunção de duas almas prenhes de coisas grandes para fazer. Acreditei nisso. O resultado foi o desastre de minha relação com Helena. Com todo o amor que tenha tido Bloy por Juana, era ele o centro, o homem da missão, o zelador do segredo incomunicável, e tudo o mais lhe servia de instrumento, inclusive Juana.

Quanto a Marchenoir, sem experimentar, em mim, o horror de calabouço em que vivia esse *alter ego* do autor, sentia atordoadoras afinidades com aquele joalheiro de maldições. Para Bloy, a alegria era o signo mais infalível da presença de Deus, mas, embora como filho ardente do Midi se sentisse saturado de avidez sensual e sedento de alegrias exteriores, ele era "*naturalmente* triste, como se é baixo ou louro". "Nasci triste, profundamente triste", diz, mas, aguilhoado, como sempre, pela necessidade de absoluta sinceridade, reconhece que "talvez se mescle, sem que eu o saiba, à expressão de meus sofrimentos um pouco de *literatura.*" Aliás, diz que não seria o que é, um escritor, se "esta cadela da literatura" não interviesse mesmo nos movimentos mais ingênuos de seu coração.

Nesse retrato, eu me encontrava muitas vezes. No desejo de alegria, sempre inalcançada, sempre fora de mim. No sentimento de uma profunda sensualidade que não tinha como se expressar. Mas, e, sobretudo, na presença inarredável da tristeza, uma tristeza que eu não sabia definir e que experimentava mais como uma negação metafísica do que como uma presença sensível e relacionada a coisas concretas. Quanto à influência da literatura na descrição dos meus sentimentos, não nascia ela de alguma condição minha como escritor, mas da intoxicação em que vivia e vivi sempre, conhecendo o mundo mais pelos livros do que por experiências realmente vividas. Nesse contexto, já o havia citado.

O desprezo pelos valores burgueses e a revolta por viver sufocado neles também tinham origens anteriores à revelação trazida pelo Desesperado. Possivelmente eram raízes estéticas, metafísicas e éticas. Desde cedo me obcecava a necessidade de uma harmonia interior que acomodasse numa só forma de expressão as manifestações do belo, da verdade e do bom. Para mim, essa fusão se processava através do religioso. Não podia haver contradição entre essas três formas de manifestação do ideal na realidade. O homem cristão tinha a responsabilidade de ser esse ponto de encontro. Ora, o que eu via à minha volta era ou a flagrante ausência de qualquer engajamento sério na perseguição desses valores ou a constante contradição entre os que eram proclamados e o comportamento real. Tudo isso compunha a personificação que eu fazia no "burguês", do objeto de meu desprezo ou da minha ira.

A palavra "burguês" não tinha, no meu vocabulário, qualquer conotação política, ignorante que era dos rudimentos do marxismo. Era uma categoria herdada diretamente da literatura francesa do século XIX. O burguês é a obsessão dos escritores do século XIX, diz Jacques Petit na introdução à *Exegèse des lieux-comuns*, de Léon Bloy. Esse era o burguês que me pesava, "o homem que não faz qualquer uso de sua faculdade de pensar e que vive ou parece viver sem se sentir solicitado, um dia sequer, pela necessidade de compreender o que quer que seja", para usar as palavras do próprio Bloy.

Esse burguês execrado me aparecia como alvo da minha mordacidade, encarnado, sobretudo, nas instituições da família e do colégio, dos pais e dos mestres. A família, via-a descrita por Bloy como se tivesse espiado pelas janelas da nossa casa na rua do Sol. Nos mestres, se me chocavam a inanidade dos cursos, o desinteresse ou a desonestidade dos professores, que não pareciam assumir a consciência de terem a responsabilidade de estarem formando cidadãos, me estarrecia ainda mais a leviandade com que supostos formadores de novos cristãos enfrentavam a tarefa de nos ensinar pela doutrina ou pelo exemplo. E aí, outra vez, Bloy trazia lapidarmente a palavra certa ao referir-se a "essa simulação de instrução religiosa que simulacros de padres, entufados de fórmulas, torcem como panos sujos de seminário nas cabeças dos jovens interessados... o suficiente para que possam ser admitidos ao diploma (*bachot*) da Eucaristia". Mais tarde, esses cristãos não seriam mais do que "pessoas besuntadas de uma pequena camada de cristianismo".

Mas era no sentido de responsabilidade acarretado pela autoassunção como cristão que eu encontrava a mais reveladora afinidade com o irascível francês. E isso me perturbava, ao mesmo tempo que me lisonjeava. Eu não podia esquecer que o próprio Bloy considerava a vaidade como o "vício cristão", e não podia deixar de reconhecer que, julgando a todos, a todos criticando e condenando, eu me fazia passar por melhor do que eles, com isso me exaltando, quando não fosse frente a eles, pelo menos para mim mesmo. Mais tarde, quando já começava a perder a fé, chocou-me ouvir de um companheiro querido a frase que vivera calada em mim tantos anos antes: "O mais terrível, para o cristão, é saber que está carregando a verdade!"

A influência de Bloy deixou marcas profundas no meu relacionamento social por essa época. Minha intolerância e meu desprezo pela mediocridade intelectual e religiosa dos que me cercavam produziam em mim desencontrados comportamentos que só tinham em comum a capacidade de ferir as pessoas que eu mais devia amar. Em meus momentos de exacerbação mística, ostentava, com ares de soberba, uma superioridade que só era menor, nas manifestações fisionômicas ou nas palavras desdenhosas com que me dirigia às outras pessoas, do que o sentimento íntimo que genuinamente tinha de ser portador de verdades que me autorizavam qualquer distância. Talvez me sentisse amparado por palavras como as de Raïssa Maritain, a propósito do aprofundamento de suas leituras da Suma Teológica de Tomás de Aquino, dois anos após sua conversão: "O futuro não nos inspirava qualquer receio, porque tínhamos a chance de conhecer pela fé verdades de uma certeza tão penetrante que ela só era inferior à intuição intelectual da visão beatífica, e que a força de nenhuma intuição natural podia com ela ser comparada, verdades de uma irradiação tão pura e universal que pareciam atrair toda a verdade, as parcelas de verdade esparsas nos mais diversos espíritos, o fruto de todo o conhecimento intuitivo." O que me faz lembrar aquela terrível sentença de Ramakrishna, citada por William James, de que nada é mais difícil do que erradicar a vaidade do santo com respeito à própria santidade. Na verdade, não sei de sentimento mais desprezível do que aquele ostentado pelos portadores das verdades religiosas, sobretudo quando disfarçados, e inevitavelmente mal disfarçados, sob a aparência de uma falsa humildade. Essa humildade vaidosa e essa superioridade condescendente, muitas vezes encontrei em pessoas que se destacavam nos círculos piedosos dos católicos contestadores da religiosidade morna, bem comportada e convencional, das camadas burguesas da sociedade, respaldada por um estamento eclesiástico conservador. E, de certa maneira, estava sub-reptícia no desvairado proselitismo de personalidades como Bloy ou na verborragia panfletária de Bernanos.

Essa inconformidade esteve bem presente entre os escritores católicos da França no período que corresponde, *grosso modo*, à Terceira República. Huysmans publica *En route* em 1885; Bloy, *Le désespéré* em 1887 e *La femme pauvre* em 1897. Bernanos irá publicar seus artigos mais virulentos no final desse turbulento período. Reunidos postumamente, em 1961, sob o título *Français, si vous saviez...*, contêm eles alguns dos textos mais acerbos e polêmicos do escritor católico. A meio caminho, encontramos, na mesma linhagem, Julien Green (protestante convertido ao catolicismo aos 15 anos), de cujo *Pamphlet contre les catholiques de France*, de 1924, recolho o seguinte texto demonstrativo desse catolicismo beligerante comum a todos eles: "Todo catolicismo é suspeito se não perturba (*dérange*) a vida daquele que o pratica, se não o marca aos olhos do mundo, se não o abate (*accable*), se não faz de sua vida uma paixão renovada cada dia, se não é difícil e odioso à carne, se não é insuportável."

O fenômeno parecia ser eminentemente francês, mas também, fora da França, era possível encontrar católicos furibundos. Papini era um exemplo, na Itália. Li de um só fôlego seu desconcertante *Gog*, de 1931, nele encontrando a mesma vociferação de Bloy, mas reconhecendo, mais facilmente, o inimigo do cristianismo nas caricaturas dos personagens.

Como Marchenoir, o desesperado, de Bloy, como Durtal, o angustiado de Huysmans, eu não concebia um catolicismo morno e tolerante, continuamente requentado no banho-maria dos falsos arrependimentos das confissões e das penitências tranquilas. Se o que estava em jogo era a salvação eterna, nenhuma meia medida era aceitável, nenhum relaxamento moral, nenhuma condescendência com os apetites da carne, com as tentações do espírito, com os apelos do século. Ou tudo ou nada. Vestido nesse burel de capelão de cruzada, eu derramava minha inconformidade e minha ira divina, sem discriminação nem clemência, sobre todo aquele que não compartilhasse meu zelo implacável. Evidentemente, no que respeitava às consequências de meu zelo, era minha família a vítima imediata. Contra meus pais, minhas irmãs, minha tia, eu podia lançar dardos concretos. O que não tinha como fazer em se tratando das beatas, dos padres no colégio, dos líderes católicos da cidade, do clero mundial, ou do papa. Eu não poderia lastimar, como Renan, que não fora o compromisso insosso do catolicismo burguês o que aprendera no seminário, mas o das Escrituras, dos concílios, dos teólogos. Católico puro, como pensasse ser, eu não havia tido, com toda a minha educação em colégios católicos, o mínimo conhecimento das Sagradas Escrituras, senão na versão bowdlerizada das Histórias Sagradas; dos concílios, senão o que deles sobrava nos púlpitos em alguma referência de passagem numa homilia mais pretensiosa; e dos teólogos, não mais do que o que se coava para os catecismos, como o de Spirago, que parecia ser o mais sofisticado a que tive acesso, por se tratar de um livro adotado por nosso professor de religião e de filosofia no curso clássico (hoje ensino médio), o padre Mosca, livro que só agora descubro datar de

1862! Aliás, ao buscar na internet informações sobre alguns dos livros que me formavam a mente sob orientação desse mestre, descubro, também, que nossas primeiras noções de filosofia por ele transmitidas foram hauridas do *Manual de filosofia*, do padre jesuíta francês Charles Lahr, uma versão abreviada do seu *Cours de Philosophie*, que datava, no máximo, da primeira década do século XX, pois o autor faleceu em 1911. Padre Mosca tinha da Ética uma concepção bem particular. Alertado por mim de que metade da turma colava as respostas nos testes de religião, escondendo o livro aberto sob as carteiras, respondeu-me que disso sabia, mas deixava ocorrer porque, pelo menos enquanto colavam, os alunos estavam lendo o catecismo.

Na verdade, o que eu vinha aprendendo, da infância à adolescência, por parte de meus orientadores eclesiásticos, era exatamente o insípide catolicismo das acomodações e dos lugares-comuns, e minha revolta seria, talvez, mais do que um protesto em nome da verdade, uma repulsa em nome do bom gosto. Bom gosto intelectual e bom gosto estético. Ela era impulsiva e incontrolável. Tinha como parâmetro para comparação uma visão idealizada da Cidade de Deus que significava, basicamente, a consecução de uma utopia, a de um universo tornado único na convergência de todos os valores para uma unidade que eu chamava Verdade e que talvez não fosse mais do que Beleza.

Bernanos e Mauriac

Bernanos foi outro dos autores católicos da época. Surgido *tout armé de la tête de Léon Bloy*, dirá mais tarde Pierre Marcabru, por ocasião do cinquentenário da sua morte. Tinha do predecessor a mesma "lucidez exasperada, a exaltação febril, a paixão de convencer" características do profeta. "Não cessa de nos convocar a ser testemunhas de nossa mediocridade, de nos causar vergonha, de tentar melhorar-nos." Via com desespero dissolver-se o mundo de fé em que respirava e a ascensão dos imbecis e dos beatos, daqueles que acreditavam sem duvidar nas frases feitas e nos lugares-comuns. Mas, se seus personagens se contorcem na agonia da dúvida e da solidão, se combatem contra as tentações da falta de esperança e da atração do suicídio, estão mais perto das figuras patéticas de Dostoievski, lutando contra o Mal, do que dos renegados de Deus, de Léon Bloy.

Sua impaciência com a impostura e com a mediocridade me confirmava em minhas exasperações quotidianas. Sofria com o cura de Ambricourt, desamparado e incompreendido em meio a uma sociedade rasteira e mesquinha. Um pouco mais tarde, o belo filme de Robert Bresson veio compor minha identificação com Claude Laydu, o excelente intérprete do angustiado cura, quando me via desnorteado frente à perturbadora presença de Nicole Ladmiral, a Chantal de Bresson, anjo ou desconcertante encarnação do tentador?

Mais ou menos na mesma época em que li o *Journal d'un curé de Campagne*, li também *Thérèse Desqueyroux*, de François Mauriac, que eu pensava pertencer à mesma plêiade de escritores católicos franceses aguilhoados pela dificuldade de viver uma vida católica autêntica dentro de uma sociedade burguesa, acomodada e hipócrita. Era uma edição barata, feita em papel de jornal, das que a França publicava no Brasil nos tempos da guerra, e que me foi apresentada por Berenstein, o judeu que tinha a Livraria Imperatriz, êmulo de Aluízio, da Companhia Editora Nacional, sem o charme e a elegância deste, antes sempre com um ar desmazelado que refletia o aspecto caótico de suas estantes e vitrines. Tinha um bom estoque, porém, algumas vezes complementar do de Aluízio. Lembro-me que o livro me incomodou, e o retrato feito por Mauriac da alta burguesia rural francesa me ficou tão nítido, que nas vezes futuras em que vivi em Paris cansei de encontrar, em ocasiões sociais de maior formalidade, os personagens por ele descritos.

De Mauriac, o outro único livro que li, por aquela época, foi *Le nœud de vipères*. Como em *Thérèse Desqueyroux*, personagens monstruosos se sentem prisioneiros de uma sociedade que os oprime por suas mesquinharias e hipocrisias, como numa "jaula de grades inumeráveis e vivas", as grades da família opressora ou as de uma religião vivida mediocremente no expediente de uma devoção convencional. Tudo isso me parecia refletir a mesma irritada atitude de um Bloy, ou do próprio Bernanos, contra o ambiente e a circunstância da vida familiar e da prática religiosa na sociedade burguesa contemporânea na França. Foi assim, com enorme surpresa, que vim a descobrir num Bernanos panfletário, do qual ignorava a existência, muito tempo depois, um ataque demolidor ao seu contemporâneo, que ele chama com todas as letras de farisaico e cuja atividade jornalística ele descreve como "enternecimentos, lacrimações, fungações e suspiros que farão, um dia, da coleção de seus artigos no *Figaro*, as *Mémoires d'outre tombe* de certa pequena burguesia morta pelo amolecimento de todas as glândulas e o relaxamento de todos os esfíncteres". Mas essa agressividade de Bernanos tem uma explicação. É que ele vê no catolicismo de Mauriac todas as marcas daquele catolicismo de esquerda que o faz dizer que a Democracia Cristã, da qual Mauriac era um porta-voz, dançava uma valsa com os comunistas para não deixá-los sós com a bandeira da justiça social, ou, em outra circunstância, declarar que a elite da JOC (Juventude Operária Católica), o braço obreiro do movimento da Ação Católica, deslizava para o marxismo como um rio para o mar.

Maritain

Nunca consegui separar o problema da fé da questão da verdade racional, da mesma forma como nunca obtive conciliar com os princípios da graça os da justiça divina. Para poder seguir minha busca religiosa, tive que colocar as questões da graça e da fé entre parênteses, enquanto esperava chegar a um conhecimento tal da verdade, que dele resultasse, naturalmente, a aceitação de uma e o repouso da outra, convicto que estava de que, não podendo haver contradição na verdade, razão e fé convergiriam em algum ponto.

Mas agora eu estava à busca de uma verdade positiva, não de algo que alimentasse minha rebeldia, e sim de algo que me trouxesse a paz.

Essa verdade absoluta seria a chave, também, para a solução do problema ético. E por isso, talvez, tenha me sentido tão arrebatado pela lancinante sinceridade da Raïssa Maritain de *Les Grandes Amitiés*: "Tenho necessidade da alegria da inteligência, da luz da certeza, de uma regra de vida assentada numa verdade sem defeito." Embora eu não estivesse preparado para pagar o preço que ela dizia estar pronta a aceitar: "Eu aceitaria uma vida dolorosa, mas não uma vida absurda." E nessa determinação chegaram os dois, Raïssa e Jacques, a dar-se um prazo para encontrar a resposta para a angustiosa indagação, passado o qual, se ainda desamparados, se suicidariam.

Um dia, pela mão de Léon Bloy, uma revelação os viria salvar, e essa revelação era, de certa forma, uma abdicação. Bloy era o homem da fé borbulhante, avassaladora. Para ele, a filosofia era a mais enfadonha maneira de perder o tempo precioso da vida. Mas foi graças a ele, à amizade abnegada e incondicional desse alucinado do amor, que os jovens Maritain encontraram a paz intelectual e espiritual que estavam buscando. Custou-lhes uma acomodação que aprioristicamente rejeitavam, aceitando-a como uma manifestação da graça, cuja realidade antes recusavam, mas cuja presença agora reconheciam. Em pouco tempo estariam se dizendo e dizendo que "a razão não consiste apenas nas suas manifestações e em seus instrumentos lógicos conscientes, não mais do que a vontade consiste apenas nas decisões conscientemente assumidas. Bem fundo, sob a superfície ensolarada povoada de conceitos, de julgamentos explícitos, de palavras proferidas, de resoluções e de movimentos da vontade expressamente concebidos, encontram-se as fontes do conhecimento e da criatividade, do amor e dos desejos suprassensíveis, escondidos na noite primordial transparente da vitalidade íntima da alma". Esse inconsciente ou pré-consciente é "o abismo interior da liberdade pessoal". Repousados nessa certeza, podiam seguir vivendo. Já citei as palavras com que Raïssa procura transmitir a sensação de conforto espiritual que pode resultar de uma tal convicção.

Nada nos havia acontecido de semelhante, mas desejávamos tanto que acontecesse, que, bovarescamente, construíamos em cima do que líamos os cenários irreais em que pensávamos poder viver, e por alguns meses nosso pequeno cenáculo de estudantes provincianos e confundidos teve dentro de si a consistência de uma Abadia de Thélème concentrada em aspectos da vida religiosa na qual seríamos Jacques e Raïssas.

A COMUNIDADE

Como sempre, foi de Germano a ideia. Aconteceu quando tínhamos todos, Germano, Samuel e eu, os três mosqueteiros, namoradas que pareciam definitivas, as "mulheres fortes" do Evangelho por que todos ansiávamos. Para nos livrarmos das imposições familiares que iriam demandar de cada par o cumprimento dos ritos habituais associados a um casamento burguês — uma profissão remunerativa, uma casa própria, enxoval, mobília —, iríamos constituir uma comunidade cristã, onde tudo poríamos em comum, maximizando, dessa maneira, os recursos de que iríamos dispor, que se antecipavam parcos, dado o voto de pobreza que nos reservávamos. Moraríamos em casas simples, basicamente compostas dos aposentos íntimos, colocando o que fossem áreas de trabalho intelectual, estar, lazer, refeições, diversões, esportes, convívio com amigos, práticas religiosas, em espaços comunitários. Repartiríamos nossas receitas, dando a cada par o essencial e constituindo com o que sobrasse um fundo de reserva para aplicações comunitárias. A compra de livros, por exemplo, seria para a biblioteca comum. Nossos filhos seriam educados desde a mais tenra idade nesse ambiente onde não existiria a propriedade privada e, por conseguinte, os conflitos dela decorrentes. Tanto nos entusiasmamos com o projeto, que chegamos a desenhar planos para as casas e a procurar um local para implantação da nossa utopia. Não falávamos muito dessas ideias com as nossas mães, Germano e, sobretudo, eu, antecipando ironias, refutações. Mas assim não fez Samuel. Conversou ele com dona Maria Amazonas, matriarca do clã MacDowell, que não só aprovou o projeto como pôs à disposição do nosso *kibutz* uma área de suas terras, no antigo engenho de Camaragibe. Era a glória. Partíamos do nada para um latifúndio verdejante e, ainda por cima, histórico. Eram terras que haviam sido pisadas no século XVI por Diogo Fernandes, então capitão donatário de Pernambuco, primeiro proprietário, e sua mulher, a cristã-nova Branca Dias, só muito tempo depois identificada por mim como a malfadada vítima do onipresente Santo Ofício, acusada de praticar o judaísmo às escondidas. Chegamos a visitar a área para poder plantar os nossos sonhos numa paisagem concreta.

O tempo se encarregou de demonstrar a inviabilidade do projeto. Exigia ele uma sincronia nos nossos casamentos e na inauguração de nossas vidas profissionais que dificilmente poderia ser alcançada. Nossa comunidade se dissolveu por si só, antes de existir, sem reconhecimento explícito de nossa parte, sem queixas, sem remorsos. E, provavelmente, para regozijo de nossas namoradas, se tivessem noção do que, equiparando-as à "mulher forte" das Escrituras, estávamos esperando delas. Mas nem elas nem nós, ao figurarmos o papel que para elas reservávamos, havíamos tido a precaução de ler o capítulo conclusivo do Livro dos Provérbios, de onde, sem o sabermos, vinha o epíteto que a elas queríamos ver aplicado.

Política

Minha formação religiosa me impediu, por muito tempo, de desembaraçar-me de uma visão organicista do mundo que me impelia para extremismos. Se existia uma verdade revelada, se o problema do homem era a salvação eterna, sua obrigação era construir no século a Cidade de Deus. Cabiam ao cristão a penosa tarefa dessa edificação e a dura responsabilidade de impedir, a qualquer custo, que o governo da sociedade fosse dela desviado. Essa responsabilidade se estenderia a todos os níveis de vida social, família, núcleo vicinal, associações diversas, cidadania, vida política, relações internacionais. Uma mesma ética de responsabilidade social atravessaria todas as esferas da presença humana.

Eu usava dos meios de que dispunha para ocupar-me desse destino. Em casa, não perdia a oportunidade de denunciar, com o vocabulário de Léon Bloy, o que acreditava ser uma maneira medíocre de conduzir-se perante as obrigações da fé, causando, possivelmente, à minha família, sofrimentos que eu não parava para considerar. Na Ação Católica, primeiro na JEC e depois na JUC, estendia meu apostolado irascível aos grupos de estudantes que essas associações reuniam, usando do prestígio da minha reputação e da minha posição, sempre de presidente, para despertar-lhes uma parcela de inconformismo e de ira contra os orientadores espirituais que eu acusava de ultraconservadores, mornos na fé e ausentes na liderança.

Havia frutos na minha arrebatada condenação das hierarquias eclesiásticas. No meu último ano como presidente da JUC, já não nos reuníamos aos domingos na matriz de Santo Antônio, sob a orientação do pároco, de cujo nome não me recordo, mas, entregues a nós mesmos, na atmosfera liberta do descampado em frente à capela da Jaqueira. Comentávamos, sem vigilância ou orientação superior, a epístola ou o evangelho do dia e tirávamos nossas próprias conclusões morais e apologéticas dos textos que estudávamos. Recusávamos ser instruídos pelas autoridades eclesiásticas às quais estávamos submetidos, por já não reconhecer-lhes a capacidade para atender às nossas necessidades espirituais. Éramos donatistas sem o saber.

As aberturas que nos proporcionávamos estimulavam a autoconfiança, e nenhuma importância dávamos às críticas que nos meios bem-pensantes do catolicismo no Recife esse comportamento começava a receber. Identificado como o inspirador de muitas de nossas atitudes irredentistas, Germano foi, dentre nós, o mais atingido pela reação ultramontana da hierarquia católica recifense. Enfrentava-a destemidamente, sem perder a calma segurança com que o fazia. Isso lhe reforçava as credenciais para falar em nome da juventude católica quando necessário.

Havia no Recife — talvez ainda haja — uma associação intitulada Círculo Católico, o equivalente, aproximadamente, do Centro Dom Vital, do Rio de Janeiro. Em resposta ao que penso ter sido uma iniciativa do Vaticano de consultar a comunidade católica sobre o projeto de proclamação do dogma da Assunção de Maria, ali foi organizado um seminário para o qual foram convidados, como oradores, o professor Barreto Campelo, porta-voz dos setores mais conservadores do catolicismo local, e Germano, acredito que por representar a corrente crítica e renovadora da juventude. Barreto Campelo, como era de se esperar, concentrou sua exposição na defesa do papa como intérprete de Deus e no enaltecimento da proclamação do dogma. Germano contornou um possível debate sobre a oportunidade da iniciativa, limitando sua exposição à exaltação da pessoa de Maria, servindo-se, com destaque, do Evangelho de São Lucas, evocando o belo poema que é o Magnificat, só por ele, entre os apóstolos, reproduzido. O encontro tornou-se memorável no nosso grupo, e não precisamente pela natureza dos discursos proferidos, mas por ter sido o cenário de uma ardileza de Germano só percebida pelos que lhe eram mais íntimos. Estava ele, por essa época, querendo namorar uma colega chamada Norma, e, na véspera do seminário, havia longamente conversado com ela, nos corredores da faculdade, sobre o tema da justiça. Norma estaria presente ao debate, e resolveu Germano incluir no seu texto, à última hora, uma pública declaração de amor que só por ela seria entendida. Assim, no contexto de uma descrição das qualidades de Maria, inseriu a frase: "Maria tinha como norma um ardente amor à justiça." Mas, pela entonação dada à leitura, não foi difícil perceber que as palavras "como norma" estavam entre vírgulas, e o substantivo comum havia sido proferido como se fosse próprio. À saída do auditório, já recebia Norma congratulações de suas amigas.

Para compensar o elitismo de nossas sessões de exegética, pensei em equilibrar a rotina das investigações teológicas a que me entregava com a experiência de um contato mais direto com aqueles grupos da sociedade marginados para descobrir de que maneira nossa ação social poderia alcançá-los. Não lembro como a experiência chegou a ser arranjada, mas, durante quase um ano, dei aulas de moral e cívica a uma classe de filhos de operários, no Senai (Serviço Nacional de Aprendizagem Industrial), que se reunia às quintas-feiras, de tarde, pelas bandas do Pina. Dessa experiência, sobrou-me apenas a constatação de que eu não tinha a menor capacidade de lidar com pessoas do nível intelectual da classe operária, sendo minha inteligência impermeável às suas rotinas de pensamento, e as minhas palavras, seguramente, incapazes de transpor o muro de seu raciocínio.

Aos poucos, via consolidar-se em mim a ideia de que o problema da salvação, qualquer que fosse o significado dado a essa palavra, não podia ser uma questão puramente do indivíduo. Era óbvio demais que qualquer um de nós, e quanto mais dependente de situações objetivas de precariedade física e de falta de suporte moral, mais isso era evidente, não podia dedicar-se ao próprio aperfeiçoamento moral e aprofundamento religioso sem se empenhar ativamente na melhoria das condições materiais e espirituais da coletividade. Ainda foi de Germano que partiram as primeiras influências nesse sentido. O *Humanismo integral*, de Jacques Maritain, com que me presenteou por ocasião dos meus 18 anos, teve um papel importante para lançar as bases teóricas de uma ação mais determinada no plano social. *Découverte du bien comun*, do padre Lebret, que penso ter descoberto na livraria Sal, de São Paulo, frequentada pelos jovens da Ação Católica paulista, pouco depois, numa das "embaixadas" que me levaram ao sul do país, trouxe as lições práticas que nos podiam orientar para a ação.

Já mencionei a afirmação de Bernanos de que a Ação Católica, através dos ramos para a juventude, a JEC, a JUC e a JOC, foi o celeiro da conversão de muitos católicos, inclusive sacerdotes, ao comunismo. Pode ter sido assim, contrariando o espírito com que foram concebidas, que visava precisamente ao oposto: organizar numa perspectiva integrista as forças do catolicismo contra o perigo bolchevista. O engajamento com a ação social nos fazia, porém, descobrir o abismo existente entre a hierarquia eclesiástica e o homem do povo, que víamos manipulado para permitir com o seu conformismo a paz social construída sobre a diferença e a injustiça. Não era surpreendente, pois, que tomássemos consciência do grande embuste em que se baseava a aparente ordem social que o púlpito ajudava a preservar.

Tornei-me marxista sem o saber, sem o querer. Fora criado tendo do comunismo uma repugnância sem brechas. Minha aversão tinha as mesmas características psicológicas da que me havia sido incutida contra os protestantes, quando, menino em Olinda, assistia às pregações dos franciscanos, em época de "missões", ensinando-nos o horror em que devíamos ter os "bodes", inimigos da verdadeira religião. Adolescente, já a isso me referi, saía pelas ruas do Recife a distribuir os panfletos anticomunistas produzidos pelo padre Fernandes, no Colégio Nóbrega, com o coração angustiado, temendo chegar tarde com a palavra de salvação junto às almas desviadas.

Tinha do marxismo a mais simplista ideia, calcada nos chavões da dependência em que estava a superestrutura ideológica da base material da sociedade e na crença de que somente pela demolição de uma ordem fundada na desigualdade de oportunidades e na injustiça social seria possível estabelecer as condições para uma sociedade feliz. Minha formação teórica sobre o comunismo era nula. De nada me tinham servido os panfletos que eu próprio ajudara a distribuir e que, com o benefício de vê-los em retrospecto, me fazem corar ao lembrar o primarismo de suas alegações. Não tinha orientação para instruir-me, nem junto a quem buscá-la. Na verdade, não me interessavam os fundamentos teóricos da doutrina marxista, que só vim a conhecer depois, mas sua experiência concreta. Comprava às escondidas exemplares de uma revista à época editada pelo Partido Comunista, num de seus interregnos de legalidade, e as obras de Lênin e de Stalin, que pouco compreendia e me deixavam insatisfeito ou frustrado. Queria conhecer o comunismo do quotidiano, na medida em que fazia as pessoas mais generosas e a sociedade mais justa, como se pensava, na época, ser o que estava sendo alcançado na União Soviética. E só encontrava uma algaravia conceitual que me fazia nela pressentir uma filosofia de segunda classe. Talvez por isso tenha ficado na periferia do movimento.

Naquele então, não conhecia quem fosse comunista, alguém que pudesse me servir de exemplo ou de contato. Mais perto, sabia apenas de um colega da faculdade, figura mansa e simpática, que evitávamos precisamente por conhecer-lhe as tendências. Numa das vezes em que o Exército cercou a faculdade em rebuliço e que fui delegado pelos estudantes a ir parlamentar com o general Brasiliano Americano Freyre, comandante da 7ª Região Militar, para tentar obter a suspensão da medida, ficou o estudante escondido na faculdade para alçar, durante a noite, uma bandeira comunista no frontispício. Poucos sabíamos que tinha sido ele. Ficou-me uma secreta admiração pelo ato de coragem, do qual eu não seria capaz. Aliás, o episódio era paradigmático. A mim coube, e voltou sempre a caber, o esforço pelo entendimento, a crença, ou a esperança, de que pelo diálogo fosse possível alcançar soluções aceitáveis pelas partes em qualquer conflito. Não foi sem profundas razões que vim a me tornar diplomata. O gesto bruto de provocação ou de rebeldia não seria a minha maneira de ser.

Nunca seria um homem do partido, ou de partido. Sempre quis preservar minha liberdade de pensar e de agir, e a filiação a qualquer associação partidária significaria privilegiar o pensamento do grupo sobre meu julgamento particular. Ou, pior ainda, submeter minha liberdade de julgamento e de ação às diretivas supostamente iluminadas de um núcleo dirigente. Não ter abdicado dessa orgulhosa atitude independente naquela fase de minha vida valeu-me diminuir o sofrimento que me causou, mais tarde, o desmoronamento de todas as ilusões quanto às potencialidades do comunismo real. Meus anos de União Soviética, como Secretário de Embaixada, em Moscou, constituíram um amargo aprendizado da liquidação de todas as esperanças quanto à capacidade humana de construir a utopia. Dessa desilusão, deixei testamento no livro *O elefante de Ludmila*, que trata do mundo ilusório de uma menina "pioneira" soviética (algo mais do que uma escoteira, mais próximo da juventude nazista ou fascista de antes da guerra), e nos poucos poemas que cheguei a elaborar para outro que seria intitulado *A velha e a vaca*, onde estaria presente a amarga desilusão de uma velha camponesa russa. Quando, muitos anos depois, ruiu o regime soviético, não foi a surpresa o sentimento que se produziu em mim, nem a satisfação de ver desabado um regime de falsificação e atrocidade moral, mas uma pena enorme do povo russo e de todos aqueles que acreditaram no sonho dos profetas do humanismo igualitário.

A CAMPANHA

Na faculdade, tive a única experiência política concreta de minha vida. Trazia de casa um desprezo altaneiro por tudo quanto dizia respeito à atividade política. Não havia muito o que pudesse ter-me familiarizado com ela. Vivera a maior parte de minha ainda pequena vida sob o Estado Novo, e só recentemente começava a tomar conhecimento do que se podia chamar vida política e atividade partidária, inextricavelmente associadas no Pernambuco da época ao clientelismo e ao coronelismo. Mas havia ventos renovadores no ar. Assisti desfilar a passeata contra o Estado Novo que no dia 3 de março de 1945 levava Demócrito de Souza Filho à sua frente na direção da praça da Independência, onde o estudante viria a ser assassinado uma hora depois, com o tiro que, dizem, era destinado a Gilberto Freyre.

Haveria eleições para o Diretório Acadêmico, e entre os alunos as forças se arregimentavam em polos caracteristicamente similares aos que se articulavam na política nacional: de um lado, os conservadores, sob a liderança de José Meira, representante da alta burguesia local, contando com o apoio dos alunos que provinham da aristocracia açucareira e das oligarquias rurais de todo o Nordeste; de outro, os chamados populistas, sob a liderança de Olympio, representante da pequena classe média urbana e dos grupos até então marginados da vida cultural da cidade, que a universidade pública começava a receber. Programa, nenhum deles oferecia. Era mais a disputa entre estilos de vida, formas de comportamento social, o que caracterizava cada lado. Numa contagem rigorosa dos votos certos e prováveis, os dois se equilibravam a tal ponto, que por um voto ou dois, incertos, a vitória poderia ser dada à direita ou à esquerda, como grosseiramente podiam ser identificados. Desligado e perplexo, um pequeno grupo de alunos, com contingentes em todas as turmas, do primeiro ao quinto ano, não se sentia à vontade para votar em qualquer das facções. O traço comum entre esses desgarrados era uma viva preocupação ética, a repulsa aos métodos de aliciamento praticados pelos grupos majoritários, onde os apoios eram comprados com promessas de recompensas que beiravam a corrupção ativa, e ausente era o desejo de implantar um programa de atividades que trouxesse à faculdade benefícios de ordem pedagógica e material para os alunos.

Não sei de quem partiu a ideia, mas alguém foi suficientemente idealista para nos convencer, aos que assim nos declarávamos ou queríamos ser, a nos constituirmos como uma força alternativa no debate eleitoral, criando um terceiro partido que representasse um movimento renovador, comprometido com uma visão ética do processo democrático na faculdade. Em face do provável impasse na futura eleição, com o risco, para cada parte inaceitável, de vitória da outra, poderíamos ter a chance de ver despejados em nossa chapa, na última hora, os votos dos mais temerosos com a derrota de seu partido e, assim, sermos eleitos, apesar de extremamente minoritários. Meu nome foi escolhido para encabeçar a chapa, e logo o que era uma aspiração informe e quase desvairada transformou-se numa máquina de produção de ideias, programas, papéis e publicidade. Não queríamos um partido, mas um movimento, e demos à nossa chapa o nome de Movimento Universitário Renovador. A ideia prosperou, e, às vésperas da eleição, sentíamos que éramos olhados como uma força real e uma ameaça potencial pelos dois rivais.

Na noite anterior à eleição, fui chamado por Meira à sua casa, quartel-general do grupo conservador. Queria conversar sobre as eleições e pensei comigo mesmo que talvez tivesse chegado a conclusões favoráveis a um entendimento com o MUR. Lá estava reunida toda a equipe, numa agitação que denunciava a gravidade do momento. Meira foi claro comigo. Achava que tinha chances de ganhar o pleito e queria convencer-me a desistir da empreitada suicida de levar o MUR até as urnas. Não me convenceu. Eu tinha a impressão de que blefava e jogava todas as cartas na tentativa de me levar a retirar minha candidatura, achando, talvez com razão, que os que me apoiavam e decidissem não votar em branco votariam nele, pois, no fundo, havia mais afinidades entre os meus correligionários, todos urbanos, de classe média e de famílias católicas, com o que ele representava do que com o que Olympio significava, com sua claque debochada, iconoclasta e populista. Cheguei a pensar ter sido por ele atraído para uma armadilha, e talvez assim tenha sido, pois o simples fato de se saber no dia seguinte que eu estivera na sua casa até tarde da noite podia justificar o rumor, que por certo veio a espalhar-se, de que eu estava de conluio com ele. Parti me sentindo manipulado e fui me encontrar com Mozart, meu leal e ligeiramente cético conselheiro.

Mozart levou-me a um botequim estreito e comprido na zona portuária, onde faziam ponto prostitutas e motorneiros, e ali comemos uma macarronada. O azulejo encardido das paredes coroava-se de uma frisa de louça onde um laço amarelo prendia maços de flores de um vermelho de goiamum escaldado e folhas de verde-garrafa. O chão tinha mais marcas de escarros do que guimbas. À mesa de encardido mármore branco ordinário, bicada nas quinas, Mozart era o anfitrião natural. Dominava a noite e os seus segredos, para mim total mistério. Ordenou e pagou. Com o prato quente veio uma cerveja gelada, daquelas cujo rótulo desliza, deixando nos dedos o visgo da cola invisível que o sustentava. Mozart conhecia o garçom e o caixa e a maior parte dos que chegavam e partiam, coçando-se uns, palitando-se outros. Sabia os nomes, os apelidos e até as doenças de cada um, sobre as quais se informava com um sorriso malicioso e terno, de cada um recebendo ora um abraço, ora uma saudação tão plena como se dono fosse ele daquela hora da noite e daquela mesa de passo. Às prostitutas, sabia dizer a palavra justa para que se retirassem sorrindo, sem se sentirem rejeitadas. Para mim, era o mais difícil, fazê-las afastarem-se. Sentia nojo dos excessos de gordura, de batom, de manchas nas pernas. Temia o menor contato com seus vestidos, para mim carregados de germes e pecado. Mas não sabia desligar-me do gosto quente de uma anca de repente encostada no meu braço. Evitava erguer os olhos e encarar a boca onde sem dúvida faltaria um canino e sobraria um dente de ouro. Daquela noite interminável, ficaram-me o gosto da macarronada sebenta e o calor da anca no meu braço, meu primeiro contato, ainda que interposto pela saia de lamê berrante, com o corpo proibido de uma mulher.

No dia seguinte, descobri a razão da confiança de Meira. Com os contatos que tinha, havia obtido do governador que mandasse buscar de avião alguns eleitores que se encontravam em cidades do interior do estado e mesmo em estados vizinhos. Pensava ter assegurada, assim, a margem que lhe traria a vitória. Não tinha. Dois votos de diferença a deram ao partido de Olympio. O MUR teve apenas os votos contados que já sabíamos de quem eram. Com esse episódio, iniciou-se e encerrou-se a minha carreira política.

Existencialismo

O existencialismo surgiu no nosso meio, após a guerra, com a conotação ameaçadora de uma epidemia do espírito, uma praga diabólica a acrescentar-se às tentações ordinárias que já tanto nos afligiam. A palavra circulava de boca em boca, em voz baixa, significando coisas diferentes, indefinidas, e de qualquer maneira perigosas. Mas havia em torno dela um halo difusamente atraente, um véu que não nos atrevíamos a levantar. A curiosidade e a atração, atração de abismo, talvez, estavam lá. Vagamente associávamos às tinturas sacrílegas que se desprendiam da palavra uma brisa de sensualidade que nos despertava a antecipação de prazeres inéditos e proibidos. O aspecto religioso estava presente na abominação que a ela dedicavam os padres, no *vade retro* com que nos procuravam proteger; o sensual, na associação com a licenciosidade no vestuário e nos costumes, uma promiscuidade insinuada e apercebida, sobretudo, no clichê de uma juventude emaciada e dissoluta, vivendo os prazeres do dia, ou melhor, da noite, nas caves enfumaçadas de Saint Germain des Près; o filosófico, no jogo perigoso com um niilismo pregado em uma linguagem hermética, mas sedutora, que não conseguíamos traduzir para nosso escasso entendimento.

Perto de nós começavam a circular, vestidos em roupas pretas e com os cabelos desgrenhados, alguns jovens que não sabiam exprimir de outra forma o mal-estar que sentiam e passaram a se autodenominar existencialistas. Se, em alguns, o maneirismo não passava de uma manifestação gestual de inconformismo inconsequente, uma agressão gratuita à bem comportada sociedade em que vivíamos, em outros a ameaça anunciada se teria feito ato. Disso acusou-se o suicídio da namorada de Mozart, que, na verdade, nunca fora vista nem na companhia dos afetados companheiros de filosofia, nem como eles aparelhada. A voz corrente, no entanto, atribuiu seu ato desesperado às novas ideias chegadas da Europa. Tais rumores desestabilizaram nosso esforço de entender o que se passava ao redor. De repente, tudo aquilo que pairava no ar assumiu uma realidade incomparável com qualquer das outras filosofias que disputavam a nossa adesão. Ninguém havia morrido à nossa volta por ser ateu ou cristão, por ser integralista ou comunista. Mas alguém havia se suicidado, dizia-se, por ser existencialista. E nos perguntávamos, desnorteados: Será que ela morrera por não haver suportado incorporar o que essa nova filosofia a fizera descobrir? Ou por não ter sabido assimilar o que nela havia aprendido? Que coisa havia de tão perigoso, de tão assustador nessa filosofia, que só a ela, entre as pessoas que conhecíamos, havia atingido mortalmente?

Pusemo-nos a ler o que podíamos encontrar a respeito. Os livros fundamentais eram desesperantes. Confundiam-nos com terminologia estapafúrdia, paradoxos intransponíveis. Buscamos recurso na literatura.

Camus foi o primeiro autor que me caiu nas mãos. Logo, Sartre estava em todas as mãos, ou, pelo menos, em todas as bocas. Era ao mesmo tempo o descobrimento de um mundo de pensamento e de reações totalmente distinto do nosso universo pequeno-burguês e cristão provinciano, português e jesuítico, e o despertar de um questionamento filosófico de uma profundidade e de nuances às quais não estávamos acostumados. Nossos guias espirituais apressaram-se em colocar-nos na boa via, apresentando-nos como alternativa para esse existencialismo ateu as palavras acomodadoras de Gabriel Marcel, introduzido por Regis Jolivet ou Emmanuel Mounier. Não bastaram para aplacar nossa sede, e logo buscávamos penetrar, sem qualquer sucesso, a selva densa e desorientadora de *L'Être et le néant.*

Camus

Foi nesse clima de perplexidade, de desajustamento com o mundo à minha volta e de insatisfação comigo mesmo que li *A peste*, na tradução de Graciliano Ramos, que a José Olympio acabava de publicar.

Li-o de um só fôlego, sentado no umbral de minha janela dando para o mar, vendo lá embaixo a rua deserta, iluminada pela luz morrinha que mal clareava o próprio poste de onde partia. Comecei a lê-lo após a ceia, e quando acabei, surgiam do lado da praia as primeiras silhuetas de uma nova manhã.

Fechei o livro em estado de choque. Nunca me havia sentido tão desamparado. Camus me arrancava as boias da fé, as escoras da religião, mas, fazendo-o, não me deixava livre para agir de qualquer maneira — "se Deus não existe, tudo é permitido", vinha-me à memória; ao contrário, me obrigava a exercer minha liberdade escolhendo uma moral ainda mais exigente porque fruto de uma decisão minha e não de uma vontade externa, fosse ela a de um Deus, meu criador.

Como no universo cristão em que eu me movia, o de Camus também estava manchado pelo pecado, mas não por um pecado original contaminador, invenção incompreensível de um Deus supostamente infinitamente bom, e sim pelo pecado sem culpa do sofrimento, da doença, da privação, da falta de amor. Rieux e Tarrou sabem que o que é natural é o micróbio. O resto, a saúde, a integridade, a pureza, é o efeito da vontade, e de uma vontade que não pode, não deve esmorecer. E, assim, na paisagem de escombros, de negações, em que sobrevivem, simbolizam elas a resistência, a afirmação pelos atos, pela solidariedade espontânea, pela fidelidade ao ofício. O essencial era bem fazer o seu ofício, diz Rieux, da mesma forma como o autor, Camus, diria, referindo-se a si mesmo, "em primeiro lugar, trabalhar". Camus sabe, como dirá mais tarde em *La Chute*, que, em certos casos, continuar, apenas continuar, eis o que é sobre-humano. Nada de heroísmo vociferante, de estardalhaço na caridade ou de exibicionismo na esmola. A virtude não é odiosa, mas os discursos sobre a virtude o são, escreverá Camus nos *Carnets;* ela está na grandeza sem auréola dos que se bastam com o homem e com seu pobre e terrível amor. Em suma, a determinação de viver moralmente num universo sem valores. É possível ser santo sem Deus? Eis o único problema concreto que hoje conheço, dirá Tarrou a Rieux.

Era uma descoberta ou uma revelação. Talvez uma nova epifania. Nada havia lido até então com aquele despojamento de efeito, aquela limpeza de estilo, aquela naturalidade diante do horror. Rieux e Tarrou eram os heróis sem heroísmo, sem grandiloquência, que aceitavam lutar contra a peste, correndo o risco das próprias vidas, não em nome de valores que de fora se impunham, mas por uma adesão voluntária e um engajamento sem subterfúgios em preservar a vida. A peste assume, assim, a representação alegórica do próprio absurdo da existência, contra o qual era preciso lutar quotidiana e inexoravelmente. E o livro conclui dizendo que a peste não termina, não se vence ou desaparece, continua latente e pronta para ressurgir quando se pense dela estar livre e ser feliz. Em meio ao flagelo, porém, há nos homens mais coisas a admirar do que a desprezar.

Havia no livro algo do existencialismo que dominava o pensamento na época, exceto em sua conclusão. Mas Camus negava ser existencialista, e em 1945 afirmava só haver encontrado Sartre quando ambos já haviam escrito seus livros. De *Le Mythe de Sisyphe*, publicado em 1943, seu único livro teórico até então, dizia ter sido dirigido contra os filósofos ditos existencialistas.

Num sentido mais comum da palavra *L'Étranger*, de 1942, um ano antes, pois, de *Le Mythe de Sisyphe*, é quase paradigmático. A indiferença com que Mersault aceita a sentença de morte, que ele sabe causada pela maneira mecânica com que a justiça formal reúne episódios não relacionados de sua vida para compor um quadro de culpabilidade que reclama sua morte, está mais perto de configurar um modelo do absurdo da existência do que o relato do sacrifício aparentemente casual de Rieux e de Tarrou, no fundo motivados por um sentimento de amor ao próximo que eles mesmos ignoravam. Mersault encarna, pela primeira vez, o homem só diante do absurdo da vida, e seu mérito consiste em preservar a pureza interna diante desse absurdo.

Se foi nos livros de Camus que a namorada de Mozart encontrou a cicuta para o seu gesto extremo, o mais provável é que tenha sido em *Le Mythe de Sisyphe*, pois é nessa obra que se encontra a melhor aplicação da reflexão filosófica de Camus sobre a questão do suicídio. É nesse livro que Camus expõe sua tese perturbadora de que o suicídio é a única questão filosófica séria. Diante do absurdo da vida, seria a única resposta coerente. Mas suicidar-se elimina o sujeito que postula o absurdo da existência, constata Camus. A solução remanescente é, então, a revolta. Camus retoma e completa sua reflexão em *L'Homme révolté*, publicado em 1951. O autor se dá conta, porém, de que a revolta, na prática, conduz ao terrorismo ou à repressão ditatorial, ambos desembocando no assassinato. Entre o suicídio e o assassinato, como encontrar a saída? Camus propõe um valor medianeiro (*une valeur médiatrice*). Para evitar as duas soluções extremas, é necessário que uma parte de realismo se insira em toda moral; a virtude pura é assassina. Por outro lado, é preciso uma parte de moral em todo realismo; o cinismo é igualmente assassino. Caberia a cada indivíduo encontrar esse valor medianeiro. Camus continua otimista e, encerrando o livro, proclama: *Au sommet de la plus haute tension va jaillir l'élan d'une droite flèche, du trait le plus dur et le plus libre.*

La Chute será escrito muitos anos depois e publicado somente em 1956. Se nos dois romances anteriores, Camus parecia admitir a possibilidade de uma consciência pacificada diante do absurdo da existência, uma possibilidade que é elaborada em *L'Homme révolté*, em *La Chute* parece, ao contrário, querer demonstrar que não existe moral confortável e que só é digno de ser homem aquele que permanece aguçado pela necessidade incontornável de escolher o próprio destino.

Li tudo o que me chegava de Camus às livrarias do Recife ou sobre o seu existencialismo e o de Sartre, estando Camus ainda por essa época identificado com o movimento do qual se dissociaria formalmente mais tarde.

Dessas leituras, penso ter-me afetado mais profundamente a de *L'Étranger*, que veio acentuar o mal-estar em que me deixara *A peste*. Como Tarrou, Mersault busca uma santidade da negação — um heroísmo sem Deus —, o homem puro, enfim. A frase é dos *Carnets*, onde Camus insiste no heroísmo silencioso de Mersault, o homem que não quer se justificar, que aceita morrer pela verdade, a verdade sendo aí não algo que se afirma. Mersault nada afirma, limita-se a responder corretamente ao que lhe é perguntado? — mas algo que é ou foi. Trata-se de uma verdade ainda negativa, escreverá no prefácio à edição americana do livro. Camus chama de imbecis aqueles que creem que a negação é um abandono, quando ela é uma escolha. Ainda uma vez, o personagem é uma máscara do autor, que, aos 20 anos, escrevera que devia aceitar a vida sem discuti-la.

Ora, essa ética que me fascinava, pela possibilidade que me dava de libertar-me de uma moral administrada pela Igreja, aparecia-me, no entanto, ao mesmo tempo demasiado fluida, sem contornos claros, e demasiado exigente, pois não permitia a trégua do arrependimento ou da absolvição.

Para nossas cabeças desorientadas, a liberdade que se nos oferecia, pela qual teríamos que abandonar nosso universo de certezas, certezas lúcidas, algumas, mas também certezas inteiramente dependentes da fé, outras, era mais terrível do que sedutora e representava, no fundo, um tremendo salto no escuro, salto que poderia ser fatal para nossas almas.

O suicídio da namorada de Mozart viera corroborar as nossas angústias. De nós, era a mais privada de fé. E, talvez, a mais honesta em querer viver aquilo em que acreditava. Matou-se com um tiro na testa, numa praia deserta de Olinda. A voz pequena e mesquinha das comadres e tias atribuía a responsabilidade pelo ato a Mozart, que a teria introduzido nos traiçoeiros e pecaminosos caminhos do existencialismo. O termo carregou-se, assim, de exacerbadas reverberações emocionais que vinham somar-se à imagem vulgar derivada da maneira pela qual a mídia (a horrorosa palavra não existia ainda) difundia nos subúrbios da cultura europeia as manifestações exteriores do movimento: estudantes desgrenhados ouvindo Juliette Greco nas caves enfumaçadas do Quartier Latin, entregando-se a prazeres sexuais promíscuos, gozando irresponsavelmente o momento presente, sem códigos morais reconhecíveis. Chiquita Bacana era o protótipo tupiniquim. Ainda estávamos longe do movimento *hippie*, derivação laica e extremada do que hoje nos parece inocente naquela mocidade inebriada, com medo da morte, no após Hiroxima.

Quando pela primeira vez fui a Paris, e quase como quem visita lugares santos, procurei o Café de Flore, postei-me diante do apartamento de Sartre, na rue Bonaparte, esperando o privilégio de vê-lo assomar à janela, andei pelos bulevares e pelas caves que haviam sido e já não eram tanto o cenário que por anos havia atraído as atenções da juventude de todo o mundo. Mas meu interesse era estéril, mais intelectual do que visceral. Presente ainda dentro de mim estava o menino agarrado à mão do anjo protetor que me afastava das ciladas do demônio e me conduzia para os redis dos bem-pensantes. E assim é que, meses depois, fechando o ciclo de minhas viagens de aprendizado pela Europa, não foi ao Foyer Sainte Geneviève e aos estudantes franceses que me dirigi, mas a Saulchoir, onde fui procurar paz e lugar para meditação. Disso falarei depois.

Sartre

Os romances de Sartre, ainda que bem-escritos, tendiam a esconder menos as teses filosóficas do autor. Por vezes, sua formulação aforística gerava frases que se tornaram verdadeiros clichês. Quem não se recorda de *l'enfer c'est les autres*, de *Huis clos*? Desde que desapareçam os artifícios da má-fé que sustenta a vida social, que nos desprendamos da inautenticidade que caracteriza a hipocrisia do quotidiano, tornamo-nos, inescapavelmente, os carrascos uns dos outros. Em *Les Mains sales*, Sartre defronta o idealista que procura na ação a justificativa para sua existência e o revolucionário militante que busca antes de tudo a eficácia da ação em termos de uma meta que lhe é externa, não hesitando em sujar as mãos nesse trabalho, como que demonstrando a inanidade de um projeto moral. (Em outro contexto, Sartre chega a chamar a violência stalinista de "humanismo proletário"!) Em *Les Jeux sont faits*, é a demonstração da irreversibilidade do tempo que torna irrecuperáveis as escolhas passadas. Ou, dito de outra forma, o caráter determinante de cada escolha, que não faz possível ser a existência uma mera sucessão de "agoras". *La Nausée* será o mais explícito comentário literário de uma tese filosófica sartriana. Uma náusea discreta e insuperável revela perpetuamente o meu corpo à minha consciência, escreve Sartre em sua linguagem inconfundível em *L'Être et le néant*. E é essa presença insuperável e inseparável de um tédio asqueroso que perturba a consciência do homem que se apercebe de sua solidão e do absurdo da existência. Uma náusea que escapa ao *salaud*, o burguês orgulhoso e acomodado no sucesso material e social e que, na sua inconsciência, concede a si mesmo julgar-se um ser moral.

Não ia muito além desses livros o que eu conhecia de Sartre naqueles anos tumultuosos de minha formação. E cedo desisti de ir mais longe. Não consegui aceitar, até por razões estéticas, a mata selvagem do vocabulário sartriano, como me senti no mais denso nevoeiro, mais tarde, quando buscava em vão penetrar em *L'Être et le temps*, de Heidegger. Já as manifestações literárias do existencialismo, fossem, na época, as novelas de Camus ou, em seguida, o teatro de Sartre (*Le Diable et le bon Dieu*, *Huis clos*), ou, mais tarde ainda, a prosa sedutora de Kierkegaard ou os aforismos de Nietzsche, vieram a exercer sobre mim um duradouro impacto. Os grossos volumes dos corifeus doutrinários, doei-os mais tarde, quase intactos, à Biblioteca Nacional no Rio de Janeiro. E alguns romances, também. Guardei de Sartre *Les mots*, que li quando saiu, estando eu por umas semanas em Genebra, sentado à beira do lago Léman, com enorme prazer literário e estético.

Comparando os escritos literários de Camus aos de Sartre, é fácil acreditar quanto os dois homens estavam separados. Da pena de Sartre não poderia surgir o final de *La Peste*, nem o de *Le Mythe de Sisyphe*, nem todas as páginas do poema em prosa que é *Noces à Tipasa*, a sensualidade das descrições da presença do sol e da água nos corpos jovens de *L'Étranger*, ou o noturno banho de mar regenerador de Rieux e Tarrou em *La Peste*. Sartre sabia o que queria dizer e o dizia sem tergiversar. Já

Camus dizia, na sua última entrevista concedida, pouco antes de morrer, que não falava em nome de ninguém, pois tinha dificuldade de falar em seu próprio nome. "Não sou o guia de ninguém. Não sei, ou mal sei, aonde vou." E se sentia culpado por não saber. Uma frase do narrador Jean-Baptiste Clamance, em *La Chute*, revela melhor do que mil páginas a fonte profunda dos sentimentos ambíguos do autor: "Compreendi então, mergulhando na minha memória, que a modéstia me havia auxiliado a brilhar, a humildade a conquistar, e a virtude a oprimir ... e obter, com demonstrações de desprendimento, tudo o que eu cobiçava." Numa carta de abril de 1959, a ele dirigida, seu antigo professor Louis Germain referia-se ao "pudor instintivo" do jovem aluno. Bem ao contrário, Sartre, ainda em 1975, dizia, sem qualquer pudor: "Nunca me senti culpado, e não sou culpado."

Nunca consegui superar certa aversão a Sartre, uma espécie de desconfiança instintiva de que havia nele algo de histrionismo, de que sua sinceridade era ensaiada.

Conclusão sobre o existencialismo

Com essas leituras e a ajuda de alguns livros introdutórios, aos poucos, algo parecido com uma filosofia foi-me aparecendo. Uma filosofia que se negava como tal, mas que tinha os contornos de um pensamento significante. Parecia querer dizer que o papel da filosofia não é conhecer a verdade, pois ela é inapropriável, mas habilitar-nos a manter certa atitude, que consistia, essencialmente, em estar alerta para o concreto durante o percurso que é a vida, percurso de fim indefinido, cujo destino deveríamos, no entanto, constantemente sondar, reavaliar, mesmo sem a esperança de decifrar, pois a verdade é inefável. O ser só se revela de forma incompleta, parcial. Sendo assim impossível nos apropriarmos de sua essência, de sua totalidade, não nos sobra senão perseverar na busca com o máximo de intensidade. A isso se chama ser autêntico. A filosofia não começa, pois, com uma aquisição, mas com uma metanoia, uma conversão, como na religião. Esta última frase não é minha. É de Emanuel Mounier.

A palavra "conversão" surgia em minha frente, e, associada a ela, a ideia de risco e de opção. Uma espécie de nova aposta pascaliana. Esta me pedia o menor risco. A opção existencialista me pedia o maior. Para Pascal, a troco de acreditar na contingência original do ato criador, na queda do homem e na encarnação redentora, eu me garantia evitar as penas eternas, se elas existissem. A opção existencialista era a de aceitar não o mistério, mas o absurdo da vida. Vivemos para a morte, e toda a vida é um malogro. O homem é um ser para a morte, isolado, incomunicável. Sua condição natural é o desespero, a falta de esperança.

Gabriel Marcel, sem minimizar o trágico da existência, procura resgatar o valor da esperança. Para ele, o otimista, como o desesperado, é aquele que conta. O inventariável é o espaço do desespero. A esperança, ao contrário, é tanto mais autêntica quanto mais se recusa a imaginar a substância da coisa esperada. Recusa-se a calcular possibilidades. É uma aventura aberta. Viver intensamente é assumir uma direção completamente oposta àquela para onde arrasta o desejo. É expor-se, escolher, assumir, ultrapassar. Podemos sempre optar entre a vida autêntica e a vida não autêntica. O estado do hesitante é o da má-fé, e a sua sensação, a da náusea.

Tudo isso nos dá um quadro de reflexão ontológica, mas onde ficam as escoras éticas? O próprio Sartre diz que todo esse palavrório não tem valor moral. Aparentemente, teríamos que recorrer a Kierkegaard para encontrar uma diretriz nesse sentido. O importante, diz o filósofo dinamarquês, não é escolher entre o bem e o mal, mas escolher querer. Ao fazê-lo, abre-se a possibilidade de que a escolha seja do bem, onde antes só existia a indiferença.

Mas, o que é o bem? Se o homem é livre, como impedir que sua liberdade seja arbitrária? Sartre elabora uma teoria do "outro" para oferecer algum tipo de fundamentação moral. Diante do outro, eu deixo de ser apenas um ser-para-si e me torno, também, um ser-para-o-outro. Essa dinâmica cria um sistema de relações que, a rigor, constitui um sistema ético. Não é Sartre que o diz assim. É como eu o entendia.

Tudo isso era muito novo e me desestabilizava de uma maneira insuportável. Via inequívocos valores nessa nuvem de conceitos que eu não conseguia organizar de modo racional, o que, de todas as maneiras, não poderia, por definição, levar a efeito. Mas não conseguia derivar das novas ideias o indispensável para estabelecer-me uma ética pessoal segura que viesse substituir a ética cristã em frangalhos.

Fiquei por aí, e se é verdade que ainda me esforcei, nos anos subsequentes, por aprofundar-me no conhecimento do existencialismo, tentando ler não só as obras fundamentais de Sartre e Heidegger e recorrendo às explicações de Gabriel Marcel, Régis Jolivet, William Barrett, Hazel E. Barnes e tantos outros, até Lukács (*Existentialisme ou marxisme?*), nunca cheguei a considerar adquiridas as ideias existencialistas.

A impressão que me dava é que, por esse caminho, jamais conseguiria elaborar para mim mesmo um sistema ético que me satisfizesse, que justificasse uma escolha do que eu pudesse caracterizar como o bem e o esforço necessário para alcançá-lo, que, sendo válido para mim, o fosse, igualmente, para todos os homens. Talvez a novidade implícita no que se poderia considerar uma ética existencialista estivesse no fato de que ela exigia o engajamento total do indivíduo na escolha que fizesse, na noção de compromisso que, no fundo, era um compromisso do indivíduo consigo mesmo, e não com uma ordem que lhe fosse externa. Esse compromisso se revelaria apenas internamente, perante a própria consciência. Ao contrário do que ocorria com a ética formal, a que se havia reduzido a moral católica, tal como ensinada e praticada no colégio jesuíta onde me educara e nos meios religiosos que eu frequentava, que exigia apenas a conformidade do ato com a regra, o que os existencialistas pareciam estar dizendo é que, sem a conformidade do ato com a vontade e a consciência, não estaríamos perfazendo uma ação ética. Na assustadora terminologia sartriana, estaríamos sendo "nojentos" (*salauds*), por mais que, objetivamente, fosse útil ou necessária socialmente a nossa ação. Eu tinha que saber o que estava escolhendo, e por que o fazia, uma avaliação que envolvia a totalidade de minha existência, na medida em que, a cada momento, era um ser inserido num *continuus* existencial que envolvia meu passado e meu futuro, e tinha que me engajar na escolha feita, assumindo todas as responsabilidades a ela inerentes. Essas conclusões foram importantes para a própria decisão que em breve viria tomar de aceitar, honestamente, as consequências de meu afastamento da Igreja, coerentemente com o desaparecimento da fé.

Deus III

Numa ida ao Rio de Janeiro, encontrei na livraria Leonardo da Vinci, a essa época ainda no 18º andar do edifício Delamare, na avenida Presidente Vargas, uma edição compacta da Suma Teológica de São Tomás de Aquino, seleção feita pelo jesuíta Ismael Quiles para a Colección Austral, da Espasa-Calpe, um trabalho sério, onde, de maneira criteriosa, estão expostas as ideias mais representativas do pensamento do teólogo máximo da Igreja.

Tomei conhecimento, só então, dos argumentos com os quais o doutor Angélico apresentava as cinco provas da existência de Deus: a do movimento, a da causa eficiente, a da necessidade, a dos graus da perfeição e a do governo do mundo. Pela primeira, diz o sábio, podemos observar que tudo que se move é resultado de um ato que transforma em outro ato a potência de movimento nele existente. Deve, portanto, haver um primeiro ato puro, sem qualquer potência, pois se esta nele houvesse, teria sido necessário um ato anterior para atualizá-lo. O primeiro motor é, portanto, ato puro, e esse ato puro é Deus. A segunda prova é, no fundo, outra maneira de expor a mesma ideia. Diz São Tomás que nas coisas sensíveis verificamos sempre existir uma relação de causa e efeito. Todo efeito deriva de uma causa que ele chama de eficiente. Podemos, assim, remontar de efeito a causa indefinidamente, mas em algum ponto chegamos a uma causa primeira que não é o efeito de nenhuma causa anterior. E essa causa primeira é Deus. A terceira prova, mais difícil de resumir, diz essencialmente que, não podendo os seres se tornar possíveis partindo do não ser, do nada, é imprescindível que exista um ser necessário que dê origem aos outros seres possíveis. E esse ser necessário é Deus. O quarto argumento parte da constatação de que de tudo que existe admitimos que há graus de comparação com um ideal mais elevado. Assim, uma coisa será tanto mais quente quanto mais se aproxime do que seria a perfeição do calor. O mesmo aplicaríamos ao belo, ao nobre etc. Existe, portanto, a perfeição de qualquer qualidade. Deus é a perfeição absoluta de todas as qualidades. O quinto argumento é o do governo do mundo. Percebemos que tudo no mundo obedece a leis naturais. Deus é o ordenador de todas essas leis.

Fácil é verificar que todos esses argumentos têm uma base mecanicista e que esse ponto de origem de todos os mecanismos e de todas as perfeições, admissível racionalmente, nada tem a ver, necessariamente, com os atributos com que é apresentado, ou representado, teologicamente, de onipotência, onisciência, onipresença, bondade, amor e justiça supremos. Usando o próprio argumento de São Tomás, se perfeição é o grau supremo de uma qualidade, e se Deus é a perfeição de todas as qualidades, ele seria, também, a perfeição do mal, da injustiça, de todas as qualidades negativas.

São Tomás oferece uma resposta a essa contestação que não faz mais do que refletir a natureza antropomórfica de todo o seu raciocínio. Diz ele: o primeiro movimento da vontade e de qualquer virtude apetitiva é para o bem. O apetite pode dirigir-se ao bem ou ao mal, mas é o bem que representa o objeto principal e direto da vontade, enquanto que o mal é objeto secundário ou indireto, pois só pode ser entendido como uma contraposição ao bem que a ele, portanto, preexiste. O argumento se generaliza, por esse raciocínio, a todas as qualidades negativas. Deus só pode conter em si mesmo, portanto, o absoluto das qualidades positivas.

Ora, de onde deduz o filósofo que "o primeiro movimento da vontade e de qualquer virtude apetitiva é para o bem", pois aquela causa primeira, tão bem por ele demonstrada, não detém, necessariamente, pelos argumentos apresentados, faculdade volitiva ou virtude apetitiva. Vontade e apetite estão relacionados a desejo e a capacidade de transformação, algo, portanto, que pode significar alteração voluntária na cadeia de causa e efeito que procede da causa primeira. A resposta está no dom gratuito do livre-arbítrio feito pelo Criador à sua criatura humana. Isto é já uma outra história. Engenhosas como fossem as cinco provas tomistas, de nada serviam para apaziguar minhas dúvidas, que se concentravam menos nas provas de existência de Deus do que nas consequências para os seres humanos de havê-los criado e de a eles haver atribuído uma liberdade que, se plenamente usada, poderia conduzi-los à eterna danação.

Preocupados com minha salvação, meus tutores eclesiásticos apelavam para que eu me submetesse, pelo menos, à aposta pascaliana. Mas eu achava covardia agarrar-me a uma boia de salvação na previsão de um imaginário e improvável naufrágio.

Em face da aposta de Pascal, poderia colocar o *jemenfichisme* de Voltaire ou a inanidade do *in utrumque paratus* de Renan.

No fim da vida, Voltaire reconhecia a um amigo não dar mais qualquer valor às querelas filosóficas e teológicas em que se debatera a Genebra de seu tempo. Olhava para o mundo como uma farsa, mesmo quando os fatos conduziam a tragédias, como às vezes ocorria. Tudo se equivaleria ao chegar ao final do dia, e mais ainda quando todos os dias houvessem terminado.

Para Renan, havia muitas chances de que o mundo não fosse mais do que uma pantomima da qual nenhum deus seria o mestre. Devíamos, pois, nos arranjar de modo que, estivéssemos preparados para qualquer das hipóteses. Se, na verdade, o mundo não fosse nada sério, seriam os dogmáticos aqueles que teriam sido, realmente, os iludidos, e aqueles que os sérios teólogos tivessem chamado de frívolos, os que teriam sido realmente os sábios. Encarar a vida com bom humor e ironia seria, assim, a melhor maneira de escapar do dilema. Deixemos, pois, o Eterno saber que, se aceitamos a fraude, o fazemos sabendo e querendo. Resignemo-nos de antemão a perder os juros de nosso investimento na virtude, mas nos recusemos ao ridículo de acreditar neles como favas contadas.

Dogmas

A ideia de que o cristianismo, ou o catolicismo da Igreja, era o resultado de uma evolução, como qualquer outra concepção do mundo, da vida, da História, me aparecia cada vez mais evidente à medida que me dava conta de que certas "verdades" absolutas da fé haviam sido estabelecidas historicamente, e não na forma de revelações divinas consolidadas nas escrituras sagradas. Se a ciência natural progredia, se reformava o acervo do conhecimento humano, se o contradizia, sempre que novas descobertas invalidavam teorias anteriores, por que não, também, a "ciência" espiritual, o conhecimento das coisas divinas? A doutrina da fé elaborada por um teólogo primitivo tem suficiente razão para ser considerada verdadeira e imutável se é lícito imaginar ter sido ela o possível resultado de um esforço intelectual limitado pelo estado dos conhecimentos de seu formulador e de sua época?

Não quero polemizar, nem encher estas páginas com reflexões posteriores às que me podem ter ocorrido na juventude e vieram, com o tempo, reconfirmar-me quanto ao caráter precário de tantas verdades absolutas proclamadas pela Igreja, pela voz autorizada de seus Papas, Doutores e Padres. Sem recorrer àquelas que a ciência demoliu ao longo da História, cito apenas um exemplo de como a inserção num contexto particular espacial e temporal pode levar pessoas tidas como teólogos respeitados a dizer sandices que em nosso tempo não podem ser levadas a sério. Tomo o caso da argumentação com que Irineu, padre da Igreja do século II, cujas ideias contribuíram para a consolidação de dogmas como os da Santíssima Trindade, da Eucaristia, da ressurreição da carne, da virgindade de Maria e do primado do bispo de Roma, "prova" que os evangelhos canônicos não poderiam ser nem mais nem menos do que quatro, pois, "assim como são quatro as regiões do universo, e quatro os principais ventos" e o profeta Ezequiel afirma que o trono de Deus era sustentado por quatro criaturas divinas, a Igreja requer somente quatro pilares para suportar a palavra de Deus, os evangelhos de Mateus, Marcos, Lucas e João. Evangelhos esses cuja aceitação como verdades reveladas é "essencial" para se ter a qualidade de cristão, conforme dispõe o *Catecismo da Igreja Católica* (1209). Tal tipo de argumentação analógica pode ser encontrado ao longo de toda a história da teologia e da homilética cristã e atinge mesmo os escritores leigos, dos quais menciono apenas a fantasiosa interpretação que fornece do Cântico dos Cânticos o escritor francês Paul Claudel. Mas permito-me dar mais um exemplo paradigmático, este tirado nada menos do que de Santo Agostinho, quando especula seja no quadragésimo sétimo dia da concepção que Deus atribua alma ao feto; porquanto, foram necessários 47 anos para a construção do Templo de Jerusalém!

Eu não ignorava que cabia à Igreja "atualizar" a Revelação. Mas não implicaria essa missão rever interpretações tidas como pétreas dos livros sagrados, fixadas em épocas remotas por filósofos-teólogos inseridos em um universo limitado de conhecimentos e um clima cultural tornado obsoleto? Ora, o mais superficial exame de como a Igreja desempenhou esse papel mostra, ao contrário, como ela enrijeceu o cânone, elaborando uma ortodoxia baseada em dogmas progressivamente inaugurados, que requerem, no entanto, do "povo cristão" uma imediata e plena "adesão irrevogável de fé", nas palavras do catecismo da Igreja Católica.

Embaraçava-me descobrir que o Credo, o símbolo da fé, súmula dos artigos cuja adesão constitui a condição *sine qua non* da salvação, aguardara três séculos para ser definido. Que o dogma da Trindade, que só começa a se fixar com Tertuliano no século III, e encontra guarida no Credo niceano em 325, esperará ainda mais dez séculos para a oficialização de sua comemoração litúrgica, o que só ocorre em 1334, com João XXII, no exílio de Avignon. Que o dogma essencial da transubstanciação só será formulado pelo Concílio de Latrão, em 1215, e esperará o de Trento, em 1551, para ser reconfirmado. Que o da imaculada conceição data de 1845, mais de 18 séculos após a natividade. Que o da infalibilidade papal remonta apenas ao Concílio Vaticano I, em 1870, um concílio de cartas marcadas, convocado pelo papa Pio IX para fortalecer politicamente o poder secular da Igreja. Ou que o da assunção de Maria data de 1950!

E antes disso tudo, de cada uma dessas definições? Podia Deus privar o homem de verdades tão essenciais para a sua salvação e deixá-lo desamparado na sua fé? Se são as escrituras o fundamento da doutrina, e é a Igreja a fiadora do cânone e a portadora da Revelação, como se explica a demora na transmissão de verdades tão fundamentais e eternas? Eu já tinha 21 anos quando, de um dia para outro, passei a ter que acreditar na assunção de Maria, sob pena de, se então morresse sem dela haver-me convencido, ir direto para o inferno!

Aliás, os dogmas relacionados a Maria têm, quando menos, uma curiosa história, e a ela não pode ser estranha a inexistência quase total de dados e informações sobre a vida de Maria, tanto antes quanto durante e depois da vida pública de Jesus. Tudo a ela relacionado, e que foi pertinente para a elaboração dos dogmas marianos, é o resultado exclusivo de especulações teológicas. Assim, passaram-se quatro séculos antes de ser reconhecida em Éfeso (431) a maternidade divina de Maria, embora já fosse ela cultuada como mãe de Jesus, portanto do Cristo, o Messias, que, em virtude do dogma trinitário, já oficialmente reconhecido desde Niceia (325), era Deus em uma de suas hipóstases. Ora, sendo mãe de Deus, na pessoa do Filho, ao ser proclamada *theotokos* era reconhecida como mãe de Deus em sua unidade trinitária, portanto mãe de Deus Pai, de Deus Filho e de Deus Espírito Santo. Levando o raciocínio às suas últimas consequências, era mãe, também, de Iahweh, o Deus de Abraão, reconhecido pela Igreja Católica, herdeira do Antigo Testamento, como o único e verdadeiro Deus. Nem deixa de chamar a atenção, também o fato de que Éfeso era a sede do culto a Cibeles, a deusa-mãe frígia, e tinha, como deusa intercessora e protetora da cidade, Artemísia, venerada por sua virgindade perpétua, para cuja comemoração estava reservado o mês de maio. Mais um caso, ou uma coincidência, de ritos e mitos da Igreja estruturados sobre os fundamentos de anteriores cultos pagãos.

É claro que minhas indagações não vinham apoiadas pelo aparato erudito com que ora as descrevo. Tinham uma formatação bem simples, que se resumia em estranhar a acumulação persistente pela Igreja de novos dogmas, sem base escritural, a terem que ser imediatamente reconhecidos e aceitos como verdades absolutas.

Diplomata

Paguei caro minha intolerância com os outros e comigo mesmo.

Escolhemos nós os nossos caminhos ou formam-se eles do azar de um encontro, de uma palavra ouvida, de uma inflexão nas nossas vidas causada por uma decisão de momento, uma escolha aparentemente fugaz e sem consequências que depois nos conduz por inesperados e definitivos rumos?

Assim me tornei diplomata. Em que momento exato dei o primeiro passo nessa direção, não saberia detectar. Quando, menino ainda, nossa modesta casa de Olinda se transfigurou pela presença expansiva e sorridente de um amigo de mamãe que se apresentava como adido da embaixada do Brasil no Japão? Na verdade, devia ele ser o que se chamava, na época, auxiliar contratado, e estava de férias no Brasil. Tinha os cabelos engomados, um terno impecavelmente cortado e passado, uma gravata abundante, e usava palavras inéditas que soavam mágicas no acanhado recanto da nossa sala de visitas de repente luminosa e habitada pelos estranhos seres e as fabulosas paisagens que fluíam da boca do ilustre visitante. Pode ter sido aí. Essa manhã foi uma das minhas revelações. Minha imaginação corria ao encalço das palavras do emissário etéreo, ouvindo-o falar do Oriente, palavra cheia de imagens e perfumes.

De repente, o mundo dos livros no qual vivia a maior parte de minhas horas se fazia concreto, tomava forma com palavras presentes, deixava o nimbo das paisagens construídas com os meus sonhos.

Ou terá sido muito mais tarde, já na faculdade de direito, quando, depois da adesão intelectual suscitada pelo estudo da filosofia do direito, a única matéria que conseguiu me atrair, e aí se tratava de uma adesão a um tempo intelectual e moral, foi o direito internacional público, pelas janelas que abria para a utopia, fazendo-me retomar os antigos sonhos da adolescência provocados pela leitura de *A paz perpétua* de Kant? Ainda não sabia o que a palavra "diplomata" queria dizer. Mas percebia que tinha a ver com a construção quotidiana daquela desejada arquitetura de compreensão internacional conducente à aspirada paz entre as nações. É preciso lembrar que poucos anos nos separavam de Hiroxima e entrávamos em plena vigência da guerra fria.

O primeiro elo material da cadeia que me conduziu já inexoravelmente à carreira foi um anúncio do curso de verão de 1950 da Academia de Direito Internacional da Haia, pregado no quadro de avisos da faculdade. Naquela época, a divulgação de tal aviso era perfeitamente inócua. Era inconcebível a possibilidade de algum aluno da Faculdade de Direito do Recife viajar à Europa com recursos próprios para um curso daquela natureza, e as viagens patrocinadas, as "embaixadas", como então eram chamadas as excursões coletivas de estudantes, financiadas pelo erário público, ocorriam apenas para visitas organizadas ao sul do país, ligadas a algum pretexto acadêmico ou político. Para o exterior não se viajava.

Convenci o Diretório Acadêmico da importância, em termos de prestígio para a faculdade, de enviar um estagiário ao já famoso curso. Que biblioteca universitária não dispunha da coleção completa do *Recueil des cours de l'Académie de Droit International de la Haye*, em grossos volumes que disputavam nas estantes com o visual da *Enciclopédia Espasa-Calpe*? E, para justificar o alto significado que considerava ser apropriado atribuir ao evento, propus que a designação do beneficiário da bolsa de estudos resultasse da aprovação num concurso *ad hoc*, cujo objetivo seria comprovar a capacidade de aproveitar o estágio, tendo por base os conhecimentos acadêmicos e o domínio das línguas em que os cursos seriam proferidos, a francesa e a inglesa. Como contribuição voluntária para o exame da proposta, apresentei um projeto de regulamento de tal rigor, que mais parecia tratar-se de um concurso para catedrático. Os candidatos teriam que apresentar uma tese sobre tema relacionado ao direito internacional e defendê-la perante uma banca constituída por três professores da faculdade. Devo confessar que as exigências do edital tinham como real intenção afastar qualquer eventual concorrente. Sabia não haver em toda a faculdade outro aluno mais interessado na matéria e mais nela preparado do que eu.

Meu projeto foi aceito, e em poucos dias era lançado o edital. Entre este e o concurso não mediavam mais do que quatro meses. Pelas razões expostas, acreditei que seria o único candidato, e, portanto, o vencedor inconteste. Mesmo assim, apliquei-me na preparação de uma tese sobre o tema abstruso "É o direito internacional público um ramo autônomo da ciência do direito?" Não fui o único candidato, porém. Habilitou-se meu colega de turma Oliveiros Lessa Litrento, o que foi excelente. A participação de um concorrente legitimou a minha vitória. Parti para a Holanda e, talvez, com isso, para tudo o mais que foi e é a minha vida. Cinquenta anos depois, sendo eu presidente do PEN Clube do Brasil, no Rio de Janeiro, encontrei Litrento como presidente da Academia Brasileira de Ciências Morais e Jurídicas.

Ser diplomata significou um penoso e persistente aprendizado de linguagem e de atitudes que alterou, fundamentalmente, o projeto de comportamento social que me propusera nos árduos anos de combate interior da adolescência. Triunfei, na aparência. Mas nunca perdi, completamente, a sensação de haver passado pela vida como ator, mais que autor, e a incômoda rememoração de uma aspiração outrora dominante de unidade e de transparência para sempre negadas.

Eu, pecador, me confesso a Deus...

Pouco antes de minha partida para a Europa, vivi uma experiência que foi de enorme importância para o subsequente encaminhamento da minha crise espiritual. Ainda hesitante entre a preservação das práticas litúrgicas essenciais, para continuar a dar chance à ação da graça, e a renúncia a elas, em nome de uma coerência que considerava uma exigência ética, quis assegurar-me da autenticidade de minhas inquietações e atitudes. Havia meses não participava da comunhão eucarística, porque me recusava a submeter-me à condição prévia de me confessar.

A busca de um diretor espiritual, de que antes falei, já indicava quão forte em mim era a desilusão com a prática da confissão auricular. Não tinha essa desilusão o sentido profundo que veio a adquirir depois com a convicção de que tal prática era mais uma maquinação da Igreja para assegurar seu poder temporal sobre os fiéis. Como interpretar de outra forma a exigência de que as confissões fossem feitas ao cura paroquial, e a outros padres só com a permissão expressa daquele, preceito que figura no cânone 21 do IV Concílio de Latrão? Tampouco sabia que nada nas escrituras sagradas amparava sua instituição como sacramento, tardia, aliás, pois data do mesmo Concílio, 12 séculos após o início da Igreja organizada. Minha reserva era, por enquanto, apenas o reconhecimento de que, tal como a vivíamos, não passava a confissão de um procedimento ritual do qual se desincumbiam ambas as partes com o sentimento de obedecer a uma obstinada mas caduca rotina.

Propositadamente ou não, éramos deixados na ignorância dos mais elementares fundamentos da confissão. Assim, por exemplo, em nenhum momento da catequização foi-nos esclarecido que a confissão só era um requerimento essencial para o restabelecimento pleno da comunhão com Deus e a sua Igreja para o caso dos pecados mortais, aqueles que diziam respeito a matéria grave e que fossem cometidos com pleno conhecimento e plena vontade. Todo o problema residia em definir o que fosse matéria grave, e o melhor guia para isso era a releitura dos dez mandamentos. A confissão dos pecados veniais, as chamadas faltas quotidianas, foi apenas "recomendada" pelo Concílio de Trento, três séculos depois. Em consequência, quase toda a energia despendida pelos confessores e o constantemente renovado incômodo que afligia os que se aproximavam do confessionário eram, no fundo, desnecessários. A banalidade da maior parte de nossos pecados era o que causava o tédio dos confessores e a superficialidade das penitências.

A fim de escapar à litania da recitação dos usuais pecados veniais e sair do confessionário habilitado para a eucaristia, procurei variar de confessor. O que significava, também, variar de confessionário, o que não é dizer pouco. Desprendiam estes um odor típico que podia ser atribuído ao suor dos pobres frades submetidos ao calor concentrado nos cubículos em que ficavam enjaulados, mas até, quem sabe, ao que deixavam nas grades os pecadores que frente a elas se ajoelhavam. Não dizia São Pacômio que detectava um herege pelo cheiro, e Santa Catarina, os pecadores pelo odor, e Santo Hilário, que, pela emanação que desprendiam, era possível até mesmo saber a natureza do pecado que portavam?

Eu já não buscava um diretor espiritual, o que, em realidade, não era para ser encontrado nos confessionários. Nesses, a operação requerida era a purgação do presumido pecador, além do ministério da absolvição. Fui de porta em porta, dos jesuítas aos beneditinos, destes aos capuchinhos, aos franciscanos. Nada mudava fundamentalmente. De minha parte, era sempre o mal-estar de ter que apresentar como culpas atos de minha intimidade pelos quais a consciência só me acusava de estar contrariando prescrições arbitrárias da Igreja, e não de estar produzindo enormes contrariedades a Deus. Do lado dos confessores, o sonolento ou irritadiço cansaço antes de formularem a absolvição e prescreverem as penalidades correspondentes, conforme estivessem hipnotizados pela monotonia das esperadas confissões ou entediados com a falta de originalidade dos pecados que escutavam.

Mas tinha que confessar-me. Fazia-me falta a eucaristia, e a confissão era um requisito obrigatório.

Um domingo, pouco antes de minha partida para a Europa, fui à missa na capela da Ordem Terceira de São Francisco, no Recife. Estava repleta, como costumavam estar as igrejas nas missas dominicais naquela época. Eu queria comungar, e uma voz interior me interditava de aproximar-me da mesa eucarística sem passar primeiro pela cerimônia de lavação da minha alma.

Perto da entrada da capela, um confessionário de emergência estava em funcionamento enquanto ocorria a celebração da missa. De cada lado, algumas mulheres esperavam a vez de serem atendidas. (Para os mais jovens, que desconheçam o móvel, o confessionário era um cubículo fechado, de madeira, com pequenas aberturas gradeadas de cada lado, à altura da cabeça do penitente ajoelhado, grades que reduziam a visão recíproca de pecador e confessor. Este alternava as escutas achegando o ouvido a um ou outro lado, podendo, com isso, mudar de posição para descansar o corpo e evitar torcicolos.) Pus-me numa das filas. Chegada minha vez, vi que o confessor era um frade que conhecia de vista já de algum tempo. Jovem, com a tonsura loura, inevitavelmente alemão. Era o mais moço confessor diante de quem me apresentava. Tive a sensação imediata de que algo diferente estaria por ocorrer. Meus confessores até então tinham sido homens idosos, graves, face aos quais eu experimentava o respeito devido à idade que tinham e que, supostamente, os tornava depositários de, pelo menos, uma longa experiência das fraquezas humanas. Era de esperar fossem, se não mais sábios e inteligentes, ao menos mais compreensivos e tolerantes, porque cansados. Nesse frade, de andar enérgico e semblante sisudo, como já o tinha visto muitas vezes, não sabia o que iria encontrar.

Comecei mal, talvez, dizendo que não me sentia pecador ao falar-lhe das faltas que havia cometido e que a praxe me obrigava a declarar para poder receber a comunhão. Esse intróito, obviamente, despertou o frade de qualquer letargia que o tivesse feito recostar-se comodamente no espaldar de seu trono escondido. Desencostou-se bruscamente e aproximou o rosto da grade do confessionário como se quisesse ver minhas feições. O que se seguiu foi rápido e encrespado. Disse-me que não podia ouvir-me se minha intenção não era contar-lhe os meus pecados, reconhecer-me culpado e humildemente implorar o perdão divino para poder, por seu intermédio, receber a absolvição por minhas faltas. Tentei argumentar, mas sua impaciência e irritação eram crescentes. Acho que não queria perder o tempo comigo, sobretudo porque havia outras almas na fila, e a hora da comunhão se aproximava. Quando, alteando a voz, disse-me não podermos continuar aquele diálogo, levantei-me e afastei-me do confessionário sem contestá-lo. Voltei ao meu lugar e ajoelhei-me, sem saber o que pensar de mim e o que dizer ao Deus que supostamente me observava das alturas. Não comunguei. Nem voltei jamais a confessar-me.

A VIAGEM À EUROPA

Nenhum avião contemporâneo me deu jamais a impressão de grandeza, de dimensões inimagináveis, do que o Constellation da Air France em que embarquei às 11 horas da noite daquele sábado, no aeroporto dos Guararapes (já tinha esse nome?), em direção a Paris. Até então, só vira de perto os DC3 da FAB, da NAB ou da Panair do Brasil, em que havia feito as poucas viagens aéreas que me haviam levado ao Rio de Janeiro.

Partia como um descobridor, com cartas de navegação marcadas, é verdade, mas sabendo que iria caminhar de surpresa em surpresa, de emoção em emoção. E a primeira se deu ali mesmo, antes de começar a viagem. Ao apresentar-me ao balcão de embarque, fui convidado pela despachante da Air France a acompanhá-la à sala VIP a fim de ser apresentado como "um jovem intelectual pernambucano que vai estudar na Europa" a André Maurois, que, procedendo de São Paulo, viajava com a esposa no mesmo avião. Como só chegaríamos a Paris à primeira hora da segunda-feira (assim era a duração do voo naqueles tempos), depois de duas longas paradas, uma em Dacar e a outra em Madri, tive a oportunidade de entreter-me com o escritor francês nas três ocasiões em que estivemos em terra, o que, sem a ele ter dado qualquer benefício, a não ser o de ter alguém com quem falar, a mim me deu a ilusão de haver penetrado de chofre na plenitude do mundo cultural francês.

PARIS I

Ver Paris do alto, como um cofre de pirata aberto, rutilante de pedras preciosas, naquela meia-noite em que começou nossa descida para o aeroporto de Orly, foi, até então, a mais forte das minhas emoções. Uma hora depois, o ônibus que me levava ao Hotel Parc Monceau, onde a Air France me oferecia dois pernoites gratuitos antes de continuar a viagem para Amsterdã, desembocava na Étoile, diante do arco monumental, misterioso, tenebroso, majestoso na sua imensidão escura. Mesmo cansado, não consegui dormir, e às seis horas da manhã levantei-me para o ansiado encontro com a cidade. Quando, 12 horas depois, regressei ao hotel para receber a visita de um amigo do Recife, o Dr. Rui João Marques, que fazia um curso de especialização na capital francesa e vinha oferecer-se para me ciceronear, eu já havia estado em todos os lugares que ele se propunha fazer-me conhecer. Tivera como guia uma *midinette* que encontrara nos jardins dos Champs Elysées, perto do Rond Point, logo no começo de minha peregrinação. Chamava-se Annie, usava uma saia preta e uma blusa amarela. Carregava um pequeno embrulho. Era alta e loura, e tinha uma voz risonha. Não sei como iniciamos nossa relação. Talvez eu lhe tenha pedido alguma informação. Andamos pela cidade o dia inteiro. Lembro-me dela na Place de la Concorde, diante da Notre-Dame, no metrô, num café no *boulevard* Saint Germain. Tinha que entregar a encomenda que levava, mas ia deixando para depois. Sorriamo-nos. Eu me sentia feliz. Marcamos um encontro para o dia seguinte, no Arc du Carroussel. Eu não sabia que havia dois arcos, um de frente para o outro, embora mal se avistassem. Esperei-a no Arc du Triomphe, e nunca mais nos vimos.

Haia

Passei um mês na Haia. Morava num quarto de frente na casa de Mrs. Pöltter, uma mestiça de holandês com indonésia, em Piet Heinstraat, uma típica casa burguesa, de três andares, porão e ático, colada às outras, de igual tamanho e fachada, cuja proprietária, que vivia sozinha, era obrigada por lei a alugar os quartos excedentes, devido à penúria de habitação consequente à guerra. Mrs. Pöltter tinha por mim ternuras de avó. Achava-me magro e deu-se de vontade de me engordar. Enriquecia-me as refeições com copos de leite e nunca deixou de colocar na minha mesa de cabeceira, para quando eu regressasse à noite, um prato com pêssegos, peras ou ameixas.

Todo tempo livre, empregava-o em conhecer a cidade. Aluguei uma bicicleta e, como os holandeses de então, passei a utilizá-la em todos os meus deslocamentos, inclusive os interurbanos. Os dias eram longos, e isso me dava a possibilidade de passar horas vagando à toa, perdendo-me propositadamente pelas ruas para que o acaso decidisse aonde levar-me. Muitas vezes, ia apenas deitar-me nas dunas de Scheveningsch Bosch, que de bosque não tinha mais nada e era apenas o remanescente da *no man's land* que os alemães haviam aberto, separando Haia de Scheveningen, onde estavam as casamatas para a defesa costeira. Aguardava o pôr do sol e regressava a meu quarto quando escurecia, depois das dez horas da noite. Eram poucos os carros na Holanda. Ao fim da tarde, as ruas eram tomadas por um enxame de bicicletas em correnteza.

Algo na Haia me fazia menos estrangeiro. Havia memórias do Brasil espalhadas pela cidade. No Binnenhof, antigo parlamento, Rui Barbosa havia se destacado na Segunda Conferência Mundial da Paz, em 1907. Assim se dizia. Uma fotografia tirada na ocasião, mostrando os cento e muitos delegados, todos vestidos de preto, quase todos barbados, nenhum sem bigode, sentados imóveis olhando para a câmera, era vendida na Casa de Rui Barbosa, do Rio de Janeiro, e dela guardo cópia. De Rui, existia um retrato pintado por Portinari, minha memória me diz que sobre um fundo verde, numa das salas do Palácio da Paz, em cujo anexo tínhamos as aulas. Pedi para vê-lo. Aparentemente, era, ainda na época, algo que interessava aos turistas brasileiros e, portanto, fácil de localizar, mas já se contava como piada que algum compatriota ilustre, tendo feito a peregrinação antes de mim e procurado saber com um bedel que estivera presente à conferência o que recordava da participação de *l'aigle de la Haie*, solicitado pelo funcionário a dar mais pormenores sobre a pessoa ou a ave à qual o seu interlocutor estava se referindo, teria exclamado, ao identificar de quem se tratava: "*Ah! était-il ce petit homme qui parlait beaucoup*?"

Como pernambucano, era em Hofvijver que me sentia quase em casa. Refletido no lago urbano tranquilo, erguia-se a Mauritshuis, a casa de Maurício de Nassau, tão meu conterrâneo que quase me parecia dar o direito de na sua casa entrar sem pedir licença. Bela construção clássica, avançando a falsa fachada sobre o manto de água, a Maurithuis era agora um museu onde das lembranças do Brasil sobravam apenas alguns materiais da sua construção e um ou dois quadros de Franz Post. Mais tarde, quando trabalhei na Legação do Brasil, a convite do pernambucano Joaquim de Souza Leão, então ministro Plenipotenciário na Haia, colaborei na preparação do catálogo de uma exposição das obras do pintor a ser realizada na própria Casa de Maurício. Nesse primeiro contato, limitei-me a duas visitas, a primeira para poder caminhar sobre as mesmas tábuas corridas em que haviam pisado os pés do conde governador; a segunda, para encontrar a *Menina com um brinco de pérola*, de Vermeer, por quem havia me apaixonado desde que a vira num postal comprado num quiosque de Scheveningen.

Restam-me poucas memórias do que foram as aulas e do que se passava nas salas da academia. Éramos cerca de quinhentos estudantes de todas as partes do mundo (precisamente 316 estrangeiros e 149 holandeses, de 47 países de todos os continentes, encontro agora em minhas notas). Dos professores, alguns cujos nomes já havia visto nas capas dos livros de direito internacional, público ou privado, ou figuravam nas relações bibliográficas dos tratados nos quais eu havia estudado. Fora das horas de aula, inseparável da minha bicicleta, eu descobria um mundo novo, estranho e belo. Vagava pela cidade armazenando a beleza das fachadas, por Scheveningen, a das dunas, por Wassenaar, a dos bosques, por Delft, a dos canais, por Leyden, a dos moinhos.

Em Scheveningen, era possível ver a população em trajes típicos. As mulheres dos pescadores ainda usavam, sobre as longas vestes pretas, enormes xales de lã, igualmente pretos, de onde surgiam os braço nus. Tinham toucas brancas, engomadas e imaculadas, aos cabelos presas por longos alfinetes de prata com enormes cabeças lavradas em forma de flores. Muitas usavam esses trajes todos os dias, as mais idosas. Todas os usavam para ir ao serviço religioso nos domingos à tarde. Os homens, igualmente de preto, com calças bombachas, levavam chapéus de abas largas. Em todos, homens e mulheres, os conhecidos tamancos que chamamos holandeses. Em Hindelopen, Marken e Volendam, iria encontrar outros trajes típicos, mais coloridos e diversificados, mas tive a impressão de que nesses lugares mais remotos já estavam sendo usados apenas para o prazer dos turistas, que começavam a circular em bandos pela Europa, com as inevitáveis máquinas fotográficas, e que, em trajes alugados, faziam-se fotografar vestidos como os habitantes locais. Na mesma ocasião em que visitamos aquelas aldeias, levaram-nos também a conhecer o magnífico trabalho de contenção do mar, o monumental Asfluitdijk, um dique de 30 quilômetros de comprimento que ligava as províncias de Holanda do Norte e Frísia, e cuja extensão desaparecia no horizonte. Com ele, a Holanda havia conquistado ao mar uma vasta área para criar artificialmente terras agricultáveis, os famosos *polders* que constituíam parte considerável do seu território. Dois anos depois, quando fui morar na Haia, rompeu-se o dique durante uma tempestade, e o mar recobrou a imensa região que ainda lhe guardava a fidelidade do nome, Wieringermeer, que significava, na verdade, mar de Wieringer. Seis meses depois do desastre, visitei a área, já seca, após o bombeamento da água, mas ainda não totalmente lavada do sal e recuperada para a agricultura. Entrei numa das casas que havia ficado parcialmente submersa, como todas as demais da região. A marca de lama alcançava o teto do rés do chão, mas, chegando ao andar superior, ainda era possível nele encontrar um quarto intacto de criança, com o leito desfeito e bonecas pelo chão.

Delft tinha ainda nos adros a aparência de um quadro de Vermeer, e na Oostpoort, com suas pontes e barcos ancorados, a de uma pintura de Van Gogh. Na Igreja Nova, encontrei, para minha surpresa, o túmulo de Piet Pieterzoon Hein, nosso conhecido almirante batavo (ou bátavo, como querem alguns, conforme o célebre dito) que comandou a esquadra invasora da Bahia. Uma lápide informa ter sido ele o terror dos brasileiros (*fatale nomen*). Por toda parte surgiam paisagens ou interiores copiados diretamente dos quadros que agora estava visitando no Geementemuseum da Haia, no Boymans de Roterdã, ou no Rijksmuseum de Amsterdã. O campo, com seus canais e moinhos de vento ainda funcionando, era saído de um quadro de J. S. Weissenbruch. O mar, recapturado de Ruisdael. E na Haia, em Amsterdã, Haarlem, Gouda, Utrecht, as igrejas pareciam retiradas intactas das pinturas de Gerard Houckgeest, Pieter Jansz Saenredam, e, sobretudo, de Emanuel De Witte. O moinho de Roos, em Delft, e o de Valk, em Leyden, já haviam, ambos, migrado das paisagens bucólicas dos retratistas do passado para o centro urbano e eram agora, provavelmente, monumentos incorporados ao patrimônio arquitetural. Mas os que se enfileiravam às beiras dos canais estavam vivos, rodando as pás ao vento, com os antecipados guinchos varando o silêncio dos campos. Na sua mansuetude, não tinham a aparência de estarem esperando a lança de algum fidalgo louco. Iopie, a filha do administrador da prefeitura de Leyden, mais de uma vez me levou para vê-los desempenhando o esperado papel na paisagem bucólica dos arredores da cidade, enquanto, recostados em feixes de palha, falávamos de coisas inocentes. Iopie tinha 14 anos, era corada como uma boneca de louça. Ria mais do que falava. A ela devo alguns dos momentos mais doces de minha estada na Holanda. E dela me lembro sempre que me vem à memória a canção composta em 1920 por Jan van Laar e que hoje faz parte da memória coletiva holandesa:

Daar bij die molen,
Die mooie molen,
Daar woont het meisje,
Waar ik zoveel van hou.
Daar bij die molen,
Die mooie molen,
Daar wil ik wonen
Als zij eens wordt mijn vrouw.

Aproximadamente: "Lá perto do moinho, o belo moinho, lá vive a moça que eu amo tanto. Lá perto do moinho, o belo moinho, lá quero morar se um dia ela for minha mulher." O moinho a que a canção se refere é, obviamente, o moinho de Valk:

Leyden era uma palavra que eu associava com meus tempos escolares. Em meu livro de física havia uma ilustração da "botelha de Leyden". Para que servia, já não me lembro. Era, também, sede de uma universidade famosa. O irmão de Titi de Groot, funcionária da legação, que depois vim a conhecer, nela defendera sua tese de formatura. Devia vestir-se com solene toga e aguardar numa antessala o momento de ser admitido perante a banca examinadora. Um contínuo, de libré, meias brancas e sapatos de verniz com fivelas de prata, munido de um bastão, com o qual tocaria o chão três vezes pronunciando as palavras *hora est*, viria indicar que o aluno estava sendo aguardado no salão nobre. Findo os exames, as famílias se retiravam para suas casas, enquanto o novo graduado seguia com os amigos, em carruagens puxadas por cavalos, para uma noitada de bebedeira em algum café da cidade.

Um dos objetivos dos cursos da academia era o de aproximar pessoas de todos os países, sobretudo jovens, com a intenção de formar uma comunidade internacional interessada em praticar o convívio em favor da paz. E nisso, creio, tinham êxito. Logo se formavam entre os participantes laços de interesses comuns ou de amizade que, em muitos casos, vim a testemunhar, tornaram-se duradouros.

Meu natural reservado não me deixava participar da esfuziante alegria coletiva que as excursões semanais para outras cidades favoreciam. Mas me ensejava compartilhar a de outros companheiros igualmente refratários à balbúrdia da cordialidade superficial. Nesse grupo, Margot foi minha grande descoberta. Ou o fomos, um para o outro.

Margot era de uma família nobre de Nijmegen, os von Thijssen, e fazia trabalhos de secretaria na academia. Transcrevia as gravações das aulas para futura publicação nos renomados *Recueils*. Era uma figura de porcelana, com cabelos louros de sol pálido e os olhos de um azul-cinza de aquarela. Conheci-a, a meio caminho do curso, numa recepção oferecida pela municipalidade aos estagiários da academia. Encapsulamo-nos um no outro, e eu já não tinha outro desejo, durante o dia, se não o de ver chegada a hora em que poderíamos nos encontrar. Para abreviar as ausências, passei a ajudá-la nas transcrições que fazia das palestras, para que pudéssemos sair juntos mais cedo. Os originais das que transcrevi estarão marcados por um toque mais forte nas páginas que datilografei, como ela mesma me mostrou. Guardo fresca a memória do passeio de barco que fizemos ao longo do Veght, durante o qual tornamos público o nosso recíproco enleio. Na antevéspera do final do curso fomos convidados para jantar na casa de Mehta, conselheiro da embaixada da Índia, que, valendo-se de seu posto na Holanda, indisfarçavelmente pretendia capturar as atenções de Margot para quando eu fosse embora. Não teve êxito e, sem querer, proporcionou-nos, mesmo, a única noite que passamos juntos. Passamo-la conversando, sentados num banco de praça, junto ao restaurante Château Bleu, na entrada do bosque, em Wassenaar, até ver surgir o sol. Quando regressamos à Haia, com o dia já claro, nos despedimos, pensando que seria para sempre, na porta da casa em que ela morava, na rua silenciosa e deserta.

Voltamos a nos ver duas ou três semanas depois em sua residência, em Nijmegen. Eu regressava de Göttingen, onde tinha ido fazer um estágio, e ela, da Haia, findo o trabalho na academia. Escrevera-me convidando-me para passar o fim de semana na casa de sua mãe, onde vivia. Estando a cidade na fronteira com a Alemanha, ficava na rota do trem para Amsterdã, onde eu devia tomar o avião para Nice. Era uma bela mansão, como soem ser as casas burguesas da Holanda. Fui recebido como se velho amigo fosse da família. Findo o jantar, Margot tocou piano e se acompanhou cantando *lieder* de Schubert, e, por causa da cena, do piano, de Schubert, sua mãe contou-me histórias da guerra. Haviam tido que alojar na casa um oficial alemão das tropas de ocupação. Era jovem, culto e excelente pianista. Por mais que sentissem o mal-estar de abrigar um oficial das forças "inimigas", não podiam deixar de reconhecer e apreciar o cavalheirismo do inopinado hóspede. À noite, costumava ele sentar-se ao piano e tocar. Gostava de Schubert, e um dia, vendo entre as partituras sobre o piano um álbum de *lieder* do seu compositor predileto, convidou Margot para que os cantasse, enquanto a acompanhava.

A domesticidade do cenário e as circunstâncias de nosso reencontro não nos davam trégua para renovar as demonstrações de afeto que a saudade de nossos corpos reclamava. Roubamo-nos alguns beijos furtivos quando ela me levou à estação, no dia seguinte, e, mais uma vez, nos despedimos para sempre.

Histórias da guerra surgiam a todo instante. Eram passados apenas cinco anos do fim do conflito, e todas as pessoas com quem convivíamos o haviam sofrido pessoalmente. Entre as amizades que fiz durante o curso, estava Elisabeth, ela também da nobreza holandesa, de cujo nome de família não me recordo. Teria uns 20 anos. Com seu irmão, um pouco mais velho, estavam sempre conosco. Não seguiam os cursos da academia, mas seus pais tinham o hábito de convidar os estudantes a virem à sua casa para conhecerem a vida de uma família holandesa. Ficava na Jacob Catslaan, onde só havia grandes residências. Ali jogávamos pingue-pongue, ouvíamos música, nos divertíamos. Uma tarde, enquanto Elisabeth jogava com um juiz alemão, homem de uns trinta e poucos anos, eu conversava com sua mãe, tomando chá. A certa altura, ouço-a dizer: "Eu não tenho certeza, não posso ter certeza, mas tenho a nítida impressão de que aquele homem que está jogando com a minha filha foi o oficial que, por ocasião da invasão, chefiou um grupo de soldados que nos veio desalojar de nossa casa para que ela fosse utilizada pelas forças de ocupação."

A guerra sobrava aparente, como já mencionei, nas casamatas de Scheveningen e no descampado da *no man's land* que a separava da Haia. Mas contavam de outra área descampada, que não me recordo de haver visitado, ter sido o resultado de um bombardeio equivocado. Pensando destruir um bairro onde havia a maior concentração das tropas alemãs, haviam os ingleses destruído uma área onde não havia um só inimigo.

A morte coletiva, indiferenciada, não estava presente nos nossos dias. Voltara a ser individual, privada. Vi-a passar um dia num enterro saído de imagens que só conhecia de cinema. Levava o féretro uma carruagem funerária, puxada por quatro cavalos. A carruagem era aberta, para que se pudesse ver o caixão, e de seu teto projetavam-se plumeiros tingidos de preto. Acompanhavam-na a pé algumas dezenas de pessoas, mulheres de luto, cobrindo os rostos com véus, e homens de fraque, segurando gravemente as cartolas. Nas ruas, os passantes paravam e enfileiravam-se nas beiras das calçadas prestando reverência, em silêncio. Três anos mais tarde, vi-me na mesma situação daqueles que acompanhavam o desconhecido defunto. Morrera no posto o embaixador José Roberto de Macedo Soares, primeiro diplomata dessa categoria na recentemente criada embaixada que até então não passava de uma legação. A um embaixador no posto eram prestadas homenagens fúnebres comparáveis às de um chefe de Estado, de quem, afinal, é o representante. O enterro literalmente parou o tráfego nas ruas por onde passou. Tive que desfalcar meus parcos vencimentos e alugar um fraque para participar da cerimônia. Íamos, todo o pessoal da embaixada, com as mesmas caras contritas, escutando a marcha fúnebre, na verdade o adágio da terceira sinfonia de Beethoven, tocado pela banda militar que acompanhava o féretro. Nada podia ser mais dignamente apropriado às circunstâncias, e teríamos guardado a compostura, não fosse a irreverência do comandante Burlamaqui. Presidia ele a missão de compra de corvetas fabricadas na Holanda para a Marinha brasileira, e, durante todo o percurso, a três passos atrás da viúva, ostentando o mais compungido dos semblantes, não cessava de nos contar anedotas, o que, em alguns momentos, não pôde deixar de conduzir-nos a risos, risos que devem ter causado a maior estranheza aos que das ruas nos viam passar. Todo o enterro, aliás, não passava de uma encenação. Chegado ao cemitério, e após a simbólica descida à tumba do ilustre caixão, foi este retirado, quando disperso o séquito, para ser embarcado naquela mesma noite para o Brasil, rotulado no manifesto de bordo, como era de praxe, com a menção de "espécime de história natural".

De minha passagem pela Holanda, o acontecimento decisivo foi ter recebido do ministro Joaquim de Souza Leão o convite para trabalhar na então ainda legação. Minha qualidade de conterrâneo, como pernambucanos que éramos ambos, e minha base de conhecimentos jurídicos bastavam-lhe como requisitos para a função. Nada parecia atender melhor às minhas aspirações do momento. Faltavam-me duas coisas: terminar o curso de direito e ter os pistolões suficientes para conseguir a nomeação. O assunto ficou pendente *sine die* até que, dois anos depois, o acaso o resolveu. Eu terminara o curso, recusara a possibilidade de agregar-me a um consultório de advocacia no Recife e partira para o Rio de Janeiro com a intenção de procurar um emprego que me permitisse, eventualmente, cursar o Instituto Rio Branco de admissão ao Itamaraty, fizera um teste na Light e fora recusado por excesso de qualificação, aceitara um trabalho no Touring Club, na praça Mauá, do qual me despedi ao terminar o turno da primeira manhã, por não me ver acomodado a ciceronear turistas, ainda mais numa cidade que eu mal conhecia, e fora, finalmente, contratado para dirigir o Boletim das Classes Dirigentes, do Ibope, de cuja cátedra pontificava para o grande empresariado nacional, quando, uma tarde, na hora do almoço, encontrei-me, por casualidade, com Humberto Lucena, futuro senador, meu ex-colega no Nóbrega e na faculdade, que, sabedor de minha aspiração de regressar à Holanda, e ao tomar conhecimento do que me faltava, agora o pistolão, assegurou-me: "Vou falar com o Ruy (Carneiro). João Neves (então ministro das Relações Exteriores) deve-lhe alguns favores e não negará a ele esse pedido". Duas horas depois, eu estava designado auxiliar contratado na legação do Brasil na Haia.

Em algum livro no qual eram recolhidas as impressões dos alunos ao deixarem o curso na Academia de Direito Internacional da Haia, poderão ser ainda encontradas as palavras com que dele me despedi. Reproduzo-as com base num rascunho guardado nos apontamentos que esparsamente redigia, em forma de diário, em uma ou outra ocasião de minhas viagens. "Gostaria que todos compreendessem que somente o amor é capaz de salvar tudo quanto prezamos na nossa civilização. Longe de exercitarmos nossos ódios, pelas diferenças que nos separam, sejam elas políticas, religiosas ou culturais, procuremos unir-nos em torno das coisas que nos são comuns: a capacidade de sonhar, a capacidade de criar, a capacidade de amar. Nenhum povo se basta, nenhum indivíduo é completo. Precisamos do 'outro' para sermos nós mesmos. A paz internacional só será alcançada se a humanidade inteira partilhar essa concepção altruísta da convivência internacional. Estas coisas eu aprendi no contato diário com os colegas da Academia de Direito Internacional."

Nos corredores da academia, eu havia lido um cartaz que anunciava para o mês de julho um estágio de três semanas em Nansen Haus, um centro internacional de encontro de jovens, na cidade de Göttingen, na Alemanha, a iniciar-se imediatamente após a conclusão do curso da academia. Inscrevi-me e fui aceito.

Como já narrei, a Alemanha havia sempre exercido sobre mim uma especial atração. Das freiras da Academia Santa Gertrudes, com quem aprendi a cantar as adaptadas canções de ninar de Brahms, ao meu professor particular de inglês, em cuja casa ouvia os tangos e as músicas de jazz alemãs de antes da guerra, havia sido impregnado de cultura alemã.

Foi assim, com uma forte emoção e ansiosa preocupação com o que iria encontrar naquela Alemanha agora destroçada e dividida pela guerra, que me dirigi ao serviço de passaportes na Haia, uma repartição onde, na mesma sala, em quatro guichês distintos, funcionários das quatro potências ocupantes asseguravam os serviços consulares relacionados às partes do território sob sua administração. Atendeu-me no guichê inglês um oficial fardado tão estranhamente semelhante ao tenente Guerra, um dos meus instrutores no CPOR no Recife, que eu abandonara a meio do segundo ano para não perder a oportunidade de ir para a Europa, que me senti atordoado como se pudesse o tenente Guerra, assim disfarçado de agente consular inglês, reconhecer-me e prender-me ou obrigar-me a regressar ao Brasil como desertor. E não me faltavam razões para esse temor. Encontro entre anotações do curso que ele nos ministrava no CPOR as seguintes instruções precisas sobre o comportamento do bom soldado: "O combatente perfeito é o que luta como uma fera. Deve matar o inimigo da maneira mais violenta, apunhalá-lo de um só golpe, feroz, mas despercebido, à traição. O bom soldado não precisa saber o que está fazendo. Seu papel é obedecer ao comando. O FM (fuzil-metralhadora) é a alma do GC (grupo de combate). O homem pode ser substituído, o atirador pelo municiador, este por outro membro do grupo. A arma, não."

A guerra III

Meu terceiro contato com a guerra deu-se nessa ida à Europa. Eu entrava agora, de chofre, sem qualquer preparação psicológica, no cenário onde se desenrolara a mais violenta da História.

Cinco anos se haviam passado, e acompanhávamos de longe os enormes esforços de reestruturação política e econômica em que se achavam engajados todos os países do continente, a bolchevização de metade do seu território e os ensaios desesperados da outra metade para escapar dos sistemas que haviam, no passado, adubado as desconfianças recíprocas e as rivalidades causadoras, em menos de um século, de três guerras devastadoras. Eu tinha já uma boa noção do que estava acontecendo e sabia que esse processo não podia se realizar sem profundas transformações no próprio comportamento humano, sem a reavaliação de crenças políticas e religiosas, sem repercussões filosóficas e éticas. Víamos isso acontecendo, em modesta escala, dentro da nossa própria sociedade no Brasil, no Recife, para ser mais preciso. Em outra parte deste livro, relato o que foi, por exemplo, o impacto, no nosso meio provinciano, da tumultuosa aparição das ideias existencialistas entre os jovens, a incipiente aceitação das ideias marxistas no ensino e na prática política, a inopinada introdução da cultura americana no nosso dia a dia.

Quando parti para a Europa, não tinha ideias claras sobre o que iria encontrar. Mas esperava deparar-me com uma paisagem urbana ainda marcada pelos estragos da guerra e uma paisagem humana de seres desenganados, ainda não recuperados do horror que haviam vivido, insuficientemente reajustados às realidades de um mundo em transformação, que tentavam se reequilibrar sobre as ruínas espirituais de ilusões perdidas, de ideologias fracassadas.

A guerra ainda estava presente na paisagem urbana da Holanda, mas de maneira relativamente discreta. O país sofrera pouco com a invasão nazista, e as marcas deixadas diluíam-se na placidez de paisagens intocadas desde tempos imemoriais. A guerra só se via de maneira mais ostensiva no centro de Rotterdã e nas imediações do porto, um descampado de crateras, resultado dos bombardeios aliados.

Tampouco na Alemanha, que eu não sonhava visitar quando partia de Olinda, encontrei vestígios devastadores do grande conflito, pois Göttingen, cidade universitária, de pouca atividade industrial, havia sido razoavelmente poupada. Apenas em Hanôver encontrei um centro devastado, onde o comércio se fazia em cabanas de madeira arrumadas às margens de longos corredores como ruas de pedestres, nas zonas centrais da cidade. Só muitos anos depois, nas várias vezes que estive em Berlim, dei-me conta da monstruosa devastação que pode resultar de uma guerra contemporânea, ao ver os imensos espaços vazios por onde os bondes livres circulavam e que haviam sido antes os melhores bairros da cidade, e era ainda possível ver, esparsas, algumas casas em ruínas esperando o desenrolar de alguma pendência judicial.

Era nas pessoas que eu esperava encontrar a maior marca. E, talvez, principalmente nos jovens. Mais do que uma guerra, tinham eles vivido uma revolução. Valores antes considerados perenes haviam sido postos em discussão, padrões de comportamento tradicionais haviam sido abalados radicalmente. Como estariam eles enfrentando e resolvendo os desafios trazidos por essa revolução de crenças e costumes? Como tudo isso afetava suas atitudes diante da religião, por exemplo, para mim, então, o problema dos problemas? Haia não me havia trazido nem muitas perguntas, nem muitas respostas relativas a essas questões. Éramos uma comunidade atemporal, ocupada exclusivamente com aspirações de utopia e um quotidiano de prazer, alegria de comunhão, de descoberta de afinidades inesperadas, de estabelecimento de novos laços de afeição. Não me recordo de haver tido uma conversa que fosse, com qualquer dos colegas e dos amigos que fizera durante o curso na academia, sobre os temas que me afligiam na remota província de onde vinha. Na verdade, creio que nem me vieram ao espírito. Até hoje, o que me ficou daquela temporada, daquela *saison au paradis*, foi um raro interlúdio de paz e beleza.

Com aquelas inquietações reabertas, no entanto, partia agora para a Alemanha, e em Göttingen iria retomar o fio da minha história. Talvez só nesse instante começasse, realmente, minha viagem iniciática.

GÖTTINGEN

Em Göttingen, mesmo sendo julho, mês de recesso escolar, era sensível a presença de jovens, particularmente nos cafés noturnos. Não devia haver muitas atrações turísticas, pois apenas recordo a famosa fonte com a guardadora de gansos, a Gänselieselbrunnen, e os sobrados *à colombages* que a cercavam na praça. À noite, os jovens se reuniam na *mensa*, o equivalente germânico, sem o negrume das vestes e o desgrenhado dos cabelos, das *caves* parisienses. Sem, contudo, a presença malsã no ar de alguma contestação ruidosa.

Nansen Haus era uma enorme construção maciça, com fachada de tijolos aparentes, em meio a um parque. Abrigava de cada vez setenta estudantes. Eram quase todos europeus, mas havia um indiano, uma americana e eu, o primeiro latino-americano naquelas paragens. Ali passávamos os dias numa programação que incluía poucas preleções, alguns debates, muitas oportunidades para convívio e entretenimento e pelo menos uma excursão semanal a algum ponto de interesse num raio de uns 100 quilômetros em torno da cidade. Morávamos em amplos quartos, em grupos de quatro ou cinco estudantes. No meu estavam Jürgen Kraft, filho do prefeito da cidade e líder da juventude socialista de Göttingen, Jacques Pfiszer, estudante comunista francês, Aleksander, iugoslavo refugiado do regime de Tito, e eu. A composição heteróclita de nossa célula era bem representativa do conjunto. Era natural que estabelecêssemos um relacionamento mais estreito entre os companheiros de quarto, mas todo o espírito da casa era o dessa aproximação de pessoas de distintas procedências, variadas culturas, sempre dentro do mesmo projeto de tolerância e compreensão recíprocas que dominava o pensamento da juventude do pós-guerra na Europa. Minha indisfarçável timidez não me isolou naquele meio que me fascinava e logo fui incorporado de forma cativante e generosa por alguns dos estudantes que se destacavam como líderes no grupo.

De alguns me lembro com especial carinho. Dos meus companheiros de quarto em particular. Era mais intensa a nossa companhia. Jürgen, sempre atento e elegante. Falarei dele depois. Jacques Pfiszer, o primeiro comunista com quem convivi, discreto, inteligente, afável e excelente músico. Colocou na mesa de cabeceira um retrato de Bach que carregava na bagagem. Logo organizou um pequeno coral do qual era regente. E Aleksander, o iugoslavo. Vivia calado e sozinho a maior parte do tempo. Talvez pela dificuldade em se comunicar conosco nas línguas que usávamos.

Mas outros, também, ficaram gravados na minha memória de forma indelével. Geneviève, a francesa. Tinha voz de contralto e usava um pulôver bege. Era a ternura em pessoa. Jogávamos xadrez todas as tardes, e dela recebi um *laissez-passer* por escrito para apresentar a seus amigos em Cannes, quando chegasse a Nice, e, seguramente, acharia tempo para visitar a cidade mítica do cinema francês. Marion, *the quiet American*, tranquila na sua beleza domesticada. Gostava de ameixas. Um dia, fui à cidade comprá-las para dar-lhe de presente. Acompanhou-nos no estranho episódio do linchamento a que fomos submetidos no dia do almoço na casa do burgomestre. Contarei depois. E Irene.

Irene Knauth, a alemã que namorava Kirchner, um estudante de teologia, merece alguns parágrafos à parte. Reservava-me um lugar ao seu lado nas excursões organizadas. Fazia o estágio conosco, apesar de ser moradora de Göttingen. Kirchner nos acompanhava nas excursões ou nas horas de folga, mas não era estagiário. Algumas vezes fomos os três a um café que, para o olindense que eu era, tinha o ominoso nome de Tavern. Juntava a essa infração moral o desconforto de achar simpático e agradável o primeiro protestante com quem eu tinha contato, estando Kirchner a se preparar para ser pastor luterano. Conversávamos muito, os três, e o assunto, nesses encontros, era frequentemente religião, Kirchner falando de sua vocação, e eu das minhas dúvidas e inquietações. Quando estávamos a dois, Irene e eu, falávamos de nós mesmos, e não podíamos disfarçar o prazer que sentíamos na companhia um do outro. Na véspera de minha partida, depois de havermos ido à Tavern para uma última rodada de vinho, Kirchner deixou-nos a sós, pois tinha que acordar cedo no dia seguinte, e era quase meia-noite. Pediu-me que acompanhasse Irene à casa dela. Saímos caminhando, mas, ao chegarmos à porta do edifício onde morava, pediu-me Irene que continuássemos andando. Não queria dizer adeus. E assim o fizemos por mais de uma hora, lado a lado, sem nos tocarmos, apenas nossas sombras, que as luzes dos postes ora aproximavam, ora separavam, parecendo, de vez em quando, se abraçarem. Era puro o prazer que desfrutávamos da companhia um do outro, e disso sabia Kirchner, que nunca deu demonstrações de ciúme ou buscou restringir nossos encontros. Ao contrário, quando parti, no dia seguinte, ali estava ele, com Irene, em Nansen Haus, para levar-me à estação. E para deixar que se prolongassem os últimos momentos em que estaríamos juntos, Irene e eu, não pareceu objetar a que ela seguisse comigo no trem, como se propôs, até Northeim, uma das paradas mais próximas, de onde regressou a Göttingen, apenas para que pudéssemos retardar uma meia hora mais o nosso adeus definitivo.

Helmut era alemão. Havia sido soldado da Wermacht e vivia com Anneliese, viúva de um capitão caído na frente russa. Com ela casou-se logo depois que nos conhecemos. Guardava uma grande amargura da maneira como eram tratados os antigos combatentes dos exércitos alemães pelos ocupantes aliados.

Morava em Bovenden, a alguns quilômetros de Göttingen, e me chamou um dia para descermos de bicicleta o Büegeüine Plesse, um morro perto de sua casa, o que me custou os minutos mais aterrorizantes da vida ao ver-me despencado numa estrada de seixos soltos, a uma velocidade incontrolável, sem poder fazer parar a bicicleta. Dessa aventura, guardo a lembrança amena das ocasiões em que parávamos, durante a subida, para colher ameixas das árvores que se debruçavam sobre os muros das últimas casas da aldeia. Voltei para Göttingen já noite. Na estação, esperando o trem, era a única pessoa deambulando na plataforma. Senti-me só, no meio do mundo. De repente, o som de um acordeão surgiu de longe, do meio das casas, avistadas à distância. Tocava uma melodia que soava familiar. Chegava-me, parecia, mais pela memória do que pelo ouvido: "Oh! Minas Gerais/oh! Minas Gerais/Quem te conhece/Não esquece jamais./ Oh! Minas Gerais." Seria uma melodia popular germânica, aculturada no Brasil, a que agora me vinha de surpresa fazer companhia? Soube, depois, que se tratava, na verdade, de uma melodia italiana, "Viena sue mare", à qual algum compositor brasileiro aplicara aquela letra mineira.

Recordo Stefa, a húngara, que me olhava com ternura de irmã mais velha e que o tifo separou da turma antes que pudesse exercer sobre nós a plenitude de seu carinho sedutor. Na véspera de minha partida, utilizei o que me daria para viver mais vários dias na Europa na compra da bela edição do *Doktor Faustus*, de Thomas Mann, que acabara de aparecer nas livrarias, para presenteá-la. Burlando a vigilância, esquivei-me até o quarto no sótão que lhe servia de isolamento para entregar-lhe o que eu queria lhe significasse minha gratidão por sua generosa simpatia. Talvez, se for viva, tenha ainda na sua biblioteca o volume desbotado onde lhe deixei uma ingênua mensagem que pretendia ser de confiança na vida e de desinteressado amor.

Lembro-me ainda que havia uma finlandesa de 14 anos, com uma carinha redonda de boneca. Diziam que "dava" para todo mundo. Não me recordo de vê-la enturmada em qualquer grupo e me lembro apenas de seu olhar inocente, acompanhado sempre de um sorriso e de um silêncio imperturbável. Tampouco a via discriminada por qualquer dos demais estudantes, o que me parecia surpreendente, pois minha formação pequeno-burguesa e católica me dizia que ela teria que ser rejeitada.

Dos passeios que fizemos, recordo-me da visita à fábrica da Volkswagen, em Voorburg, muito pouco ainda reconstruída, com uma parte em ruínas, e a produção, na ocasião, de quatrocentos carros por dia. Guardo uma fotografia da turma em frente à fábrica, na qual muitas vezes procurei em vão identificar o minúsculo rosto de Stefa. Recordo-me da visita à abadia beneditina de Corvey, com a esguia e impressionante fachada lateral da igreja. Da Torre dos Huguenotes, em Bad Karlshafen. E de uma turnê pela Floresta Negra, passando por Goslar, de onde me fica a memória das belas fachadas, e que terminou num chá tomado à beira do Oker, em Brunschwig. Troquei o chá por uma travessia a nado no rio cuja correnteza me levou a centenas de metros do ponto de partida. Voltei correndo, pela margem, para não perder o ônibus de regresso a Göttingen. Ou foi em Veckerchagen que isso ocorreu? Já me confundo.

Memorável é o domingo no qual, a convite de Jürgen, fomos, os três não europeus, Marion, a americana, Mahsri, o indiano, e eu, almoçar na casa de seus pais. Já disse que o pai era o burgomestre da cidade. Após o almoço, convidou-nos Jürgen a passear pela cidade. Orgulhava-se das belezas de Göttingen e queria que participássemos de seu entusiasmo. Estavam quietas as ruas, praticamente desertas, até que chegamos a uma praça onde brincava uma dúzia de meninos. Deviam ter entre 10 e 12 anos. Tão pronto nos avistaram, começaram a gritar palavras que não compreendíamos. Jürgen, visivelmente incomodado, tentava parlamentar. Não sabíamos o que se passava, mas víamos crescer a algaravia dos garotos e a impaciência de nosso hospedeiro. Subitamente, um dos meninos abaixou-se, apanhou uma pedra e jogou-a na nossa direção. Foi um sinal de ataque logo entendido pelos demais, que, sempre gritando, começaram a nos apedrejar. Vendo inúteis seus esforços, Jürgen indicou que não tínhamos nada mais a fazer a não ser correr e procurar afastar-nos da pequena malta assanhada. Saímos os quatro em disparada, e com o poder de nossas pernas mais longas logramos que nos perdessem de vista. Escondemo-nos entre as árvores de um bosque cercão e esperamos até que eles se retirassem da praça antes de podermos regressar à cidade. A essa altura, nosso passeio estava cancelado e nos submetemos à imensidade de pedidos de desculpas de Jürgen e de seus pais. O motivo da inesperada reação dos meninos era simples. Nosso companheiro indiano era muito escuro, quase negro, e aquelas crianças nunca haviam visto um preto em suas vidas. Possivelmente, em suas cabeças restava difusa alguma memória do que havia sido a política racista do nazismo destruído havia apenas cinco anos.

Se não sou capaz de recordar o que foram as palestras e os debates que tivemos, ou o teor das conversas com os amigos que fiz, sinto, no entanto, e até hoje, que aquele contato tranquilo e desinibido com a nova juventude do pós-guerra, num cenário por ela vivido na adolescência e que me fazia antecipar propício a revoltas ou pessimismos, mas que, ao contrário, encontrei aberto, generoso, confiante e otimista, me varrera a alma, esvaziando-a de inúmeros preconceitos, habilitando-me, talvez, a melhor incorporar uma visão do mundo que, mais integrada e humanista, viria, aos poucos, substituir a nebulosa trama de instáveis crenças, confusos valores, insistentes dúvidas e insinuante ceticismo com que havia partido de Olinda.

A viagem à Itália

Tomei o avião de Schiphol para Nice, de onde seguiria para Roma, trocando de voo em Paris, onde fiquei apenas algumas horas, o suficiente para flanar sem destino pelos lados do Quartier Latin. A Nice cheguei de noite e não tinha nada especial a visitar na cidade. Limitei-me a deixar passar o tempo olhando o movimento dos pedestres na Place Masséna. Queria, na verdade, era conhecer Cannes, o que fiz no dia seguinte. Não procurei os amigos de Geneviève. Dispunha de pouco tempo e sabia o que queria. Inscrevi-me numa excursão que me mostrou o essencial da cidade e me levou à ilha Sainte Marguerite, onde visitei a masmorra em que estivera preso o Máscara de Ferro. Num banho de mar em frente à Promenade des Anglais, tive a oportunidade de capturar um cavalo-marinho vivo, que, depois de secado ao sol, trouxe, como lembrança, e por muito tempo tive comigo. No dia seguinte, fui a Monte Carlo. Divertiram-me os soldados de brinquedo em suas guaritas e extasiei-me diante da extraordinária variedade de cactos no jardim exótico. Fui ao cassino, é claro. Queria colher a sensação de entrar no templo do jogo. O que apostei na roleta foi tão pouco, que mal se prestou a trazer-me a sensação do risco que corria. Ganhei de início e tudo perdi imediatamente, como é de regra. Mas era quase nada. O preço justo de haver visto o cassino por dentro e de observar o ritual dos crupiês com suas palavras mágicas: *faites vos jeux, messieurs, dames*; *rien ne va plus*; *laissez payer*; *pour les employés.*

No terceiro dia, tomei o avião para Roma.

Roma

A ida à Itália viria inserir-se na minha viagem iniciática de uma maneira inteiramente diversa. Na Haia e em Göttingen, foram os contatos humanos que me locupletaram o espírito e me distanciaram do jovem provinciano que partira despreparado e ingênuo, com mais perguntas do que respostas, para o imenso desconhecido. A partir da chegada à Itália, e, depois, em Paris, eu estaria sozinho. As pessoas passavam a ser cenários e não companhias. Mas, num e noutro lugar, eu caminhava por sítios que já conhecia e que agora buscava reconhecer.

Cheguei a Roma de noite. O ônibus de Ciampino me deixou na Stazione Termini, onde uma espantosa multidão se entrecruzava, partindo ou chegando, bulhenta e ansiosa. Calculava-se em um milhão de pessoas a média diária do excedente populacional da cidade, devido às peregrinações do Ano Jubileu. Grumete de primeira viagem, não havia feito reserva de hotel, nem creio que, mesmo que houvesse tido a intenção de fazê-lo, teria sabido como proceder, pois o gênero de acomodação que pudesse ser compatível com os meus recursos não haveria de figurar nas agências de viagem. Eu esperava poder dispor da ajuda do Comitê do Ano Santo para pedir auxílio. Não puderam me ajudar. Eu não era peregrino oficial.

Desamparado, sentei-me sobre minha pequena valise, em meio à multidão, em pleno saguão da estação, sem ter a menor ideia de que destino poderia dar a mim mesmo. Minha aparência desvanecida devia ser de tal intensidade que despertou a misericordiosa simpatia de um padre barnabita que passava e, solícito, perguntou-me se eu estava me sentindo mal. Misturando com o francês algumas palavras italianas, ou talvez portuguesas, consegui expor-lhe minha provação. Padre Jacobelli — assim me disse ser o seu nome —, descobrindo-me brasileiro, pareceu-me, de súbito, o anjo salvador. E não havia chegado eu à cidade santa? Havia um padre brasileiro no convento onde ele estava hospedado, pois não era de Roma, e sim de Florença, e, quem sabe, meu conterrâneo poderia me arranjar alguma coisa! Partimos juntos para o Gianicolo, ao Seminario Internazionale dei PP. Barnabiti, San Antonio M. Zaccaria, na Via Pietro Roselli, maciça construção de irregular arquitetura, onde, uma hora depois, jantávamos no refeitório, a essa hora já vazio, em companhia do padre Herádio, de Belém do Pará, que bem conhecia a família de meu amigo de infância, e ex-colega do Nóbrega, Samuel MacDowell. Padre Jacobelli devia partir na manhã seguinte e, ao despedir-se, deixou-me seu cartão de visita para que, se fosse a Florença, o procurasse, pois, estando o colégio onde vivia em férias, poderia nele me alojar pelo tempo que quisesse para conhecer a cidade. E o padre paraense, depois que matou o essencial de suas saudades do Brasil, inclusive fumando alguns dos cigarros Continental que eu levava, conduziu-me a uma casa de padres maristas, perto do seminário, que recebia, sobretudo, religiosos, mas onde pude ser acolhido. Combinamos voltar a nos ver no dia seguinte, no seminário. Era tarde, e, aliviado, mas exausto, limitei-me a retirar o pijama da maleta, que nem levantei do chão, no meio do quarto, e deitar-me, para logo cair no mais profundo sono, só interrompido pelos sinos que chamavam para a missa na manhã seguinte.

Essa chegada noturna, a altas horas, sem formalidades e sem adequada apresentação a qualquer responsável pela hospedaria, seria causa, no dia seguinte, de uma curiosa aventura. Encontrei-me com padre Herádio no seminário, pela manhã, e com ele desci para a cidade, onde nos separamos. Como deveríamos voltar a estar juntos de noite, para o jantar, não me preocupei em obter detalhes quanto ao endereço onde estava alojado. Tinha por ele fornecidas as indispensáveis indicações para chegar ao seminário partindo da praça de São Pedro, que ônibus tomar, onde, em que parada saltar. E a advertência importante de não chegar depois das dez horas da noite, quando a portaria estaria fechada, e a campainha desligada. Isso bastava. Ora, ocorreu que o ônibus que ao fim do dia tomei, na Via della Conciliazione, estava superlotado e tive que viajar de pé, com isso tendo obstruída minha visão dos lugares por onde passávamos. Confundi, assim, a parada que ele me havia indicado como destino com outra qualquer, e quando me vi na calçada não sabia para que lado me dirigir. Andei a esmo tentando localizar-me e percebi que estava perdido. Seriam sete ou oito horas da noite. Procurei regressar ao ponto onde deixara o ônibus. Em vão. Cada vez mais me embrenhava por ruas sempre desertas, onde nenhum passante surgia a quem pudesse pedir auxílio. Aflito, me vi, de repente, caminhando por uma calçada que tinha uma altíssima muralha em tijolos à minha esquerda, como contrafortes de algum castelo de monumentais dimensões. Andei uma boa hora colado à muralha que parecia interminável, até que me descobri, surpreso e ao mesmo tempo aliviado, nas imediações da praça de São Pedro, não longe, portanto, do ponto na Via della Conciliazone onde iniciara o meu périplo poucas horas antes. Retomei o ônibus, desta vez sentado num banco do lado direito, conforme as instruções, podendo assim prestar atenção ao caminho, e saltei no lugar certo. Mas estava fechado o portão do seminário, e muda, como prevenido, a sineta da portaria. Privado dessa maneira de poder informar-me do endereço da casa onde estava hospedado, não me restava senão tentar recompor o caminho que fizera na noite anterior, enquanto conversava com padre Herádio e sem prestar atenção às esquinas que havíamos dobrado. Com muito custo, depois de repetidas voltas pelas ruas circundantes do seminário, deparei-me com uma construção que parecia ser o lugar de onde eu havia partido pela manhã. Era um casarão de dois andares, de larga fachada horizontal, ao fundo de um jardim retangular, um tanto despojado. Nenhuma placa o identificava. Eu não tinha certeza de estar no endereço certo, mas resolvi tentar a sorte. Toquei a campainha do portão e, para desespero, percebi que esta, igualmente, não estava ligada. Olhei o relógio. Passava da meia-noite. Foi nessa hora que talvez meu anjo da guarda tenha feito sua segunda intervenção na minha vida. Quem sabe a terceira, pois na noite anterior me aparecera vestido de padre Jacobelli. Vi à distância abrir-se a porta de entrada do edifício e dela emergir uma figura de batina. Não sei o que ia fazer um padre a essa hora fora do recolhimento. Acho que saía para me salvar. Esperei que chegasse à calçada e abordei-o súplice, explicando-lhe minha situação. Não devo ter sido muito convincente, pois eram nítidos os sinais de que não estava acreditando na minha história. Diante de suas dúvidas, ou de sua incredulidade, propus-lhe ir comigo até o edifício e acompanhar-me pelo corredor à esquerda até o último quarto à direita. Lá iria encontrar, no meio do aposento, uma mala no chão, aberta e revolta. Não lhe podia oferecer outras garantias. O atônito padre assim fez. Abriu-me a porta do casarão e seguiu-me no caminho que eu agora fazia sem hesitação. Quando o quarto foi aberto, ali estava a mala, onde eu a havia deixado, intocada desde a véspera.

Durante muitos anos, recordei-me dessa aventura e a narrei a amigos, dizendo que me coubera àquela noite a inédita circunavegação noturna da Cidade do Vaticano. Assim estava guardada na minha memória, junto com a imagem gráfica do muro ameaçador que via me dominando do lado esquerdo, enquanto do lado direito, na minha evocação, não existia mais do que um barranco. Ao redigir estas linhas e buscar na internet o endereço do Seminário Teológico, dei-me conta de que alguma trapaça me fizera a memória. Estando a Via Pietro Rosselli ao sul do Vaticano, e abaixo cartograficamente dos jardins do Gianicolo, eu não poderia nunca ter feito, a partir dela, a volta do Vaticano. O muro ao lado do qual caminhei na busca de algum ponto de referência não era, pois, o do Vaticano, mas o da Viale delle Mura Aurelie, que ladeia os jardins do Gianicolo, e era à minha direita que ele se colava. Um exemplo inquietante da fragilidade da memória, ou da pertinência das falsas recordações, pois, mesmo sabendo agora que fora do sul dos jardins do Gianicolo que eu partira, e não do norte da Cidade do Vaticano, e que, portanto, a muralha que me perseguia tinha que ter estado à minha direita, não consigo apagar a imagem que dela me ficou, e, mais do que a imagem, a sensação de que era à esquerda que ela se encontrava.

Não sou capaz de reconstituir o itinerário percorrido em Roma e a ordem em que visitei seus principais monumentos. São Pedro deve ter sido o primeiro lugar visitado. Era o destino natural de todo católico, o ponto focal das atenções de quem quer que fosse a Roma no Ano Santo.

Lembro-me de haver chegado cedo à basílica, pensando encontrá-la antes da invasão dos peregrinos e turistas. Se a Pietà surpreendeu-me por suas reduzidas proporções, embora me sentisse capturado na contemplação da plástica carnação do corpo do Cristo, tudo o mais na igreja me assustava por seu gigantismo. A começar pela praça que lhe dá acesso e pelo vestíbulo que se segue aos cinco amplos portais, protegido, de cada lado, pelas estátuas equestres de Constantino e Carlos Magno, como a indicar que a igreja se amparava no braço secular do império. Uma vez na igreja, perde-se a noção das proporções, de tal modo vê-se o homem diminuído perante a espetaculosidade do cenário que o envolve. Tudo é imenso, numa escala que não permite qualquer intimidade entre o homem e a obra. Não permite, sequer, qualquer intimidade do homem consigo mesmo.

Eu não conhecia a maior parte das personalidades que mereciam a honra dos túmulos grandiosos que adornavam as paredes das naves laterais, Maria Clementina Sobieski, Matilde de Canossa, Gregório XIII, Clemente XIII. A rainha Cristina da Suécia era minha conhecida, em parte pelo filme com Greta Garbo, em parte por sua associação com o nosso padre

Vieira, que lhe tinha sido confessor. Os imensos painéis com mosaicos chamaram-me especial atenção. Neles, via o apogeu de um artesanato que só conhecia de grosseiras fabricações. Senti-me esmagado, junto às colunas salomônicas de Bernini, sustentando o colossal baldaquino, sob a infinita cúpula por onde jorrava a luz diretamente vinda do céu. A tudo olhava estupefato, dividido entre a sensação virgem de estar caminhando no interior de uma desmesurada obra de arte e a de um aberrante desconforto comigo mesmo, com meu corpo, reduzido a humilhantes proporções no majestoso cenário, e de meu espírito, devia talvez dizer de minha alma, que não encontrava naqueles espaços descomunais um nicho para o recolhimento que me permitisse chegar a fazer uma oração. Percorria a basílica como se percorre um museu, um monumento, uma ágora. A igreja rapidamente se enchia, não, não se enchia, era impossível encher tanto espaço, mas se via pontilhada de pessoas que, como eu, dirigiam os olhos surpresos para o alto, não o alto divino, mas o alto das enormes figuras de mármore que povoavam a casa de Deus, onde, se fosse dado cumprimento aos seus mandamentos, não poderiam estar representadas. Impossibilitado de orar, minha única contribuição de peregrino à visita que fazia à basílica limitou-se a passar a mão, sem convicção, no pé da imagem de São Pedro, dando meu ínfimo aporte ao desgaste secular que já fizera sumir os artelhos da estátua de bronze de Arnolfo de Cambio.

De tudo o que vi, porém, o que ainda guardo como atônita surpresa foram os cartazes às portas dos confessionários anunciando a quantidade de indulgências que a prática do sacramento da confissão em seus locais asseguraria ao peregrino penitente. Mesmo que tais indulgências não estivessem ali sendo vendidas, não deixava de parecer-me que, como chamarizes para o Ano Jubileu, largavam no ar um sulfuroso odor de simonia. Odor que talvez viesse de mais longe e estivesse impregnado nas fundações e nas paredes da megaconstrução, erguida com o ouro resultante da venda de cargos eclesiásticos e de indulgências.

Indulgências, aliás, eram anunciadas por toda parte. A visita às quatro basílicas, a que rigorosamente me submeti, não por elas, mas ainda como respeitoso ato ritual imposto por meu catolicismo estertorante, assegurava uma panóplia de dispensas e a subida da *scala sancta*, na basílica de Santa Maria Maior, uma plenária, desde que fosse completada de joelhos, o que fiz. Generosamente, a Igreja permitia que essas indulgências fossem aplicadas às almas do purgatório, um expediente, vim a saber depois, concebido no século XV, quando tais indulgências eram vendidas no mercado, uma maneira de obter maior procura à época em que se encontrava descapitalizado o erário do Vaticano. Se indulgências, calculadas em dias e anos terrestres, podiam assegurar a imediata recuperação de uma alma no purgatório, permitindo-lhe subir, como um foguete, para o paraíso (não foi isso o que aconteceu com a alma do padre que apareceu a São Paulo da Cruz?), o que eu não compreendia, e continuo sem compreender, era como se procedia no céu à contabilidade dessas aplicações, uma vez que dias e anos não tinham, no purgatório, a mesma duração daqueles contados na Terra. Perguntas que, por uma necessidade de organização mental, eu me fazia, mesmo sabendo que as respostas não alterariam em nada a descrença que já ocupava boa parte do meu cérebro. Buscava, sim, uma integração racional dos fragmentos de conhecimentos religiosos que me tinham sido transmitidos para construir uma visão coerente da religião de que me estava afastando. Enquanto escrevo, vejo num suplemento de turismo de um jornal do Rio de Janeiro o anúncio das indulgências concedidas aos peregrinos que fazem o caminho de Compostela. São elas mais amplas e até plenárias se a peregrinação se faz nos *Anos Jacobeos*, coisa rara, que só ocorre quando o dia 25 de julho cai num domingo, mais um mistério. As mais próximas oportunidades para ganhar essa indulgência só ocorrerão em 2010 e 2021. Em 2004, 179.944 almas penadas no purgatório tiveram uma chance de ver comutadas as penas, graças aos certificados fornecidos pela catedral de Santiago, as famosas "compostelanas", a peregrinos *bona fide*. E me espanto de ver que em pleno século XXI, perto de meio século depois do Vaticano I, ainda se serve a Igreja desse expediente medieval de discutida origem e malfadada história.

O choque que me havia produzido a visita matinal a São Pedro não fez senão acentuar-se no dia seguinte. Eu havia marcado um encontro com o padre Herádio para em sua companhia comparecer à audiência pública que o papa concedia naquele dia. O papa era Pio XII, cuja passagem por Pernambuco, como cardeal Pacelli, para atender ao Congresso Eucarístico Nacional do Recife, em 1939, me ficara definitivamente associada ao episódio do peixinho de chocolate. Dou-me conta agora, revendo este texto, que o episódio desapareceu do livro em uma de suas várias revisões e o reconstituo por estar relacionado ao papa que eu iria ver passar diante de mim em poucas horas. Tinha eu 10 anos e havia sido um dos escolhidos para estar presente à missa celebrada pelo legado papal, entre os que, nas primeiras filas, receberiam a hóstia consagrada das mãos de algum dos bispos que concelebravam o ofício religioso. Mamãe me dera um peixinho de chocolate, desses que vinham embrulhados em papel de alumínio, para quebrar-me o jejum após a comunhão. Havia-o colocado no bolso da calça e senti que se partira quando me sentara no banco do bonde. Sem maior reflexão, comi o rabo do peixe que se havia separado do corpo. Ora, ocorre que, quando já o oficiante estava a dois passos de mim, lembrei-me do que havia feito, o que me impedia de receber a hóstia consagrada, pois só em completo jejum, naquela época, era permitida a comunhão eucarística. Tive que me retirar e passar o vexame de eximir-me, o único da fila, do privilégio de receber das mãos de um bispo, e em ocasião tão solene, o santo sacramento. À época, só poderia pensar haver sido vítima de alguma artimanha do demônio.

Volto ao Vaticano de 1950.

Por sorte, eu havia chegado a Roma praticamente na véspera de uma dessas audiências papais. Tampouco sei com que pistolão o padre Herádio me assegurou estar presente no interior da basílica durante esse evento. Ou talvez as coisas não fossem tão difíceis como hoje *in illo tempore*. O fato é que, pouco mais de 24 horas depois de chegar a Roma, derelito e sem qualquer ponto de apoio, eu me encontrava a 5 metros de Pio XII enquanto, majestático, em sua capa de asperges bordada a ouro e sua tiara fulgurante de pedras preciosas, do alto da *sedia gestatória* (prática, aliás, herdada diretamente da Roma imperial, da mesma forma que o título de sumo pontífice, *pontifex maximus* sendo o título dado ao imperador por sua qualidade divina), abanado pelas brancas *flabelli* de penas de avestruz, ele me abençoava, a mim, perdido entre aquela histérica multidão desbordada de fervor perante o vigário de Deus, o papa, o pai. Pai por antonomásia, o termo "papa" sendo formado com as primeiras sílabas de *pater patrum*, ou seja, pai dos pais.

"A ninguém na terra chameis 'Pai', pois um só é o vosso Pai, o celeste." Não pensei. Senti.

Alguma coisa havia-se passado comigo. Nada naquela encenação suntuosa parecia alcançar minha alma. O papa hierático, com seus óculos faiscantes, elevado às alturas, carregado em triunfo pelos irmãos da Venerabile Arciconfraternità de Sant'Anna dei Parafrenieri, que desde o tempo de Carlos Magno tinham o privilégio de transportá-lo aos ombros, as freiras com seus sorrisos beatos, os seminaristas extasiados, tudo me parecia falso, como se toda a cerimônia estivesse dirigida apenas para produzir aquela apoteose do papa, e ele próprio se estivesse produzindo como espetáculo para gerar aquela excitação multitudinária. Aliás, desde os tempos de cardeal, não perdia a oportunidade o santo homem de exibir-se triunfalmente, mesmo se depois, finda a ocasião, se prosternasse de braços abertos no chão para recordar que não era o homem Pacelli que havia sido aclamado pela histeria popular. Por ocasião de sua coroação, narra um jornalista inglês a ela presente, ao receber as homenagens dos príncipes e apóstolos da Igreja, exigia o protocolo que os cardeais lhe beijassem o pé e a mão, os bispos e arcebispos lhe beijassem o pé e o joelho, e os abades mitrados apenas o pé, exigência esta última que tinha o precedente, no século XVII, de Urbano VIII, que, no entanto, só a mantinha com relação aos judeus. Durante o seu pontificado, narra outro observador, Pio XII determinara que seus telefonemas fossem atendidos de pé, pelos bispos, e de joelhos, pelos simples sacerdotes.

À época, era pouco o conhecimento que eu tinha da história do Vaticano, de tudo o que fizera a instituição papal chegar àquele grau de manipulação das massas, e menos ainda do que significava Pio XII nessa corrente histórica. A ele, só havia avistado de longe e apenas de relance, eu trepado nas grades da ponte Boa Vista, ele, cardeal ainda, ajoelhado na barca-altar que deslizava pelo Capibaribe, segurando o ostensório que carregava o corpo de Cristo. Mas agora eu o via papa, em toda a sua pompa e glória, a dois passos de mim, a quem até ele pode ter avistado, por detrás daqueles óculos sempre refletindo alguma luz que o acompanhava e que, fazendo desaparecer-lhe os olhos, aumentava a distância entre sua santidade e o comum dos mortais.

Depois de visitar a basílica de São Pedro, muito provavelmente minha próxima visita deve ter sido à de Santa Maria Maior.

De fora, olhando-a da praça, não me dava a impressão de uma igreja, talvez por estar sua fachada barroca incrustada num edifício de linhas clássicas, uma incongruência que me faz pensar em algo semelhante ao que ocorre com a Fontana di Trevi, encravada no Palazzo Poli. A presença do campanário, o mais alto de Roma, surgindo por trás do edifício, não faz senão aumentar-lhe a estranheza. Seu interior é convincente, e as numerosas colunas monolíticas, bem como os antigos mosaicos, dão-lhe o aspecto imponente de uma verdadeira basílica. É a primeira igreja dedicada à Maria mãe de Deus, pois sua construção se inicia quase que imediatamente após o Concílio de Éfeso, quando foi proclamada a dupla natureza de Cristo. Nela, figura um belo mosaico onde Cristo é representado coroando a mãe.

São João de Latrão pareceu-me mais harmônica como arquitetura, mais convincente como templo religioso e mais interessante como história. É inevitável que nos chamem a atenção para as estátuas colossais dos 12 apóstolos e para a variedade de estilos e o capricho das formas das colunatas. Fui advertido. Mais ainda, cheguei sabendo que a basílica era a *omnium urbis et orbis ecclesiarum mater et caput* (mais uma vez, meu reconhecimento a dom Beda), o que a faz ter sido e ser ainda distinguida com atenções especiais do sumo pontífice. Ao lado, no antigo Palazzo Laterano, encontra-se, e é a sua maior atração, a *scala sancta*, a escada do pretório por onde Jesus subiu para ser inquirido por Pôncio Pilatos. Como todas as grandes relíquias cristãs, foi ela trazida de Jerusalém por Santa Helena, mãe de Constantino, insuperável descobridora e coletora de relíquias. Seu filho, aliás, que construiu o batistério, encontra-se devidamente homenageado com uma estátua sob o pórtico da Igreja. A história recente da basílica está marcada indelevelmente pelo Tratado de Latrão, negociado, do lado do Vaticano, pelo irmão de Pio XII, Francesco Paccelli, e assinado, na basílica, por Pio XI e Benito Mussolini, em quem o papa urgia aos católicos reconhecerem "um homem enviado pela Providência". (Peço desculpas por me repetir, mas não tinha mencionado, ao iniciar este testemunho, as circunstâncias em que foram pronunciadas as palavras do papa). Coincidentemente, os únicos instrumentos internacionais que deram reconhecimento aos governos nazista e fascista foram negociados pelos irmãos Pacelli, o Tratado de Latrão, com Mussolini, por Francesco, e a Concordata, com o Reich, por Eugênio. Disto eu não sabia à época em que visitei São João de Latrão e subi de joelhos a *scala sancta*.

São Paulo Extra Muros foi a última basílica que visitei. Foi também a que menos me tocou. Achei-a fria, diria quase sem alma, e não fiquei convencido por suas palmeiras no átrio em forma de jardim interno.

Na verdade, ao visitar a basílica de São Paulo não me dava conta do que ela realmente havia representado na história da Igreja. Não sabia que sua construção havia sido iniciada pelo próprio Constantino, o imperador que estaria na raiz da romanização do cristianismo, sendo, assim, um dos poucos edifícios remanescentes do período medieval, totalmente reconstruído e, portanto, não mais representativo daquela longa noite durante a qual, paradoxalmente, foi a Igreja a força mais presente e dominante na Europa. Só muito tempo depois vim a perceber que, do conúbio da hierarquia nascente da Igreja cristã, ainda indecisa quanto aos caminhos doutrinários com que definiria uma ortodoxia, com o império romano, já apresentando suas fissuras iniciais, veio a surgir a Igreja Católica Apostólica Romana cujos primeiros dogmas, e não os menos importantes, foram a ela impostos pelo imperador, ainda não batizado, ainda não assassino da mulher e da irmã, interessado não na unidade da Igreja que se estruturava, mas na sustentação da unidade do seu império, para o que a unidade da fé poderia ser um elemento fundamental. Involuntária e credulamente, sua mãe Helena muito contribuiu para essa acomodação do cristianismo nascente às exigências de um império pagão. As inúmeras e fundamentais relíquias por ela trazidas da Palestina e disseminadas pelo império deram à necessidade popular e pagã de prestar homenagem a simulacros do divino a oportunidade de venerar em Roma fragmentos da cruz de Cristo e a escada por onde ele subiu para o encontro com

Pôncio Pilatos; em Trier, a túnica inconsútil que então vestia; em Colônia, os ossos, não de um, mas dos três reis magos; e, segundo algumas fontes, até mesmo a coroa de espinhos que São Luís entronizou em Sens, na França, enquanto, para guardá-la, fazia construir a Sainte Chapelle em Paris. Generoso, São Luís despojou-a dos espinhos, que repartiu com outros soberanos europeus. Entre os que o santo rei francês distribuiu e os que chegaram por outras fontes, dá-se conta de 147 espinhos espalhados por várias igrejas europeias. Santa Helena ainda conseguiu, e não pode cessar o nosso assombro por sua extraordinária competência em recuperar relíquias de Jesus, os cravos com que ele foi crucificado (supostamente três, embora já tenham sido recenseados 82 autênticos nos relicários de diferentes igrejas), um dos quais deu ao filho, que o mandou derreter para incorporar ao elmo com que pretendia armar-se para combater os inimigos da fé. Talvez só lhe tenha faltado a camisola de Maria Madalena, que Teodorico Raposo, "o Raposão", teria dito à tia haver trazido da Terra Santa para presenteá-la 15 séculos depois. Não seria de natureza diferente a credulidade da tia do Raposão e a da mãe de Constantino; nenhuma das duas, por exemplo, poderia duvidar da autenticidade da túnica inconsútil de Cristo, pois não teria como saber que essa vestimenta era privativa do sumo sacerdote do templo, que só a utilizava para entrar no *sanctum santorum*. E da mesma ingênua crença devem ainda participar os guardiães da prestigiosa relíquia na catedral de Trier, onde ela só é exibida em raras e especiais ocasiões, uma delas tendo sido a assinatura da Concordata entre o Vaticano e o Terceiro Reich, em 1933. A última, antes dessa data, havia sido em 1891, quando a Igreja católica celebrou sua vitória sobre a *Kulturkampf* de Bismarck. A Concordata era uma vitória pessoal de Eugenio Pacelli, que à sua conclusão havia dedicado o melhor de seus esforços como núncio papal na Alemanha. Foi também o primeiro ato oficial de reconhecimento internacional do regime nazista. Pacelli, que havia sido, igualmente, o primeiro diplomata a apresentar credenciais ao governo de Weimar, em 1920, era agora também o primeiro diplomata a pôr a assinatura num ato que dava reconhecimento ao Terceiro Reich. A ocasião era solene e justificava a iniciativa do bispo de Trier. Para distingui-la, o bispo Bornerwasser convidou Hitler a comparecer à cerimônia. Hitler escusou-se, mas enviou o vice-chanceler Franz von Papen, que havia sido o negociador do lado alemão, podendo assim o regime receber pessoalmente os votos de confiança e apoio que lhe estendia o bispo, em nome da população católica da cidade, à obra de "reconstrução do Reich alemão". Pacelli havia sido, antes, o negociador da Concordata com a Prússia, que preparou o caminho para a que veio a ser assinada pelo Vaticano com o Reich. Pouco depois de concluir as negociações com a Prússia, Pacelli foi chamado por Pio XI, seu protetor, para assumir a Secretaria de Estado do Vaticano. O Núncio deixou Berlim quase que às pressas para assumir as novas funções. Uma fotografia de Pacelli saindo da chancelaria germânica, após despedir-se do presidente Paul von Hindemburg, tornou-se famosa. Nela, o núncio é visto imponente e hierático na sua capa de bispo que se arrastava pelos degraus, descendo as escadas da Chancelaria, em Berlim. Duas semanas depois, Pacelli recebia o chapéu vermelho e passaria a ter direito a usar a *magna capa* cardinalícia, de púrpura, com 7 metros de comprimento, à época ainda vigente, já que só em 1953, e por decisão do próprio Pio XII, foi ela reduzida de 7 para 4 metros, por medida de economia.

Pio XII nunca deixou de ser uma personalidade polêmica, o que torna mais estranho o açodamento da Cúria em querer canonizá-lo. John Cornwell, cujas credenciais como pesquisador e historiador do catolicismo contemporâneo não podem ser disputadas, não poupa críticas ao que, através de minuciosas análises, revela ter demonstrado o antissemitismo do papa da guerra e a sua indulgência com relação ao regime nazista. É dele a observação de que o papa, não obstante a violação sistemática da Concordata pelo Terceiro Reich, nunca achou necessário excomungar o ditador nazista, enquanto achou natural excomungar *ferendae sententiae* todos os comunistas do mundo, de uma só penada, em 1949. Assim fazendo, de alguma maneira repetia Sixto IV, que, ao excomungar os Medici pelo assassinato de um bispo, estendeu a penalidade canônica, também de uma só penada, a todos os habitantes de Florença. Aliás, Sixto IV era chegado a essas generalizações. Mais tarde, anatematizou toda a cidade de Bâle, quando o arcebispo Zamometic quis retomar o concílio que se havia ali realizado. Talvez considerasse Pio XII que, apesar de tudo, Hitler era católico. Assim foi tido até a morte. Como católico, teve a alma protegida por uma missa de réquiem celebrada pelo primaz da Alemanha após seu suicídio no Führerbunker.

Mas dessas coisas eu não sabia naquele tempo. Para mim, Pio XII era tão pio quanto os outros de seu nome. Pio IX, por exemplo, que inventou a infalibilidade papal em 1970, quase 19 séculos após a instituição do papado, e que foi recentemente beatificado por João Paulo II. Podia parecer precipitado, pois, mas não inconsiderado, que Paulo VI tivesse querido beatificar Pio XII. Ou agora Bento XVI queira santificar João Paulo II. E, ao vermos como se comporta o Vaticano, não podemos deixar de relembrar, com nostalgia, o interregno salutar que foi a passagem de João XXIII por ele. Dele apenas, entre seus predecessores e sucessores imediatos, poder-se-iam ouvir as palavras: "Muitas vezes me ocorre acordar no meio da noite, preocupado com algum sério problema que esteja enfrentando a Igreja, e dizer-me que tenho que falar com o papa a esse respeito. Desperto-me completamente e dou-me conta de que eu sou o papa!" De qualquer forma, já não me afetam essas maquinações curiais.

Que eu me lembre, San Pietro in Vincoli foi a única outra igreja romana que visitei. Talvez tenha ido ver as correntes que haviam algemado São Pedro nas prisões de Roma e de Jerusalém. Haviam-se fundido numa só por obra de um milagre, quando São Leão Magno as aproximou uma da outra. Assim disse o guia. Tive de bônus conhecer o magnífico Moisés de Michelangelo, o único componente a ser completado do suntuoso e suntuário mausoléu que o papa Júlio II lhe havia encomendado para última morada. Modestamente, o papa não havia pedido mais do que quarenta estátuas para compor o cenário do sepulcro, que, de acordo com seu desejo, seria colocado na igreja de São Pedro. Uma desavença entre o escultor e o papa interrompeu o projeto, e a obra, reduzida em tamanho e no número das estátuas que fariam companhia à do pontífice, seis ou sete, inclusive a do próprio pontífice, foi elaborada por discípulos do mestre, embora baseada em desenhos seus. Ganhamos todos com isso, pois os anos que se seguiram à interrupção do projeto, dedicou-os Michelangelo ao hercúleo trabalho de execução da Capela Sistina.

Impulsionado por uns restos de dúvidas que mantinham acesa sob cinzas o que sobrava de uma fé agonizantes, fiz de minha estada em Roma uma incessante romaria aos lugares que tivera por santos quando no verdor de minha religiosidade. Feitas as visitas às basílicas e a San Pietro in Vincoli, visitei, é claro, a Roma imperial, indisfarçável nas ruínas espalhadas pela cidade. Mas foi aos lugares romanos que pontilhavam o mapa religioso que me dirigi maquinalmente, na mesma busca, talvez, de recompor o mosaico coerente de uma história do cristianismo que tinha na mente. De todos, como é natural, o mais espetaculoso é o Coliseu. No Coliseu, não foi o apogeu do império o que evoquei, mas o sofrimento dos primeiros mártires cristãos, motivado, talvez, mais pelo que me sobrava das ilustrações vistas do *Thesouro da juventude*, das histórias lidas de Sienkiewicz e de algum filme hollywoodiano, do que por uma real reflexão sobre a natureza e o significado exato das perseguições aos cristãos primitivos. Aliás, eu nem sabia que o martírio de cristãos naquele recinto, cujo nome real era Anfiteatro Flávio, talvez nem fosse uma verdade histórica, como li depois na *Historia de la Humanidad*, da Unesco. Da mesma forma que não era correto, vim a saber, depois, que os cristãos houvessem sido perseguidos maciçamente, e ininterruptamente, como dava a entender a tradição oral que nos era transmitida, por sua intransigência em se negarem a repudiar publicamente a fé. As perseguições sofridas não eram circunscritas aos cristãos, mas se estendiam a todos aqueles, mesmo de outras religiões, que se opusessem a prestar juramento de fidelidade aos deuses de Roma, uma exigência mais ligada às necessidades do império de se assegurar o apoio econômico e militar de seus súditos do que à intenção de reprimir uma fé contrária à do imperador. Nem foram incessantes, havendo períodos mais longos de tolerância do que de perseguição. Pouco antes de Constantino, por exemplo, Galério, em vista da obstinação dos cristãos de não se submeterem à abjuração explícita de sua fé, permitia-lhes, por um édito, celebrarem suas reuniões sempre que em suas orações rogassem a seu Deus pelo bem do Estado. De certo modo, isso explica melhor a tolerância vigente à época de Constantino do que mesmo sua suposta conversão, cujos atos na vida privada não confirmam. Sua ardileza consistiu em utilizar-se da crescente influência popular do cristianismo em vastas regiões do império para consolidação do poder imperial, esse sim, e não a convicção religiosa de estar abraçando uma fé verdadeira, foi seu objetivo político.

No que era ainda uma forte imposição do lado peregrino da minha viagem a Roma, fiz questão de ir ao Cárcere Marmetino, onde teriam estado presos, simultaneamente, São Pedro e São Paulo, e visitei as catacumbas de São Calixto, na Via Appia. Era, talvez, ainda, a evocação da igreja dos catecúmenos, resultado provavelmente exclusivo da minha leitura de *Quo Vadis?*, que me levava a esse destino. Recordo-me da estátua de Santa Cecília, a comovente figura da esposa de Valeriano, de quem exigiu a conversão antes de a ele entregar-se na noite de núpcias. É uma bela figuração da morte, ao representar a mártir cristã deitada, semidebruçada sobre o lado esquerdo, com a cabeça virada para o chão, no lugar presumidamente tido como sua tumba. Pensava ser a original. Só recentemente soube que não era, quando pude ver, afinal, na basílica de Santa Cecilia in Trastevere, a que lhe servira de modelo.

Da Igreja medieval pouco parece ter sobrado em Roma. Do panorama de uma igreja primitiva, de uma comunidade de fiéis que se regia a si mesma de forma inesperadamente democrática, pronta a abdicar dos bens terrestres em favor da salvação eterna que lhe prometiam iminente, a um tempo em que ainda se falava da próxima volta do Messias para cumprir as profecias que anunciavam o fim da História, passava-se quase que sem transição, pelo menos sem vestígios reais na paisagem urbana, para a Igreja do poder temporal triunfante, que a aliança com Constantino começara a edificar, fazendo da Igreja catecúmena a Igreja romana. Copiando as instituições imperiais na elaboração de sua arquitetura administrativa e reelaborando as práticas pagãs na construção de sua liturgia, a Igreja Católica Apostólica Romana havia alcançado um poder político e uma abrangência geográfica inigualados por qualquer culto religioso anterior. No processo, porém, de romanização, o que havia sobrado do filho de Deus, do profeta, do homem, sobre cuja mensagem afirmava haver-se estabelecido? Que tinham a ver aquelas grandiosas basílicas, com sua profusão de ouro e prata vindos das colônias onde se matava em nome de Deus, seus túmulos de papas corruptos, seus oficiantes inescrupulosos e suas multidões idólatras, que tinham a ver tudo isso com aquele que pedia a quem o quisesse seguir que deixasse bens e famílias para viver uma religião de pobreza, caridade e amor? A que igreja entre as mais suntuosas que encontrava a cada canto não estava ligado o nome de alguma família de assassinos cujos palácios ainda podiam ser encontrados pelas vielas dos bairros mais antigos da cidade, os Borgia, os Medici, os Della Rovere? Onde seria colocado o mausoléu que Júlio II encomendou a Michelangelo e que seria mais majestoso do que o altar de São Pedro? De que janelas do palácio do Vaticano, Alexandre VI, ao lado da filha Lucrezia, assistia às orgias equestres dos garanhões com as éguas, organizadas para seu espetáculo, ou presenciava as matanças que Cesare Borgia, o mais famoso de seus sete filhos, agora que não era mais cardeal, praticava com as flechas, tendo como alvo arruaceiros arrebanhados na cidade? E onde seria a sala na qual presidiu o banquete oferecido pelo mesmo Cesare, à época ainda cardeal, em que cinquenta prostitutas nuas engatinhavam entre candelabros postos no chão para catarem com a boca as castanhas arremessadas pelos príncipes da Igreja?

Dessas coisas em detalhe não tinha conhecimento à época de minha primeira visita a Roma. Mas não me eram desconhecidos os numerosos exemplos de corrupção na corte papal, ao longo da História, e o grau máximo atingido à época do papa Borgia. Sabendo ser mamãe assídua leitora de livros religiosos, para ela havia comprado, como presente de aniversário, em 1946, ou 47, o livro *O Vaticano — Potência mundial*, do escritor alemão Joseph Bernhart, editado em 1942 pela Pongetti. Mamãe não se interessou pelo livro, talvez por se tratar de História e não de edificação moral, como aqueles que costumava ler. Mas, talvez, quem sabe, e isso penso hoje, por achar, ou pressentir, que nele iria encontrar informações sobre a Igreja que preferia continuar ignorando. Se assim foi, não estava sozinha. Nenhum bom católico se detinha nas ignomínias praticadas pela hierarquia eclesiástica em todos os seus níveis, muito especialmente no mais alto. A figura institucional do chefe da Igreja era intocável, como continua a ser. Li-o eu, e isso está documentado nas marcas nele deixadas. E o desconforto foi grande. Eu estava acostumado às pequenas fraquezas paroquiais e suburbanas, especialmente no capítulo do comportamento sexual dos padres seculares, mas também dos padres regulares. Tinha conhecimento mesmo de verídicos casos de pedofilia praticados em internatos católicos, narrados por testemunhas absolutamente confiáveis. Mas queria não acreditar que do centro do poder da Igreja, na pessoa que representava o zelador da fé, no vigário de Cristo na Terra, pudessem ser encontrados comportamentos tão claramente criminosos e vergonhosamente cínicos como os que via documentados na História.

Da escandalosa noite das castanhas, não me recordo havê-la visto mencionada no livro de Bernhart, mas bem me lembro da descrição feita da morte do papa, envenenado junto com seu filho pelo mesmo veneno com que ambos pretendiam assassinar um cardeal, devido ao engano dos criados que a eles serviram o vinho à pretendida vítima destinado. Lembro-me da história pelo detalhe picante de que, para reanimar o papa moribundo, tudo foi tentado, inclusive deitarem-no entre duas prostitutas nuas, na esperança de que isso pudesse reavivá-lo. A linhagem petrina estava, aliás, bem documentada nas suas "fraquezas", ou seja, nos seus piores escândalos. Papas assassinos, incestuosos, sodomitas, pedófilos, simoníacos despontavam ao longo dos séculos, com perturbadora regularidade.

Da noite das castanhas, episódio marcante do pontificado de Alexandre VI, só tomei conhecimento em 1962, quando assisti, na Comédie Française, em Paris, esplendidamente representada, com figurinos de Leonor Fini, à peça *O Concílio dos Deuses*, de Oscar Panizza, cuja primeira cena do ato segundo é a reprodução da famosa *battaglia d'amore*, como eram denominados tais espetáculos na corte do papa Borgia — e não entendo como essa peça pôde ter sido ser representada na mais respeitada sala de teatro da filha dileta da Igreja. O episódio, chocante como pode ser até hoje, está descrito no diário que manteve, durante quase vinte anos, o sacerdote alsaciano Johan Burchard, *Magister Ceremoniarum* do Vaticano, que exerceu o cargo durante os pontificados de Inocêncio VIII, Alexandre VI, Pio III e os primeiros anos de Júlio II. Não me privo de aqui reproduzir seu texto *ipsis litteris*, no idioma em que foi escrito, como se costuma fazer quando se quer esconder de olhos inocentes alguma prática indecente: "*In sera (domenica ultima mensis octobris, vigilia omnium sanctorum — 31 oct. 1501) fecerunt cenam cum duce Valentinense in camera sua, in palatio apostolico, quinquaginta meretrices honeste, cortegiane nuncupate, que post cenam coreaverunt cum servitoribus et alias ibidem existentibus, primo in vestibus suis, deinde nude. Post cenam posita fuerunt candelabra communis mense in candelis ardentibus per terram et projecta ante candelabra per terra, castaneae, qua meretrices ipse super manibus et pedibus, nude, candelabra pertranscentes, colligebant. Papa, duce et G. Lucretia, sorore sua, presentibus et aspicientibus. Tandem exposita dona ultima, diploides de serico, paria caligarum, bireta et alta pro illis qui pluries dicta meretrices carnaliter agsnoscerunt; quae fuerunt ibidem in aula publice carnaliter tractate arbitrio presentium, dona distributa victoribus.*"

As indulgências

Volto às indulgências. Não lhe conhecia a doutrina. Essas coisas não nos eram ensinadas junto com o catecismo no colégio. Tínhamos que nos bastar com o que havíamos recolhido, aqui e ali, do seu histórico, o que não era muito mais do que saber que uma disputa quanto a elas havia estado na origem do cisma protestante.

Leio hoje no *Catecismo da Igreja Católica* que a indulgência é a remissão, diante de Deus, da pena temporal devida pelos pecados já perdoados quanto à culpa. É uma prerrogativa da Igreja, que, como dispensadora da redenção, distribui e aplica o tesouro de méritos de Cristo e dos santos.

Inevitavelmente vem-me à mente o problema da graça que tanto me atormentava naqueles anos de conflito espiritual. Em que medida o pecado perdoado deixa no homem a obrigação de uma pena temporal para restabelecê-lo na plenitude da graça? Quer isso dizer que o não cumprimento da pena temporal invalida o resultado da absolvição? Que a absolvição está condicionada ao cumprimento da pena? Não significa isso que a Igreja estaria administrando a graça divina? Não é isso o que faz com as indulgências? Dizer, por exemplo, que a indulgência plenária restabelece o homem na plenitude da graça santificante adquirida pelo batismo não é tomar o lugar de Deus no seu absoluto arbítrio quando à concessão da graça? Não é a graça inteiramente gratuita, sendo o homem, não importa quanto seja santa a sua vida e dedicados os seus atos e sofrimentos, incapaz de merecê-la no sentido de adquirir um direito a ela?

Minha perplexidade diante das tabuletas nos confessionários dentro da igreja de São Pedro, apregoando as indulgências que poderiam ser obtidas por quem a eles se apresentasse, e os anúncios que por toda parte prometiam a possibilidade de repassar indulgências obtidas às almas no purgatório, não se ameniza, antes se exaspera, pelo conhecimento da doutrina que hoje tenho, adquirido diretamente do *Catecismo da Igreja Católica*. Simplesmente não posso acreditar que, em pleno século XXI, seja possível anunciar sem corar a dispensação de indulgências, e nela acreditar, se presente esteja, em quem as anuncia e em quem as procura receber, um mínimo de capacidade reflexiva.

As seções anteriores me levaram a Sixto IV, a Alexandre VI. E basta. Nada mais me apena e dói do que rever a longa relação dos crimes cometidos pela Igreja. No início deste relato me referi ao que dizia dom Beda Keckeisen a respeito dos lugares na igreja em que o Espírito Santo opera de modo especial: o confessionário, o púlpito e o altar. Mas não seriam mais numerosas e mais amplas as atribuições da Terceira Pessoa, se fossem para valer as palavras de Jesus citadas por João, o evangelista? E entre elas não estaria a de atender à invocação que lhe fazem, por exemplo, aqueles encarregados de eleger o sucessor do supremo representante de Deus na Terra (*Veni, Creator Spiritus*) em momentos decisivos para a continuidade do ministério da Igreja? Tomo só o caso dos concílios para as eleições papais porque o mais superficial exame da longa lista da sucessão petrina parece indicar uma flagrante determinação do Espírito Santo de não atender à súplica que lhe é feita nessas ocasiões. Como explicar a proliferação e sucessão de papas corruptos e criminosos ao longo da História, se a eles cabe, precisamente, o múnus (encargo) de ser o Vigário (substituto) de Cristo na Terra, o que lhe dá poderes plenos, supremos e universais sobre o rebanho católico (*Catecismo da Igreja Católica*)? Não estaria aí, exatamente, a ocasião em que mais manifesta deveria ser a intervenção divina? Termos estado livres, em tempos recentes, da libertinagem, da corrupção e do crime cometidos dentro dos muros do Vaticano quer significar que está hoje o Espírito Santo mais vigilante? Ou apenas que mudaram os costumes sociais, e, nesse caso, não terão dependido tanto de sua intervenção nem os menores riscos do presente, nem os maiores escândalos do passado?

Florença

Florença havia entrado no meu roteiro em virtude do convite que me havia feito o padre Jacobelli no breve encontro que tivemos em Roma. Tive que mudar minha passagem aérea Roma–Paris, que fazia parte do bilhete Recife–Roma–Recife, e conseguir trocá-la por um bilhete que me permitiu viajar de trem no trajeto Roma–Florença–Pádua–Veneza–Cannes e só retomar o avião para o regresso a Paris em território francês. Era Ano Santo, e toda sorte de arranjos era facilitada pelas companhias aéreas, contanto que o voo no trecho maior do percurso fosse efetuado por elas.

Fui para Florença sentindo que, do ponto de vista espiritual, a ida a Roma em nada havia contribuído para apaziguar-me. Ao contrário, de um lado, o espetáculo de luxo e grandeza ligado à presença e às manifestações da Igreja, e de outro, o das multidões manipuladas pela indústria turística ligada direta e indiretamente ao Ano Jubileu me haviam deixado repugnado.

Em Florença, aguardava-me no Collegio Alla Querce, na Via della Piazzuola, o bondoso padre Jacobelli. Acolheu-me dizendo que me recebia como a um amigo. O colégio, como me avisara em Roma, estava deserto. Fui acomodado não no dormitório dos estudantes, mas na cela de um dos padres ausentes. Tomávamos juntos a refeição da manhã e a do fim da tarde, pois a única condição ligada à minha hospedagem era estar de regresso antes das 18 horas, quando, ainda alto o sol acima da linha do horizonte, se cerravam os portões.

Padre Jacobelli era licenciado em artes, matéria que ensinava no colégio. Eu não podia ter encontrado melhor orientador para conhecer a cidade. Guardo ainda as notas que tomava de nossas conversas e as sugestões que ele fazia para a programação dos meus dias. Padre Jacobelli dizia que a igreja de São Pedro, em Roma, era a mais bela das igrejas; o campanário de Giotto, em Florença, o mais belo dos campanários ("a *vision of delight and desire*", confirma Longfellow); a fachada da igreja de Orvietto, a mais bela das fachadas; e o altar de Santo Inácio em São Luís dos Franceses, em Roma, o mais belo dos altares. Falava com os olhos brilhando e um meio sorriso de prazer. Fra Angelico, dizia, é o *mago delle idee*; Fra Bartolomeo, o *mago delle forme*.

Para a visita à cidade, as instruções eram minuciosas. Tenho-as todas anotadas na minha caderneta de viagem: começar pelo Domo, seguir pela Via Cavour até lá. Ver a *Descida da Cruz*, de Michelangelo, *alla sinistra del altare maggiore* (devia estar nesse lugar ou eu não o teria assinalado com a precisão de suas palavras; em visitas posteriores encontrei-a no Museo dell'Opera del Duomo); no Battistero, observar os mosaicos antigos. Visitar a igreja do Carmo para ver na Cappella Brancacci os afrescos de Masaccio, *Adão e Eva* e a *Expulsão do Paraíso*. Do outro lado, não deixar de ver os baixos-relevos de Giovanni Battista Foggini, sobretudo o da direita. Ver a Cappella de Andrea Corsini, e nela a cúpula pintada por Luca Giordano. Na igreja de San Lorenzo, ver a *cattedra* de Donatello, e a nova sacristia, com os monumentos funerários, trabalho incompleto de Michelangelo, dedicados a Lorenzo e a Giuliano de Medici. Não deixar de ver a Madona de Michelangelo na entrada dos túmulos. Visitar a capela otogonal, a Cappella dei Principi, para ver o rico bordado dos mármores. Observar o leão pintado por baixo do mármore transparente; ver o trabalho do altar, do piso. Na igreja de Santo Espírito, observar a original colunata, obra de Brunnelleschi, um marco da arquitetura renascentista. Na igreja de Santa Trinità, é indispensável ver a *Natividade* de Guirlandaio, na Cappella Sassetti. Ir a Or San Michele e à Piazza della Segnoria, para uma visão geral. Ver na Loggia dei Lanzi a estátua de Cellini. Ver na abadia a Madonna de San Bernardo, de Filipino Lippi. Não deixar de ver a igreja de Santa Croce, onde encontraria o mais belo gótico de Florença. Nela, ver os Giotto, e no museo dell'Opera, o crucifixo de Cimabue. Ver o teto barroco do Palazzo Ricardi, pintado por Luca Giordano, representando a apoteose da família dos Medici.

Não saberia dizer se cumpri adequadamente todo o roteiro que me estava prescrito. Precisaria de semanas para fazer tudo o que o padre Jacobelli me recomendava, e não dispunha senão de dias. Mas tenho a lembrança de haver feito o possível para nada deixar passar, pois à noite, no jantar, tinha que prestar contas ao meu hospedeiro do que havia sido o meu dia. Hoje, misturo o que vi então com o que vi depois, nas muitas vezes que voltei a Florença. De qualquer maneira, nenhum guia turístico ou obra de iniciação à arte florentina poderia ser mais preciso, precioso e seletivo do que aquelas notas que tinha à mão.

Não posso acreditar que o entusiasta professor de arte do Collegio Alla Querce não me tenha dito para conhecer, também, as galerias Pitti e Uffizi, pois achei tempo para visitá-las. Talvez me tenha recomendado ver a pintura religiosa pré-renascentista nelas conservadas. Mas, se o fez, nada deve ter dito de específico, pois não encontro referências nas minhas notas.

Da cidade, guardo o encantamento que me vinha a cada dobrar de esquina. Roma era diferente. As igrejas e os monumentos se ofereciam ao visitante em grandes espaços abertos, em visão panorâmica. Em Florença, os tesouros de arte se faziam descobrir, necessitavam mais de referências culturais para serem plenamente gozados.

Guardei as páginas em que transcrevi as minuciosas instruções do padre Jacobelli, mas, não tendo escrito um diário de viagem, não poderia reconstituir o que foram minhas impressões reais diante de cada uma das obras por ele rigorosamente selecionadas. Em visitas posteriores, não tive o zelo de reconstituir esse roteiro primitivo. Sempre houve coisas novas para descobrir e, sobretudo, coisas queridas a revisitar. Mas Florença ficou para sempre vinculada à figura gentil, paternal, solícita que me ensinou a ver arte, onde antes eu pensava só existirem igrejas e imagens de santos. Talvez, fazendo-me ver forma e beleza onde eu sozinho iria encontrar apenas simulacros ou símbolos, padre Jacobelli tenha, sem o querer, contribuído de maneira profunda e indelével para a dissociação progressiva que em mim ocorreu, a partir daquela passagem por Florença, entre arte e religião, agravando, assim, o afastamento que, de forma imprecisa e intuitiva, eu começara a sentir em São Pedro entre as exigências da fé e a atração da arte. Ficou-me para sempre. Em minhas viagens pelo mundo, particularmente pela Europa, nunca deixei de visitar uma catedral, uma igreja, um convento, um museu, uma ermida, onde pudesse deter-me na contemplação de uma arquitetura original, uma bela imagem, uma escultura famosa, um quadro de algum pintor renomado. Nesses lugares, nos quais, tivesse sido outra a minha evolução espiritual, eu teria buscado momentos de contrição, foi sempre a oportunidade para um deslumbramento estético o que busquei e de mim se apossou.

Não voltei a encontrar padre Jacobelli, o guia incomparável. Poderia alguém ter tido melhor? Fizera desfilar perante o jovem ignorante e provinciano que eu era todo o esplendor das formas e cores do apogeu da arte italiana, de mim só conhecida através das modestas reproduções em preto e branco do *Thesouro da juventude*, de *As maravilhas do conhecimento humano*, de grosseiros livros didáticos ou de baratas histórias da arte. Há que lembrar que ao Recife ainda não havia chegado a televisão, e nos cinemas ainda não se conhecia o tecnicolor. Mas fizera-me, sobretudo, ver com olhos virgens e deslumbrados o grande espetáculo da beleza jacente à minha volta. Nada igual me acontecera antes nem voltaria a acontecer com a mesma intensidade.

Eu havia saído poucas semanas antes dos meus 20 anos e senti plantar-se em meu coração o lírio vermelho de que falou Montale num poema sobre o escudo de Florença,

Il giglio rosso, se un dì
mise radici nel tuo cuor di vent'anni
..a scuotere
l'arpa celeste.

No mesmo poema, diz Montale que a melodia que dele se desprende, *ovi il brusío / del tempo più non affatica*, torna a morte amiga. Só conheci estes versos, obviamente, quarenta anos depois, quando traduzia Montale. E se esse poema não motivou Saramago, pelo menos parece que a cidade despertou no português idênticos sentimentos. "Vou deixando a cidade e dizendo comigo mesmo enquanto dela me despeço: 'Aqui devia eu viver.' E isto são homenagens. Mas agora duas terras se aproximam onde não me importava de morrer: Florença e Siena. E esta homenagem é muito maior", vamos encontrar no *Manual de caligrafia*. Em mim, a cidade falava de vida. A ela voltei sempre que pude, até que um dia a ela regressei uma noite de Natal. Deveria ser uma despedida, e, com minha mulher, antecipávamos, nessa única noite em que ali estaríamos, fazer algo diferente que nos marcasse a passagem com nota de música, luzes, beleza. Iríamos à missa do galo no Domo. Não conhecíamos o ditado italiano *Natali con i tuoi e Pasqua con chi vuoi*. Cerradas estavam todas as igrejas, fechados todos os restaurantes, apagadas as luzes de todos os edifícios públicos. Não havia sequer serviço de quarto no afastado hotelzinho onde logramos encontrar pouso. Apagou-se, assim, também, Florença da minha memória.

Pádua e Veneza

Já que o bilhete de trem me permitia fazer escalas por onde quisesse na rota entre Florença e Cannes, escolhi parar em Pádua e em Veneza. Veneza se impunha. Eu não podia passar ao largo sem me dar a oportunidade de visitar a cidade flutuante. Mas por que Pádua? Não foram motivações religiosas que me levaram a querer passar pela cidade de Santo Antônio. Mesmo nos períodos de maior fervor religioso, durante a adolescência, nunca fui ligado a devoções particulares. Minhas relações eram diretas com o crucificado (não com o seu pai, por razões já apresentadas). Mesmo com Maria, sua virgem mãe, eram cerimoniais, não digo cerimoniosas. Apesar de congregado mariano, não tinha predileção especial por qualquer de suas revelações personificadas, em Fátima, em Loreto, no Carmelo, ou hipostáticas, como Virgem da Conceição, do Perpétuo Socorro ou da Boa Morte. Fui a Pádua para ver uma estátua.

Meus parcos conhecimentos de arte haviam sido colhidos, sobretudo, em dois livrinhos nos quais havia sublinhado nomes e lugares em todas as páginas, antes do início de minha viagem: *Initiation à la sculpture*, de Henry Arnold, e *Initiation à la peinture*, de René Prinet. Pois no livro de Arnold havia lido a importante notícia de que em Pádua e em Veneza se encontravam as mais belas estátuas equestres do mundo, respectivamente as dos *condottieri* Gattamelata e Bartolomeo Colleone, e, já que iria ver a segunda, e estaria passando tão perto da primeira, nada custava uma rápida parada em Pádua a fim de ver a obra de Donatello e estar mais bem-preparado para a comparação com a de Verrocchio.

Não devo ter ficado em Pádua mais do que uma hora. Cheguei pela manhã, deixei minha mala no *deposito* e larguei-me para a *piazza del santo*, como é conhecida pelos paduanos aquela onde se encontra a basílica.

A estátua está em frente à igreja. Não parece guardá-la, pois a ela dá as costas e dela se afasta para a esquerda, quase como se quisesse sair da praça irregular e vazia que ao templo serve de vestíbulo. Tem uma imponente dignidade. Li, depois, que era o primeiro exemplo moderno de utilização da estátua equestre para comemorar um grande personagem, e, como é natural, Donatello foi buscar modelo nas grandes estátuas equestres do passado. Marco Aurélio é a referência paradigmática. Como na estátua do imperador romano, há algo de igualmente solene na figura do *condottiere* e na robustez do cavalo. Mas, enquanto o cavalo de Marco Aurélio, no Campidoglio, em Roma, parece impacientar-se e querer largar-se do dono, o de Gattamelata aceita a função eternamente passiva, como suporte do cavaleiro, e dá-se mesmo ao luxo de pousar com elegância sua pata direita dianteira sobre uma esfera. Vasari elogia-lhe o equilíbrio, as proporções, o *design*, e diz que a estátua continua a causar a quantos a veem a mesma admiração dos que foram contemporâneos de sua criação.

Aprendi depois que, se é verdade que Donatello houvera visto a estátua de Marco Aurélio, já dez anos se haviam passado desde sua viagem a Roma, e, se modelos tinha à mão da escultura equestre antiga, estes só poderiam ser os cavalos que figuram no frontispício da basílica de San Marco, em Veneza, tão perto de Pádua, surrupiados ao hipódromo de Constantinopla no século XIII. Haveria uma ligeira desproporção entre o tamanho do general e o de sua montaria, e esta, com o passo esquipado, poderia até ser tomada como irregular. Não deveria. Se o modelo estava na quadriga, todos os cavalos desta aí estão com a mesma andadura. E Verrocchio — veremos isso adiante — fez o mesmo com a montaria do Colleone. Nada disso eu era capaz de notar, por então. Talvez apenas certa desproporção entre cavalo e cavaleiro e a calvície do general, que lhe retirava qualquer aparência marcial. Que importava! Com ou sem tais irregularidades, a obra de Donatello era bela e inaugural.

Quanto ao personagem, mesmo à distância parecia guardar um aspecto sóbrio, diria quase resignado, inteligente e digno. Não sei se foi assim, na vida real, o general cujos restos mortais repousam a poucos metros, no interior da basílica.

A igreja causou-me de início um certo desconforto. Era o meu primeiro contato com um exemplo perfeito da arquitetura religiosa na transição do românico para o gótico. A essa mistura, já de si inédita, juntavam-se as múltiplas cúpulas que davam ao conjunto a impressão curiosa de colagem de uma igreja com uma mesquita. Dessas coisas gerais, já dava para tomar nota minha rude erudição. Do interior, ficou-me pouco mais do que a recordação das linhas clássicas da arcada que separava o altar da nave. Parecia um templo dentro do templo, um espaço que sugeria uma separação ainda maior do que a que existia, normalmente, entre a área do altar-mor e a do público. A igreja era escura, ou assim me pareceu, talvez pela falta de luminosidade devido ao tempo nublado lá fora. Uma profusão de lampadários pendia do teto em cada um dos cinco espaços constituídos pelas seis colunas que suportavam os arcos da fachada do templete. Havia algo definitivamente diferente nessa arquitetura, e que depois, com o que vim a descobrir em Veneza, pude identificar como caracteristicamente bizantino. Estava sendo rezada missa na ocasião, e não pude explorar as naves. Nem talvez tivesse querido. Olhava ansioso o relógio, pensando em retomar o mais rápido possível o trem. Logo regressei à estação, e minutos após chegava a Veneza.

Dei-me conta, a caminho, de que algo diferente estava acontecendo comigo, uma transição quase imperceptível da maneira como estava trabalhando os meus sentidos. Se minha viagem pela Itália havia começado como uma peregrinação que, à falta de melhor precisão, eu poderia chamar de religiosa, aos poucos ela começava a se laicizar. Em Roma, todas as minhas visitas haviam tido uma motivação religiosa. Era ainda, se não o desejo de participar da grande emoção coletiva do Ano Santo, pelo menos o de cumprir um roteiro que se impunha pela presença constante do problema que abalava minha alma. No fundo, eu queria encontrar as raízes do cristianismo que me possuíra de sempre e que agora começava a desligar-se de mim. Em Florença, e só agora eu começava a perceber isso, embora meu roteiro, minuciosamente estabelecido pelo padre Jacobelli, me tivesse levado de igreja em igreja, sem paragem para apreciar outra coisa que não fossem as grandes obras da arte cristã, não era para confirmar minha fé, nem apaziguar minha consciência, que nada do que fui ver havia sido escolhido. O padre Jacobelli me ensinara a ver arte. Saíra de Florença carregando não cristos e madonas, deposições ou anunciações, mas michelangelos e donatellos, masaccios e guirlandaios, nomes novos para mim, e um novo vocabulário com o qual expressar os sentimentos que me despertavam.

Em Veneza, encontrei-me pelas 9 horas. Chegando de trem, experimentei, sem saber que era isso o que sentia, pois não tinha ainda ouvido falar de Aschenbach, a sensação de que entrava num palácio pela porta dos fundos. Deixei a mala no depósito e tomei um *vaporetto* que me levasse o mais perto possível da *Riva dei Mendicanti*, onde começaria o meu périplo por uma visita ao monumento de Verrocchio, ainda sob o impacto de haver visitado o de Donatello minutos antes.

Não me recordo da natureza exata dos sentimentos que me possuíram nesse primeiro e rápido contato com a cidade. Nela, passei apenas 12 horas, perplexo, deslumbrado. Tinha-me prescrito um roteiro seletivo, que se acomodasse ao tempo disponível: ver, é claro, a estátua de Verrocchio, andar pela praça e visitar a igreja de São Marco, navegar pelo Gran Canal e olhar de perto a ponte do Rialto. E ir ao Lido, detalhe curioso para quem dispunha de tão pouco tempo. Mas a palavra estava associada às míticas bienais, e isso me dava razão suficiente. Tivesse já lido o livro de Thomas Mann ou visto o filme de Fellini, e teria tido explicação para destino tão bizarro. Mas isso estava a décadas de distância. E o que me ficou dessa excursão foi uma certa sensação de perda de tempo que só vi explicada muitos anos depois, ao encontrar o juízo que de *l'affreux Lido* fazia Alfred de Musset.

Não estava preparado para assimilar todo o misterioso encanto daquela cidade feita de água, céu e mármore, nas palavras de George Sand, onde tudo era luz e beleza. Parecia-me uma cidade de sonho, com o silêncio de suas ruelas sem trânsito, apenas escutada a melodia *cantabile* do dialeto veneziano e o grito dos *gondolieri* se advertindo mutuamente da aproximação de seus esquifes ondulantes nas esquinas dos canais. Meu espartano orçamento não me permitia a experiência de embarcar num deles, mas eu observava fascinado a oscilação dos *ferri* das proas nas amarrações dos cais e seu deslizar silencioso pelos canais. Devo ter-me deixado embriagar pelo ouro bizantino de San Marco, pelas esguias ogivas góticas do Ca d'Oro, pela caprichosa arquitetura do Palazzo dei Dogi, pela inesperada envergadura da ponte do Rialto, pela alvura barroca de Santa Maria della Salute. São nomes encontrados em minha caderneta. Era beleza demais, e o pensamento não é meu, mas de Anne de Nouailles, que buscara refúgio num romance, no quarto de hotel onde se hospedava, para alvejar-se do excesso de sentimentos provocado pelo cenário veneziano.

Cumprido o essencial do meu programa, passei a vagar sem rumo. Não tinha quem me dissesse o que mais ver. Em Roma, haviam-me guiado as memórias religiosas. Afora a óbvia constatação da riqueza imperial, pois tropeçava em suas ruínas, todas as minhas visitas haviam sido conduzidas pelo reconhecimento da história católica da cidade. Não penso ter visitado qualquer igreja por seu valor estético. Nessa época, ainda não havia ouvido falar de Bernini e de Santa Maria della Vittoria, de Caravaggio e da igreja de Sant'Agostino, de Domenichino, e da de San Luigi dei Francese. Em Florença, eu fora conduzido pela mão generosa do padre Jacobelli. Fora meu primeiro encontro físico com a arte verdadeira. Inaugurava-se um mundo incomensurável de variedade e beleza, e só pudera sobreviver porque tinha demarcadas as referências para não me perder no caminho. Em Veneza, estava só comigo mesmo, com minha ignorância, que agora apercebia monumentosa, sobre a grandeza histórica e a cornucópia de obras de arte acumulada naquele cenário de fábula.

Não queria entendê-la. Queria senti-la, para poder reinventá-la depois, em sua construção onírica. E isso apenas me impelia por suas pontes e canais, suas praças e desertas ruelas. Nas 12 horas que passei em Veneza, vi-a sob todas as nuances de luz. Quando cheguei à estação para tomar o trem que me levaria da Itália, era noite e chovia.

Já mencionei que meu primeiro propósito ao parar em Veneza era ir conhecer a estátua de Bartolomeo Colleone, para poder compará-la com a de Gattamelata, e dela ainda não falei. Deixei-a para *commiato.*

Tinha razão Henry Arnold. Era bela. Dei-lhe a palma na comparação com a estátua padovana.

Se não sei como a do seu predecessor foi parar junto à basílica do "santo", aprendi como a do *condottiere* foi plantar-se no Campo dei Santi Giovanni e Paolo, em face da Scuola Grande di San Marco. Para isso servem os guias. E esta é a história contada: dono de uma grande fortuna, Colleone, que à República prestara inestimáveis serviços, legara-lhe em testamento todos os bens, à condição de que lhe fosse erguido um monumento na Piazza San Marco. Já estava Gattamelata a essa altura devidamente instalado em seu modesto pedestal junto à basílica do santo padroeiro de Pádua. Queria Colleone, igualmente, imortalizar-se no mais nobre local de sua cidade, junto às relíquias de outro santo, o padroeiro de Veneza. Ora, não tinha o Senado como dar cumprimento a essa condição, sendo a praça vedada à presença de monumentos. Não queria perder, no entanto, o quantioso legado. Num imaginativo exemplo de reserva mental, decide atender literalmente ao desejo do guerreiro, colocando seu monumento em outra praça, comparativamente mais humilde, onde se erguia, porém, a igreja homônima da confraria de San Marco.

Tudo na estátua de Colleone a avantaja com respeito à de Gattamelata: a situação na praça, de frente para o canal, a imponência do pedestal, a elegante agitação do corcel, a soberba majestade da figura do *condottiere*. É impossível não se sentir atraído pela harmonia do conjunto, não se ver tocado pela altaneira postura do arrogante general e a magistral revelação da soberba personalidade inscrita nos traços de sua face tal como conservada para sempre pelo cinzel de Verrocchio.

Poderia tentar descrevê-la, mas por que fazê-lo, se encontro, nas palavras de André Suarès, o companheiro de Gide, Claudel e Valéry na *Nouvelle Revue Française*, em um ensaio datado de 1932, intitulado, precisamente, *Voyage du condottiere*, a mais precisa, pertinente e estilisticamente preciosa análise que dela poderia ser escrita? E se, para conhecer a estátua, valeu haver-me detido em Veneza por um dia, talvez possa o leitor perdoar-me se lhe solicitar apenas alguns minutos para escutar este belo texto que deixo no seu brilhante original: "*Colleone est amer. Il a l'air du mépris, qui est le plus impitoyable des sentiments. Il tourne le dos, avec une violence roide et tranchante comme le Z de l'éclair, il fend le siècle, repoussant la foule d'un terrible coup de coude. On a bien fait de le mettre sur une place solitaire. Sa bouche d'homme insomnieux, qui a l'odeur de la fièvre, ses lèvres sèches que gerce l'haleine des longues veilles, et où le dégout a jeté ses glacis, ne pourraient s'ouvrir que pour laisser tomber les hautains sarcasmes. Il n'y a rien de commun entre ce héros passionné, fier, croyant, d'une grâce aiguë dans la violence, et le troupeau de médiocres qui bavarde à ses pieds, ni les Barbares que lèvent leur nez pointu en sa présence. Il est seul de son espèce. Personne ne le vaut, et il ne s'en flatte pas. Il jette par dessus l'épaule un regard de faucon à tout ce qui l'entoure, un regard qui tournoie en cercle sur la tête de ses pauvres gens, comme l'épervier d'aplomb sur les poules. Qu'ils tournent, eux, autour de son socle, ou passent sans le voir seulement. Lui, il a vécu et il vit.*"

Deixei Veneza à noite, em meio a uma tempestade que agitava desencontradamente as gôndolas amarradas em frente à praça de São Marcos e fazia refletir os relâmpagos nas águas encrespadas do Gran Canal. Cheguei à estação no *vaporetto*, onde a chuva penetrava por todos os lados, ao som de trovões ameaçadores.

Não foi ainda dessa vez que Veneza tomou conta de mim. Após todo um dia de incessante metralhar de sensações estéticas, eu me sentia cansado, saturado, talvez. Desde que saíra de Roma, havia recebido uma carga excessiva de sensações e de emoções. Estava exausto. A Veneza iria regressar outras vezes, e, num futuro distante, em lua de mel, num fim de semana de *acqua alta*, em pleno inverno, quando, já da escada que descia para o saguão de entrada do hotel Danielli, tivemos que sair, minha mulher e eu, caminhando por tábuas colocadas sobre tripés, estendidas desde o interior da portaria do hotel até os confins da praça de São Marcos. Na praça, gôndolas com turistas hilariantes se divertiam por navegarem ao nosso lado, sobre o reflexo invertido da gloriosa basílica. Ao atingirmos as primeiras ruas não inundadas, éramos os únicos turistas e podíamos ouvir limpidamente o eco dos raros passantes falando o melodioso dialeto veneto. A Veneza voltamos os dois, em pleno verão, vinte anos depois, quando as vias da cidade mais pareciam um bazar aberto. E, na Scuola Grande de San Rocco, cercados de Tintorettos, ouvimos, na voz de uma jovem soprano desconhecida, a mais bela interpretação jamais por nós escutada do triste lamento de Almirena, "Lascia ch´io pianga", da ópera *Rinaldo*, de Georg Friedrich Händel. Estávamos nos despedindo da Europa, e nada poderia ter sido mais apropriado.

MILÃO

Minha passagem por Milão era puramente funcional. Ali, devia apresentar-me à agência da Air France para regularizar meu bilhete, de forma a poder retomar em Nice o avião para Paris. Não havia voo da companhia para Nice naquele dia. Ofereceram-me continuar por trem até Paris, viajando em um vagão-dormitório. Aceitei na hora, pois nada me faria mais bem, nas circunstâncias, do que ter uma cama para passar a noite. Acertados os detalhes, por volta das 11 horas vi-me com cinco horas disponíveis para visitar a cidade. Fui aos dois pontos que, de meus conhecimentos gerais, pareciam-me imprescindíveis: o Scala, nome mágico associado ao melhor da música italiana, que estava perto de onde eu me encontrava, e a catedral.

Foi meu primeiro contato com a arquitetura gótica. Não tinha como saber então que o estilo *flamboyant* do Domo representava já um gótico de decadência, ou de transição, nem que, nos 450 anos de sua construção, a catedral havia sofrido acréscimos e inovações aplicadas ao seu estilo básico que a tornavam de certo modo um exemplar excêntrico do gótico original. A mim, causou pasmo e vertigem. Olhando-a de baixo, via-lhe as flechas se inclinarem como se fossem desabar, enquanto deslizavam sobre as luminosas nuvens que lhes passavam por trás. Dentro, sentia-me insignificante diante das linhas verticalíssimas das colunas e o deslumbramento dos vitrais. Mas foi a visita aos terraços superiores, caminhando entre as 135 flechas com folhagens e candelabros de mármore, a renda de seus balaústres, e as 2.245 estátuas de santos, personagens e animais reais e mitológicos, que minha capacidade de suportar a surpresa chegou ao limite. Não sei dizer exatamente o que sentia, nem tenho como comparar minhas impressões com as que me haviam produzido, por exemplo, a igreja de São Pedro em Roma ou o Domo em Florença. Era diferente. Na primeira, eu ainda estava dominado por sentimentos religiosos, e o impacto estético sofria com o desconforto moral. Na segunda, eu só recebia o impacto estético, mas não conseguia desligar-me da acachapante presença da cúpula de Brunelleschi. Perdido na aérea selva de mármore da catedral de Milão, era uma sensação quase onírica a que em mim se produzia, e meu momentâneo êxtase era o resultado do excesso de estímulo representado por aquela proliferação de formas e figuras.

Deixando a Itália

De minha peregrinação pela Itália, sobrou-me a impressão contraditória de ver aumentar a minha admiração pelo papel civilizador da Igreja nas artes na proporção direta em que diminuía minha confiança no que ela pudesse ter representado ou representasse ainda como zeladora da fé cristã. Mesmo intelectualmente incomodado e sentimentalmente revoltado com o espetáculo de esbanjamento luxuoso de riqueza das igrejas italianas, não podia deixar de me sentir invadido pelo jorro de beleza que me estonteava. E nunca cessei de renovar esse deslumbramento sempre que, em minhas viagens, podia ir conhecer uma nova igreja, um novo monumento, onde o gênio da Igreja houvesse deixado a sua marca, ou, nos museus, o legado da arte cristã. Paradoxalmente, para abrir caminho a esse incessante patrocínio das artes, levadas ao seu maior esplendor, teve a Igreja que interferir no plano divino, subtraindo nada mais nada menos do que um mandamento do decálogo depositado por Deus nas mãos de Moisés, conforme já referi antes.

Hoje posso olhar uma catedral sem inquietações teológicas e escrever, como o fiz há poucos anos, no dia em que visitei Amiens pela primeira vez: "A imaginação e todas as matemáticas juntas não poderão jamais com o vidro e a pedra fazer joia mais grandiosa do que a catedral de Amiens, diz quem deixou para sempre a inexcedível frase: *A thing of beauty is a joy forever*. Hoje, na catedral de Amiens, senti-me tocado pela graça. Não a graça que me despertasse para a fé, mas a graça que me inundava com a beleza. Que importam o terrível equívoco e o doloroso preço da construção das catedrais? Afinal, que obra de arte não tem o preço de fins subalternos e de sofrimentos por vezes insuportáveis do seu autor ou de suas vítimas propiciatórias? O que fica, porém, se é *a thing of beauty*, apaga o horror de suas fundações e brilha de beleza própria para sempre."

O encontro com a arte

Já falei antes das rudimentares leituras propedêuticas com que me preparei para o que iria descobrir ou redescobrir na Europa. Tudo eram noções abstratas, imagens vagas, nomes mal gravados. Mas não deixei de estar atento ao que pudesse me ilustrar nas ruas e nas praças, nas igrejas e nos museus. Por onde passei, busquei com inquisitivo olhar identificar obras e estilos, configurar o mosaico cultural no qual o que se me oferecia encontrava seu escaninho espacial e temporal na história da arte.

Na Holanda, não deixei de visitar a Mauritshuis, a casa de Maurício, o pernambucano, agora um pequeno mas precioso museu. Nele, recordo-me de haver encontrado alguns óleos onde era inconfundível a atmosfera de meu Recife natal e de minha Olinda. Era Franz Post em sua própria casa, pintor oficial que foi do conde. Impossível não se deixar encantar pela *Menina com um brinco de pérola*, já mencionado, mas a ele volto para falar de Vermeer, ultimamente objeto de um culto renovado na literatura e no cinema. Na Holanda da época, e quando para lá me mudei dois anos depois, estava no auge a polêmica sobre a autenticidade dos quadros atribuídos ao pintor que haviam sido vendidos a Göring durante a guerra. Crime contra o patrimônio nacional era a acusação feita a Van Mergeren, o autor da operação. Van Mergeren alegava terem sido falsificações, por ele mesmo cometidas, os quadros levados para a Alemanha. Os críticos se dividiam sobre o assunto, e livros repletos de reproduções de quadros do autor plagiado e do falsificador foram produzidos para sustentar as teses opostas. O expediente que parece ter resolvido a questão foi entregar a Van Mergeren, encarcerado, tela, pincel e tintas para que produzisse um novo Vermeer. O que ele fez, provando assim sua inocência do crime de lesa-pátria. Quarenta e quatro anos mais tarde, em 1996, por ocasião de uma reunião na Haia do Grupo de Chefes de Estado e de Governo de Apoio ao Multilateralismo, no qual eu tinha a honra de representar pessoalmente o presidente Fernando Henrique Cardoso, tive a oportunidade de visitar, na mesma Mauritshuis, uma exposição que recolhia toda a obra de Vermeer, uma oportunidade seguramente irrepetível. Para abrigá-la, havia sido construído um pavilhão anexo ao palácio, projetado sobre o lago contíguo. Os bilhetes de entrada haviam se esgotado antes mesmo da inauguração da exposição, que durou três meses. Aos membros do Grupo foi oferecida uma visita noturna e exclusiva à exposição pelo primeiro-ministro da Holanda.

Na Holanda, visitei ainda, brevemente, o Rijksmuseum e o Stedelijk, em Amsterdã. No primeiro, tive a primeira exposição demorada à obra de Rembrandt e ficou-me, por muito tempo, a lembrança da mestria com que utilizava a técnica do claro-escuro na sua famosa *Ronda da noite*. Essa obra icônica é suposta produzir o mesmo resultado de recolhida veneração com que se aprecia a diminuta *Mona Lisa*, de Leonardo da Vinci, no Louvre. Assim procedi. Lembro-me de haver reconfirmado, no mesmo museu, o impacto que me havia causado o primeiro encontro com Vermeer, mas não tomei notas dos quadros que vi e não quero misturar essas lembranças com as que vim a acumular em futuras visitas a esse grande museu. No Stedelijk, foi a descoberta de Van Gogh, já conhecido de inúmeras reproduções. Nenhuma fazia jus à capacidade de comunicação com o espectador que tem a pincelada do pintor holandês tão injustamente irreconhecido ao tempo em que produzia sua obra única e espantosa. Ajudou-me a fazer a ponte com o que vai se seguir depois, a libertação da linha e a explosão da cor que levarão ao impressionismo francês e ao expressionismo alemão.

De Roma, guardo vaga a impressão que me resultou da visita à Capela Sistina, a de algo soturno, pequeno, pelo menos em proporção à altura e à funcionalidade para acomodação de concílios, a única coisa a que estava associado seu nome em meu espírito, afora ser depositária da gigantesca obra de Michelangelo. Desta, pouco podia apreciar, pois mal distinguia as centenas de personagens espalhadas por um teto demasiado distante e coberto pela fuligem das velas de centenas de anos. Quanto ao painel do julgamento final, pareceu-me confuso. Dois fatores devem haver contribuído para essa impressão generalizada de obscuridade e desordem. Ainda não havia sido realizado o extraordinário trabalho de restauração dos afrescos que trouxera ao conjunto uma luminosidade e uma harmonia estonteantes. E essa era uma forte razão. Nem tinha eu a cultura estética suficiente para saber o que estava olhando ou como devia olhá-lo. Leia-se Alberto Manguel para saber o que estou dizendo.

Da visita ao Museu Vaticano, ficou-me mais nítida memória, e nela o encontro com o *Laocoonte*. Já o conhecia da reprodução no *Thesouro da juventude*, e o pasmo com que o observava agora, em três dimensões, era genuíno. Da pintura, não me ficou grande coisa. Em alguns casos, estava vendo, reproduzidos em telas gigantes, os santinhos que engordavam os missais e *adoremus* da minha mãe. Isso ocorreu, por exemplo, com a *Transfiguração*, de Rafael. Comecei a conhecer Caravaggio, cuja *Deposição* até hoje me fascina pela rigorosa composição e pelo realismo do corpo do Cristo, mais verossímil do que o do efebo deitado no colo de uma Maria juvenil na escultura de Michelangelo.

A Galleria degli Uffizzi foi o terceiro grande museu no qual penetrei. Diferentemente do Rijksmuseum e do Museo Vaticano, os Uffizzi tinham um aspecto palaciano inconfundível. Seus majestosos corredores, com enormes tapeçarias entremeadas de esculturas greco-romanas, causaram-me um impacto profundo. Tudo era superlativo. Li, aliás, que o Corridoio Vasariano tinha mais de um quilômetro de extensão!

Não estava preparado para saber olhar para a pintura pré-renascentista, de um Giotto, por exemplo, ou de um Cimabue, ou, de um período um pouco mais tarde, a de um Paolo Uccello, embora pudesse ser capturado, no instante, pelo grafismo da *Virgem da Anunciação*, de Simone Martini, uma figura que incorporei de imediato ao museu imaginário que começara a constituir. Foi meu primeiro contato com as Virgens adolescentes de Filippo Lipi, com o inebriante perfil de mulher de Pollaiolo (entrou para o meu museu), nomes novos, todos esses, pois do que eu conhecia de arte até então nada constava, ou muito pouco, do *trecento* ou do *quatrocento* italiano.

Aos Uffizzi, não me recordo que me tenha encaminhado o padre Jacobelli. Nada encontrei, nesse sentido, em minhas notas, mas o que ali me sucedeu foi um crescendo de deslumbramento. Ver pela primeira vez *O nascimento de Vênus*, de Botticelli, o *Retrato de Lucrezia Pucci Panciatichi*, de Bronzino, o medalhão da *Santa Família*, de Michelangelo, e mesmo o *Retrato de Isabelle Brandt*, de Rubens, ou o *Sacrifício de Isaac*, de Caravaggio, foi uma experiência inolvidável. Transtornante, não encontro palavra melhor. Essa visita foi, também, o meu encontro deslumbrado com o nu feminino na pintura, o que certamente não poderia estar nos planos do bom padre Jacobelli, razão pela qual posso legitimamente pensar que dele não recebi a orientação para visitar nenhum museu em Florença. Ver a *Vênus de Urbino*, de Tiziano, a *Leda e o Cisne*, de Tintoretto, a *Bacante*, de Annibale Carracci, girar em torno da *Vênus dita* de Médici, na tribuna, me cumulava de estranhas sensações estéticas e sensuais. Nunca pudera pensar ser tão vertiginosamente belo o corpo da mulher. Na sociedade de onde eu procedia, ele era tabu. Vivíamos numa época em que a mais ousada exposição socialmente permitida do corpo feminino ainda pouco excedia o comprimento de um braço ou a metade de uma perna. Com as minissaias e os generosos decotes, Daisy Mae, a namorada de Ferdinando, era, talvez, a mais provocante aproximação de um nu feminino disponível aos meus olhos adolescentes. Poucos anos depois, comprando a revista *Eu Sei Tudo*, em princípio uma revista de adultos, pude encontrar, ilustrando as novelas seriadas nela publicadas, as sedutoras imagens de escravas brancas nuas, transportadas em algum navio pirata, pintadas por Fortunato Matania, numa antecipação das idealizadas imagens que viria descobrir muito depois, nos quadros de Cabanel ou de Bouguereau. A representação dos grandes nus da pintura clássica, se escassa e quase inacessível, era ainda prejudicada pela precariedade dos métodos de reprodução industrial das fotografias coloridas. De repente, mesmo aqueles nus que porventura tivessem escapado à vigilância dos zeladores de nossas virtudes e que houvéssemos logrado aperceber em algum livro de arte se me apresentavam agora em toda a luminosidade de sua carnação estonteante, como uma autêntica revelação que acordava reações ignoradas de meus sentidos. Um irreprimível pudor impedia-me, porém, de deter-me quanto quiseram meu desejo e minha sede de conhecimento em frente àquele desfile sensual e, para meu fraco espírito e minha frágil carne, libidinoso.

Perdão leitor. Escrevendo o parágrafo anterior veio-me do mais longínquo passado uma recordação que estava soterrada e não teria ressurgido não fosse falar do efeito que me causou ver os quadros de Tiziano, Tintoretto ou Carracci. É que, com deles falar, veio-me à lembrança a *Alegoria da fertilidade*, de Jacob Jordaens, que vi no museu Real de Bruxelas meio século depois do fato acontecido. Vi, claramente visto, uma mulher nua, sim, mas na visão não me detive, como o fez Davi, na de Betsabeia, com as funestas consequências para o seu marido, ou Tirésias, na de Atenas, com os equívocos resultados de ficar cego, mas, em compensação, receber de Zeus o dom da profecia. Eu tinha 14 anos, e ela também. Morávamos em casas vizinhas, e, na dela, como na minha, havia um óculo na porta por onde se podia ver do interior quem batia, mas, também, do exterior quem atendia. E, ao olhar pelo óculo, pude vê-la, exatamente na posição em que figura a personagem central do quadro de Jordaens, de costas, com o corpo moreno molhado, reluzindo à luz que esmaecia no fim da tarde, tomando nua, no quintal, um banho de bica.

Mas, voltemos à Itália.

Depois dos Uffizzi, não se deveria visitar o Palazzo Pitti. A ordem deveria ser a inversa. Se mais suntuoso era o palácio do que o museu, nada no acervo poderia manter vibrando o diapasão que se instalara no meu cérebro e nos meus sentidos após a visita aos Uffizzi.

Ao Louvre cheguei, no fim de minha viagem, com o espírito preparado para o encontro com o sagrado. O sagrado em arte, bem entendido. Crescíamos, à época, associando o Louvre ao templo da beleza. E não me decepcionei. Antes, fiquei com a sensação de que não me era possível assimilar tudo o que via. Nem tinha como saber selecionar.

Inevitavelmente, procurei ver os tesouros mais famosos, a *Vênus de Milo*, a *Vitória de Samotrácia* e a *Mona Lisa*. Das duas esculturas ficou-me a lembrança de indescritível deslumbramento. Nunca pensara encontrar, como agora diante da *Vênus de Milo*, tal perfeição plástica no mármore. Nela, intuía uma sensualidade madura e repousada que a um tempo atraía e afastava. *Dominum non sum digno*, pensava. Era demais para mim poder cercá-la, observá-la, consumi-la. Na *Vitória*, o gigantismo como que me amedrontava. Estava na presença de uma deusa, era óbvio. A ausência da cabeça, longe de torná-la misteriosa, fazia-a mais presente, levando o olhar a concentrar-se no corpo modelado pelas vestes ao vento. De tal leveza era-lhe o panejamento, que parecia existir apenas com o fim de atrair o olhar para o que a túnica revelava mais do que protegia.

A *Mona Lisa* de alguma forma me decepcionou. Talvez porque não a pudesse ver de perto. Dez vezes, pelo menos, voltei a visitá-la no Louvre, e cada vez a vejo de mais longe, tal o número de visitantes que a cercam. Alberto Manguel observa como é difícil "ler" uma obra onde as imagens não deixam de se entrecruzar: a história sugerida pelo título da obra, a história de como a obra veio a existir, a história de seu criador, e a própria história do espectador. Cheguei à *Mona Lisa* apenas com a minha própria história e a vaga informação que devia nela encontrar um sorriso enigmático e uma obra-prima da pintura universal. Só depois, muito depois, incorporei os outros três elementos a fim de poder olhar a obra equipado para analisá-la, senti-la, apreciá-la, compreendê-la.

De passagem pelas salas do museu, enchia minha caderneta de anotações sobre os quadros que iam despertando minha atenção, um costume que mantive e que me ajudava a montar o meu museu imaginário. Recolho ao acaso nomes anotados e busco na memória o que me fazia elegê-los. Recordo alguns com motivos religiosos e deparo-me com o fato de que eram a mestria de sua fatura, o impacto de sua composição, a beleza de seus personagens que me detinham para arquivá-los na memória. Descobri, assim, Rogier van der Weyden, um pintor que segui buscando pelos museus de mundo, e sua *Madalena*, no tríptico *Bracque*, a primeira de outras, inclusive a que está no museu do Prado, a mais bela de todas; a *Virgem, o menino Jesus e Santa Ana*, de Leonardo da Vinci, com sua harmoniosa construção em X; o *Casamento Místico de Santa Catarina*, de Correggio, com sua deliciosa atmosfera de cumplicidade amorosa entre os quatro personagens da tela; a *Madalena*, de Georges de la Tour, melancólica, meditativa, sofrendo de um amor perdido que as pernas nuas e o ombro desvestido denunciam ter sido mais do que espiritual. Nas notas, encontro registros de alguns retratos, o autorretrato de Dürer, o retrato de Erasmo por Holbein, o de

Elizabeth d'Áustria por Clouet. Mas são os nus femininos, mais uma vez, que me vão capturar: a carnação suave e idealizada das odaliscas de Ingres, a fútil leveza das figuras de Boucher, a chocante mistura de figuras masculinas, vestidas, com mulheres nuas em *O concerto campestre*, de Giorgione, ou em *O atelier do pintor*, de Courbet; a inesperada domesticidade da *Betsabeia* de Rembrandt ou o travesso olhar da Ester, de Chasseriau, de surpreendente modernidade.

Arte moderna

Encontro numa página resgatada do meu diário de 1949 a pergunta: "Será possível uma arte do desequilíbrio?" E esse reencontro me transporta às inquietações filosóficas que me perturbavam junto com as que corroíam a minha fé. As leituras de Alceu Amoroso Lima e de Jacques Maritain me haviam forçado a não poder dissociar as três perguntas fundamentais do pensamento humano: o que é a Verdade, o que é o Bem, e o que é o Belo, assim mesmo, nessa ordem e com iniciais maiúsculas. Alceu me havia deixado convencido de que esses três valores eram, no fundo, um só, não podendo a Verdade ser contrariada pela ética, nem esta pela estética. No campo da Beleza, esta seria apenas uma manifestação da harmonia de formas, que, no plano moral, corresponderia à harmonia de comportamentos, e no, plano filosófico, à harmonia das categorias do pensamento.

Ora, embora ainda não muito exposto ao conhecimento da evolução da arte, em particular das artes pictóricas, eu já tinha tido acesso a um mínimo de conhecimento sobre o que na Europa — à época o espaço de referência para tudo o que representasse a modernidade — vinha sendo apresentado, e aceito, como arte, ao mesmo título que a grande arte figurativa anterior ao impressionismo. De qualquer modo, jovem da província, aos grandes mestres, mesmo aos impressionistas, só havia sido exposto através de reproduções em livros e revistas, de um colorido ainda rastejante, as quais de nenhuma maneira podiam provocar a reação inédita da contemplação de um quadro vivo. Até o dia em que uma explosão de cores, nos trechos em tecnicolor do filme de Albert Lewin *The Moon and Sixpence*, me trouxe, na tela imensa de um cinema e com uma luminosidade cuja lembrança ainda me estremece, a experiência da visão de algumas das telas pintadas por Gaughin no Taiti.

Mas, se chegava a apreciar, genuinamente, a pintura impressionista, tal como conhecida através de Gaughin, e, sobretudo, o original pós-impressionismo de Van Gogh, que, isolado em Arles, desconhecido e refugiado na sua loucura, abria, sem o saber, as portas do expressionismo alemão e do fauvismo francês, ficava indeciso e sem saber como tomar partido com o que me aparecia em livros e revistas sob o rótulo de cubismo, primeiro, e de abstracionismo, depois, incluindo os vários estilos intermediários de deformação da figura presentes em Picasso, Chagall, De Chirico, Matisse, Léger e tantos outros.

Meu primeiro contato pessoal com a verdadeira arte moderna foi com a obra de Cícero Dias, exposta na biblioteca da Faculdade de Direito do Recife, em 1948. Na minha família, causou séria polêmica. Mamãe não foi ver a exposição, mas invectivava indignada contra um quadro cuja reprodução saíra num jornal local e que se intitulava *Mulher ou bananeira.*

Une femme immobile a pris place sur terre
Dans la chaleur elle s'éclaire lentement
Profondément comme un bourgeon et comme un fruit

Vêm-me à memória esses versos de Paul Éluard, amigo de Cícero, sobre quem fala no poema "À sa place".

Para mim, a exposição representou uma lavagem cerebral. De visão direta da obra de um pintor moderno só conhecia, até então, que me lembre, os quadros ainda tão bem-comportados de Vicente do Rego Monteiro na fase de discreta influência cubista. Havia alguns expostos na sala sempre deserta do museu do Recife, onde frequentei, por curto período, aulas de escultura. Eu tinha, agora, em minha frente, a liberdade da linha e a explosão colorida de um outro pintor. Não digo que me convenceu, à primeira vista, mas teve o efeito de um choque. Então era possível, e sério, tal liberdade com a figura humana e a verossimilhança com a natureza? Onde estava o aforisma de que a arte imita a natureza? Detive-me diante de cada quadro, procurando entender o que estava por trás daquela provocante independência, preparando-me para assimilar em meu organograma mental a possibilidade de uma expressão artística tão distante de tudo o que me haviam ensinado a dever buscar na verdadeira arte.

Tive a oportunidade de conversar sobre esse episódio com o próprio Cícero, quando, embaixador junto à Unesco, deparei-me, entre os auxiliares contratados que serviam na Missão, com o nome do meu conterrâneo já sexagenário. Cícero não tinha função a cumprir. Sua inclusão na lista era um obséquio que lhe fazia o governo para conceder-lhe um estipêndio que lhe permitisse continuar vivendo em Paris. Haviam-lhe reservado na delegação uma mesa capenga, num canto da sala de arquivo, mesa que eu tive o cuidado imediato de substituir por outra que não balançasse como um barco quando o pintor quisesse nela escrever. Cícero quase não vinha à chancelaria. Cada duas ou três semanas, aparecia para tomar um café, e nessas ocasiões ficava mais na minha sala do que no seu inóspito recanto. Falava do passado, de Pernambuco. Gostava de rememorar histórias de políticos com os quais convivera e que eu conhecia só de nome. Deliciava-se discorrendo sobre seus contatos com as grandes personalidades da vida cultural francesa nos anos 30, sua amizade com Picasso, a aventurosa participação na Resistência francesa nos 40. Não escondia o orgulho de haver sido, durante a ocupação alemã na França, o portador do poema "Liberté", de Paul Éluard, então na clandestinidade, para o pintor surrealista inglês Roland Penrose, piloto da RAF, em Londres. Viajara de trem pela França ocupada e a Espanha franquista, correndo sempre o risco de ter a bagagem revistada e nela encontrado o poema. Para iludir as autoridades, em caso de apreensão, havia suprimido do exemplar que levava, em todos os versos em que aparecia, a palavra "*liberté*". O poema foi entregue à embaixada britânica em Lisboa, de onde foi despachado para o destinatário em Londres. Espalhado em milhões de exemplares sobre o território francês pelos aviões da RAF, tornou-se um símbolo da Resistência francesa.

Mas volto à arte moderna e ao que por causa dela fiz na minha primeira viagem à Europa. Lá chegando, um ano depois daquele registro no meu diário com que comecei estas recordações, reservei espaço para ver de perto o que havia sido a pintura moderna armazenada nos museus, e, por esse fato, já chancelada, portanto, em sua qualidade artística. Fui ao Gemeente Museum da Haia, ao Boymans de Rotterdam, ao Stedelijk de Amsterdã, ao Jeu de Paume e ao museu Nacional de Arte Moderna de Paris. Minha curiosidade era imensa, minha perplexidade não menor, e maior que tudo era minha incapacidade de formar um juízo claro sobre o que estava vendo. Senti que me faltava, para tanto, o benefício do aparato erudito indispensável a fim de entender o que me estava sendo exposto. Não eram obras que se destinavam a comover-me. Pediam para ser interpretadas. Levou tempo entendê-las e me exigiu muitos anos de peregrinação pelos museus, pelos salões, pelas galerias, na Europa e nos Estados Unidos.

Nunca cheguei a formular uma estética que me satisfizesse, o que ainda busco. Mas, na prática da pintura, a que esporadicamente várias vezes recorri, fui sempre encarrilhado pela busca de uma harmonia de conjunto que sugerisse estabilidade e equilíbrio. No início do curso de pintura com modelo vivo, que fiz na American University, em meu primeiro ano de Washington, os alunos foram solicitados a distribuir, com a tinta de seus pincéis, cinco traços singulares nas cartolinas em seus cavaletes. Completado o trabalho, foram elas recolhidas pelo professor e distribuídas aleatoriamente pelo chão, para permanecerem anônimas. Seu objetivo era analisar cada uma conosco para chegarmos juntos a um julgamento sobre as qualidades de composição de nossos desenhos. Foi o meu o destacado como exemplo de equilíbrio e harmonia.

Sinto estar cada vez mais desenganado de aceitar com o nome de arte o que hoje se exibe nas galerias e nos grandes salões internacionais. Não recuso às pessoas o direito de expor obras, fazer instalações, interferências, respirações, o que seja em troca de dinheiro ou renome, ou da simples satisfação de se exibir. Nem o de que outras as aplaudam, comprem ou invejem suas obras. Mas outro nome terá que ser dado a essa produção heterogênea e desprendida da tradição multimilenar das artes. Continuo vinculado a uma noção de arte como harmonia de formas, independentemente de qualquer intenção representativa. Essa conclusão, mesmo se originada, basicamente, de minhas experiências e reflexões sobre a pintura, posso facilmente estender a toda forma de arte, das que possam estar mais ligadas a objetos concretos, como a pintura ou a escultura, às mais abstratas e puras, como a música e a literatura. Ou, talvez, a tudo o mais, desde a concepção do mundo à maneira de conduzir minha própria vida. E assim regresso ao ponto de origem, do qual, talvez, nunca tenha saído.

Paris II

Pela terceira vez em dois meses, estava em Paris. Tempo de fazer um balanço e decidir o que me faltava para completar minha iniciação.

Recomecei a peregrinação pela cidade, duas vezes interrompida, desta vez sem a pressão de uma partida iminente. Podia ficar quanto tempo me permitisse ainda o dinheiro que me restava. Não tinha planos para o regresso. Para garantir o alongamento da minha permanência, hospedava-me em *auberges de la jeunesse*. Meu café da manhã era um ovo cru que eu quebrava no joelho e sorvia repugnado. Almoçava um cachorro-quente com fritas. Jantava uma *baguette jambon*. Mas estava feliz. Essa dieta espartana me permitia mesmo a extravagância de penetrar nos lugares sagrados da vida cultural da cidade para assistir no Palais Garnier (no *paradis*, a torrinha, é claro, onde alcançava o meu bolso), o *Faust*, de Gounod; na Opéra Comique, *Manon Lescaut*, de Puccini; na Comédie Française, *Les sincères*, de Marivaux, *L'Avare*, de Molière, e *Mme. Quinze*, de Jean Sarment; no Théâtre Herbetot, *L'annonce fait à Marie*, de Claudel; os balés da Opera de Paris e de Monte Carlo, não sei onde, e Michel Simon no Théâtre Antoine, também não sei em que peça. De graça, assisti a mais uma ópera, a *Lakmé*, de

Delibes, num espetáculo ao ar livre no jardim das Tulheries. Tudo isso encontro repertoriado em carta dirigida a minhas irmãs a 3 de outubro daquele ano, com as omissões irreparáveis dos detalhes antes referidos.

Fiz o circuito turístico da cidade. As coisas óbvias: a subida na Torre Eiffel e no Arco do Triunfo, a ida ao Trocadero e a visita ao Musée de l'Homme, no Palais Chaillot, com a bela inscrição de Paul Valéry no seu frontão: *Il dépend de celui qui passe que je sois tombe ou tresor. Que je parle ou me taise, ceci ne tient qu'à toi. Ami, n'entre pas sans désir;* percorri os bulevares e avenidas (Champs Élysées, Italiens, Saint Germain, Saint Michel, com a inevitável parada na livraria Gilbert); e os jardins e praças (Tulheries, Luxembourg, Palais Royal, Place des Voges), tudo isso, e mais alguma coisa, está na minha carta. Visitei igrejas, e por motivos que já não diziam respeito à minha fé bruxuleante: Notre-Dame, porque queria ver o cenário de *O corcunda de Notre-Dame*, e, por essa razão, subi os degraus que levavam à *gallérie des chimères*, de onde, presumia, Quasímodo devia ter presenciado o que se passava lá embaixo, com Esmeralda, precipitando-se então para salvá-la; o Sacré-Coeur, porque fui ver a Place du Tertre; e a Madeleine, porque estava lá, na minha frente. Digo-o e, de repente, me pergunto: estou sendo sincero? E o que está fazendo no meu diário a seguinte anotação datada do início de outubro, antes de minha estada em Saulchoir: "Vi na igreja de Santo Agostinho um homem dobrado em dois que chorava. Depois de algum tempo, ergueu a cabeça como quem recebeu uma resposta. Levantou-se e saiu empertigado e com um ar feliz."

Fiz, é claro, a indispensável visita à *Mona Lisa* e à *Vênus de Milo* e disso já falei. E fiz, também, coisas menos óbvias: fui conhecer a mesquita de Paris, e Victor Hugo, que já me levara aos cimos da Notre-Dame, levou-me, também, às entranhas da cidade, para visitar, de barco, os seus esgotos. Fui mesmo, e isso não foi turismo, mas pura *serendipity*, a um *bal musette* organizado pelo Partido Comunista na Mutualité, onde uma camarada alentada de corpo, e sobretudo de busto, me tirou para dançar uma valsa. Nunca pude girar em torno de mim mesmo sem sentir vertigem. Quando a robusta comunista me liberou, tive que me apoiar contra a parede para não cair e, tão pronto me refiz, abandonei a alegria coletiva refugiando-me na noite solitária dos cais dos *bouquinistes*.

Margot me havia dito que por essa época deveria estar em Paris e havíamos prometido rever-nos se nossas passagens pela cidade coincidissem. Fui procurá-la no apartamento de Germaine Albertini, sua amiga francesa, uma já idosa professora de olhar bondoso cujo sorriso alcovitara nosso breve namorico nos corredores do Vredespalais. Era um modesto apartamento no quarto andar de uma HLM em Courbevoie. Não devíamos ter nos reencontrado. Faltava a luz dos fins de tarde no verão da Holanda. Faltava o clima de festa de quinhentos jovens em férias. Faltava a inocência da mútua descoberta. Eu sentia no olhar de Margot e dentro de mim a nostalgia de algo que já passara, de algo belo que não conseguíamos recapturar. Intuitivamente, desconfiava que estávamos, de repente, constatando a inutilidade de continuar o que tivera seu lugar no tempo, um intervalo de beleza fugaz no panorama de duas vidas divergentes. Eu estava para partir, a qualquer momento, e, pela terceira vez, nunca mais nos tornaríamos a ver.

Reencontramo-nos. Quando voltei à Holanda, dois anos depois, para ali viver, estávamos ambos casados. Estivemos juntos, os quatro, uma vez. Era verão, como quando nos conhecemos. E, desta vez, foi a última.

Um balanço

Sentado num banco do jardim de Luxembourg, pensando em dar um rumo preciso ao restante de meus dias na França, voltou-me a ideia de procurar Jacques Maritain, que vagamente cultivara antes de minha partida. Embora não tivesse vindo à Europa com qualquer projeto existencial, começava a dar-me conta de que, na verdade, meus percursos principiavam a configurar uma espécie de peregrinação iniciática. Obviamente, eu estava à procura de algo que não sabia bem o que era, mas tinha a ver com coisas fundamentais para o meu destino. Na Holanda, por exemplo, não foram as conferências sobre direito internacional, razão e motivo ostensivo de minha viagem, o que me havia prendido a atenção, mas a descoberta de uma certa maneira de ser dos jovens da minha idade que percebi muito mais enriquecedora e autêntica, muito mais liberta e airosa do que o provincianismo que me tolhia os movimentos e limitava o espírito no pequeno círculo de companhias do Recife. Em Göttingen, os horizontes rasgados na Haia se ampliaram ainda mais num abraço ecumênico que me fazia pela primeira vez sentir-me cidadão do mundo. Uma nova maneira de solidariedade humana se esboçava, vindo promissoramente tomar o lugar dos anseios que procurava atender com um tipo criativo de vida religiosa baseada não nas exigências externas de uma Igreja cujos valores eu começava a contestar, mas em sentimentos profundos de convicção ética. A ida a Roma, ao trazer-me de volta as preocupações religiosas, fermentadas desde os episódios que haviam se sucedido ao retiro espiritual de despedida do colégio, fizera evidentes as razões que inconscientemente se acumulavam para desprender-me dos restos de apego aos ritos de uma Igreja em cuja integridade perdera a confiança. Podia mesmo acrescentar que, com isso, também de uma fé que já não existia mais, essencialmente, no meu íntimo.

O que de fato havia ocorrido comigo desde os anos da adolescência e que eu sentia estar-se fechando agora, como se uma etapa da vida estivesse concluída e eu me preparasse para o segundo ato da minha história?

Evidentemente, tudo girava em torno do problema religioso, especificamente da perda da fé. Mas como eu chegara até lá?

Procurei reconstituir os passos, desde o início.

Talvez houvesse um erro original, como o pecado, vindo ao mundo comigo. Iniciei este relato dizendo que nascera católico. Vale dizer, dentro de um sistema de valores que abarcava todo o sentido da vida com o qual eu me comprometia, já aos oito dias de nascido, pelas promessas feitas em meu nome no batismo e por mim reconfirmadas anos depois, na crisma, quando meu entendimento não estava ainda suficientemente preparado para saber o que estava, de fato, confirmando. A fé não entra, dessa maneira, pelo entendimento, e, aliás, é isso o que a define. Mas desce ou cresce dentro de nós por infusão, parte de um clima espiritual formado pela família, pela escola, pelas companhias. Surjam os primeiros lampejos da consciência e formam-se as primeiras rachaduras na frágil cápsula que a protege. Ao desaparecerem as primeiras figuras míticas com que os ensinamentos da fé são revestidos, muitas vezes antes mesmo que desapareçam as que a tradição incorpora ao universo do pensamento infantil provenientes dos contos de fada, começa a produzir-se um vácuo no cenário onde se acomodam as noções que vamos incorporando do divino. Somos instruídos desde cedo a não querer preencher esse vácuo com informações fornecidas pela razão.

Entregues à Igreja para as lições do catecismo, que deveriam nos preparar para a inteligência dos ritos, somos, na verdade, entregues aos profissionais da religião, padres e freiras, que o hábito não tornou nem mais sábios, nem mais aptos a educadores, do que suas qualidades naturais o permitem. Longe de vermos preenchidas as lacunas de nossa compreensão da vida, as surgentes questões sobre o princípio e o fim de todas as coisas são escamoteadas com argumentos de autoridade, aos quais temos que nos submeter em silêncio. Assim, progressivamente, vamos sendo conduzidos a uma submissão permitida e incondicional à visão que tenham nossos orientadores religiosos, em sua maioria incapazes, por sua formação, de se desincumbrem da missão que lhes é posta nas mãos.

Minha primeira recordação é a do desamparo nas minhas dúvidas, às quais nunca foram dadas pela hierarquia eclesiástica as atenções que eu achava deviam merecer. Referi-me, de passagem, às que se iam acumulando ao deparar-me com as divergências irreparáveis entre o ensinamento da Igreja e o que revelavam as descobertas científicas. Busquei, sinceramente, conciliar Revelação e Ciência e descobri, para surpresa e desapontamento, que as Sagradas Escrituras não apenas eram inconciliáveis com a verdade científica, que começava, aliás, a me ser transmitida pelos próprios padres no colégio católico em que estudava, como ainda estavam longe de oferecer o rumo para uma conduta ética consentânea com o que se me era pregado nas aulas de catecismo, primeiro, e do púlpito ou do confessionário, depois. Quanto mais eu aprofundava a leitura e o estudo da Bíblia, mas me confirmava na certeza de que nela não podia encontrar mais do que a literatura de um povo, em alguns casos dotado indubitavelmente de grande sentimento poético, mas não mais portador de uma revelação divina do que qualquer outro nas suas condições reais de espaço e tempo.

Criado dentro da Igreja, e me acreditando devedor de seus ensinamentos, tudo fiz para, a partir dela, e por intermédio de seus servidores, encontrar formas de conciliar-me com suas lições e visão do mundo, da vida, e do divino. Quanto mais tomava conhecimento da história da Igreja como instituição, porém, e mais me frustrava a convivência com seus representantes reais, mais se esgarçava o panorama no qual queria inserir a minha fé. Quis remontar às fontes e tomar em Cristo, na sua vida e na sua herança, o que estava me faltando. Esse mergulho na vida de Jesus levou-me a conclusões desanimadoras. Não reconhecia na práxis da Igreja quase nada do exemplo deixado por aquele que se dizia havê-la estabelecido, edificando-a sobre um trocadilho. (*Tu es Petrus et super hanc petram ædificabo ecclesiam meam*). O Cristo que eu recebia dos padres era uma colagem feita com retalhos dos evangelhos, expurgada de tudo o que contrariava os roteiros seguidos depois pela Igreja fundada em seu nome. Descobri, à medida que meus sofrimentos se aguçavam, que não estava sendo esse o caminho para resolver os meus conflitos. Havia, obviamente, uma clivagem entre o que a Igreja ensinava e praticava e outra ainda maior entre o que praticava e a mensagem evangélica de Jesus. Mas era a Igreja que assumia o monopólio da herança autêntica de Jesus.

Por longo período, tentei recuperar o que poderia ser a mensagem autêntica de Jesus, com o fim de a ela ajustar o meu comportamento, e talvez não tenha tomado como modelos para canalizar meus sentimentos as figuras mais apropriadas. A incandescência de personalidades como as de Bloy ou Bernanos, sem trazerem repouso à alma, tampouco traziam sossego ao espírito. Gastei mais de minhas energias do que precisaria fazê-lo com ações e palavras de revolta borbulhante contra as fraquezas da Igreja, quando devia concentrar-me no que realmente era importante, minha salvação pessoal. Essa, porém, por uns restos de influência de minha formação religiosa, estava pendente da solução do problema da fé. Da fé na máquina da Redenção. Ao esvair-se essa, teria eu perdido contato com o divino, arriscando-me à perdição, também, para a vida eterna? Retirava de mim a Cristo e à sua Igreja, mas não havia retirado Deus. A este, porém, não tinha como recorrer diretamente. Ele vivia escondido. Mostrava-se a quem queria.

Pequena digressão sobre *A psicologia da fé*

Volto um pouco atrás.

Quando senti os primeiros abalos no edifício da fé, vendo baldados os esforços para obter uma orientação firme que cimentasse as brechas da dúvida e consolidasse uma visão consistente e confortadora de sua apropriabilidade, busquei reforço no padre Leonel Franca, cujo livro *A psicologia da fé* não havia muito tinha sido publicado. Tenho ainda o exemplar, maltratado pelo tempo, e nele reencontro as lições que me quis dar.

A fé é "o assentimento prestado a uma verdade, não por lhe penetrarmos a razão intrínseca, mas pela palavra autorizada de outrem que no-la afirma". Todo o seu fundamento, pois, é estranho à minha razão e depende, apenas, de minha confiança na autoridade que a ela me convoca. Essa autoridade está confiada à Igreja, detentora da Revelação. Aceitá-la nessa condição é o necessário preâmbulo da fé. "À inteligência sincera, uma vez persuadida do fato divino da revelação cristã, não resta outra atitude racional senão a de adesão aos seus ensinamentos." A fé é, pois, uma adesão intelectual à verdade; apesar de inferior, como modo de conhecimento, à clareza da intuição ou à evidência interna da demonstração, é um processo de chegar à certeza, racional, seguro, econômico, inerente à natureza social do homem. (...) Aderir a uma verdade é função intelectual; mas se esta adesão é *livre*, nela desempenha também a vontade um papel decisivo. (...) O ato de fé é eminentemente livre".

Ora, diz São Tomás que a fé é um ato racional: *Non enim crederet* [*homo*] *nise videret ea esse credenda* (antes de crer, vê a inteligência que deve crer), e, se é racional, por que é necessária para tê-la a intervenção da vontade? É que, responde padre Leonel, "(o) que decide a inteligência em última análise não é a evidência da verdade; são motivos extraintelectuais, pertencentes à ordem do *bem* (real ou aparente, honesto ou útil) na qual se move a atividade prática, específica da vontade", ou seja, interesses de ordem pessoal ou social.

Pascal teria razão então. É útil a fé, como penhor da salvação! E antes dele Agostinho (*A vida feliz*): *Credo ut intelligam*. Ser feliz não é mais do que ser sábio, e à sabedoria se chega "graças a uma fé sólida, a uma esperança alegre e a uma caridade ardente (*solida fide, alacri spe, flagranti caritate*).

Ora, faltavam-me as duas condições básicas para querer ter vontade de ter fé: esvaíra-se-me a confiança na autoridade da Igreja para abonar o caráter de revelação da Bíblia, de modo que não podia a ela entregar minha confiança; e não aceitava dar o salto para a fé apenas porque isso poderia me ser útil. Ou melhor, faltava-me uma única coisa, um impulso que só poderia vir de fora: a convicção íntima, que, em última análise, não dependia de mim, mas do dom gratuito da misericórdia divina.

SAULCHOIR

O filósofo e católico Maritain havia sido a última esperança de conciliação de minha revolta humanista com a possibilidade de um catolicismo crítico. Ou talvez, mais do que isso, Maritain, o homem, tenha sido meu último exemplo de uma abnegada e leal procura de um sentido justo para o catolicismo que lhe ofereciam como solução para suas inquietações de judeu tentado pela fé. De Léon Bloy recebera ele a amizade e o apoio que lhe foram fundamentais para a conversão. Com Raïssa, formara o par exemplar confiante na existência de uma verdade religiosa capaz de ser alcançada. Bloy fora, por algum tempo, para mim, também, uma tentadora figura modelar, numa época em que todo o fogo de uma angústia adolescente por dar sentido ao sofrimento me havia feito buscar, no homem que se revolta e quer crer, o modelo da santidade que, no fundo, queria alcançar. Marchenoir me era mais modelo do que os santos esquálidos que se entregavam à orgia solitária das mortificações. As cartas de Bloy à sua noiva me forneciam maquetes do que gostaria de dizer às minhas namoradas. Eu sonhava viver no clima rarefeito das *grandes amitiés* que cercavam o casal Maritain e o amparavam contra o abismo do desespero.

Tudo isso já havia passado um pouco, mas reapareceu subitamente naquela manhã ensolarada enquanto algumas crianças corriam em volta do espelho d'água atrás dos barquinhos a vela que nele soltavam no lago do jardim. Era isso. Daria mais uma chance a Deus. Iria procurar Maritain e lhe exporia minhas dúvidas, minhas angústias intelectuais, meus sofrimentos morais. Estava certo de que ele me socorreria, como tantas vezes fora socorrido. Eu o faria lembrar-se desses antecedentes.

Sabia que, quando na França, vivia em Eau-Vive, um pavilhão no domínio de Saulchoir, onde se situava o convento da comunidade dominicana em Soisy-sur-Seine. Passei no albergue para pegar minha maleta, e, no começo da tarde, me apresentava no convento pedindo para falar com o superior. Não creio que fosse comum esse tipo de comportamento, mas a prévia experiência de ser abrigado em outros conventos explica a ousadia do gesto. Atendeu-me o padre Thomas Philippe, que me perguntou por que eu procurava o filósofo. Fui sincero e disse-lhe exatamente o que me levava àquela inusitada gestão. Ele me informou que Maritain se encontrava nos Estados Unidos, dando os cursos que regularmente ministrava em Princeton. Ofereceu-me hospedagem, no entanto, caso eu quisesse aproveitar o silêncio e o recolhimento do convento para refletir, sem outras pressões, sobre os problemas espirituais que me afligiam. Generosamente, prontificou-se a me ouvir e a conversar comigo sempre que isso me fosse útil. Propôs, mesmo, receber-me diariamente, nos fins de tarde, para que pudéssemos conversar sossegadamente. Mal podia eu acreditar no que estava ouvindo. Nada poderia ser mais bem-vindo naquele momento do que aquelas palavras de apoio, assim oferecidas tão oportuna e espontaneamente.

Fiquei no convento uma semana. Poucas deviam ser as pessoas presentes, pois eu tinha a permanente sensação de vê-lo deserto. Dormia numa cela austera, de paredes caiadas, onde todo o mobiliário era um colchão estendido sobre um estrado pousado em cavaletes, uma mesa de madeira crua e uma cadeira. E, claro, um crucifixo na parede. Havia, no convento, uns poucos padres que pareciam visitantes, como eu. E alguns leigos. Não nos procurávamos. Imagino que cada um tinha seu motivo particular para estar ali. De um apenas me recordo. Era um padre canadense, e dele partiu a aproximação que nos valeu bons momentos de camaradagem por ocasião das refeições tomadas em comum.

Procurando agora informações sobre o que podem ter sido aqueles tempos em Eau-Vive, aprendo que, à mesma época, ali vivia Jean Vanier e me pergunto se aquele canadense simpático e jovial não seria o futuro companheiro do padre Thomas Philippe na extraordinária aventura de L'Arche da qual falarei adiante. Fora daqueles momentos de associação, passava os dias sozinho. Passeava pelo domínio de Saulchoir, onde havia um arejado arvoredo pretensiosamente chamado de jardim, com um pequeno lago, *la mare en forêt*, diz o cartão-postal que guardo ainda. Não. Não era *La mare au diable*, dessa eu nem sabia a existência então. Tudo era paz e silêncio. Os pavilhões, um dos quais era mesmo chamado de Pavillon Maritain, habitado por ele e sua Raïssa, espalhavam-se pelo chamado jardim, na verdade um bosque onde cresciam livres as árvores e eram trilhas os caminhos. À tarde, pontualmente às cinco horas, eu era recebido pelo padre Thomas Philippe e conversávamos por cerca de uma hora.

Padre Thomas Philippe era um teólogo respeitado. Ensinara teologia na faculdade dos padres pregadores em Roma. Finda a guerra, criara em Saulchoir uma comunidade de leigos de diversas confissões, com idênticas preocupações religiosas, que denominou de Eau-Vive. Essa era a origem do lugar onde eu agora me encontrava.

Afeito à ignorância e aos preconceitos dos meus antigos confessores e orientadores espirituais, surpreendi-me desde o primeiro momento com a abertura de sua mente, o cuidado e o respeito com que me ouvia e a paternal solicitude com que comentava o que eu lhe expunha. Ainda vulnerado por reações como as que encontrara até então, quando de minhas tentativas de falar a meus mentores eclesiásticos com a mesma confiança com que agora me dirigia ao dominicano francês, sentia-me reconfortado pela compreensão que me era oferecida. Recordo-me da conversa que havia tido com o padre Moreira pouco antes de minha partida para a Europa. Dizia-lhe do impasse em que me via, querendo salvar a fé que já não mais experimentava possuir. Eu me sentia um pouco como Renan no seminário de Saint Sulpice. A cada dia, uma malha do tecido de minha fé se rompia. E, quando com ele me abri, o conselho que ouvi foi: "Você deve rezar, Geraldo, pedir a Deus que lhe afaste a tentação de suas dúvidas", conselho que em nada diferia do que a Renan houvera dado o seu diretor espiritual: *N'y faites pas attention; allez droit devant vous.* Conselho de bom *pedigree*, como recorda Renan dos que dava São Francisco de Salles a madame de Chantal: *Ces tentations ne sont que des affections comme les autres. (...) Il ne faut nullement répondre, ni faire semblent d'entendre ce que l'ennemi dit.* Orar já seria ter fé, e havia, portanto, uma petição de princípio na resposta do padre jesuíta que a isso me aconselhava. Padre Thomas Philippe não me deu conselhos. Ouvia-me atentamente. Falou sobre a graça sem tirar conclusões aplicáveis a meu caso. Parecia dar tempo ao tempo e esperar o resultado de meu retiro individual no seminário.

Nossas conversas tiveram sempre como tema os problemas que lhe levei e giravam exclusivamente sobre as questões da graça e da fé, do livre-arbítrio e do valor da prece. Só eles, na verdade, justificavam minha presença em Saulchoir e os minutos que me dedicava o superior do seminário. Não iria desperdiçar o seu tempo e o meu discutindo os aspectos subalternos de meu conflito religioso, resultantes de minha decepção com a Igreja.

Não acompanhei o que foi, depois, a vida daquele dominicano compassivo e generoso. Sei que algo ocorreu nos anos 50 que levou à dissolução de Eau-Vive e que o padre Thomas Philippe afastou-se de Soisy-sur-Seine, indo viver em Trosly Breuil, onde, com Jean Vanier, o canadense morador do mesmo pavilhão onde vivia Maritain à época em que eu estivera em Saulchoir, de quem falei antes, fundaram outro movimento comunitário, igualmente de natureza ecumênica, que denominaram L'Arche, numa alusão à arca de Noé.

A GRAÇA

Não tenho como reproduzir o que possam ter sido as minhas conversas com o padre Thomas Philippe, pois delas não guardei notas. Posso, sem garantia de estar sendo fiel, tentar reproduzir não o processo de construção do nosso diálogo, que está perdido, mas o que, olhando retrospectivamente, penso ter sido o resumo de minhas inquirições, leituras, conversas e conclusões sobre o problema que me perseguia.

Como já tive a oportunidade de mencionar, o ponto de partida do meu problema era relativamente singelo. Eu sentia que estava perdendo, ou havia perdido, a fé. Por muito tempo, porém, procurei preservar o meu cristianismo. A partir de certo momento, e posso datá-lo da realização dos Exercícios Espirituais de Santo Inácio, o problema transferiu-se da relativa superficialidade de tomar uma posição quanto ao ensinamento catequético a respeito da criação do mundo e da epopeia da redenção, ou da legitimidade e pertinência dos ensinamentos da Igreja, para o plano muito mais concreto e real da minha salvação pessoal. Existiria um problema real de salvação? Dependeria ela da conformidade que eu pudesse dar à minha vida com certos princípios morais que pudessem ser alcançados por minha simples razão ou teria eu que aceitar que tais regras dependessem de injunções externas, e quais, e provindas de quem? Que garantias podia ter de sua eficácia?

Toda minha curta vida até então, meus 20 anos atormentados, havia sido governada pelo que me dizia a Igreja, e esta me afirmava categoricamente que, na minha infinita miserabilidade, eu não podia ter o orgulho de me considerar merecedor da salvação, não importava quantos esforços fizesse para ter uma reta conduta, quantos sacrifícios para vencer as tentações da concupiscência, quantos atos de caridade praticados, quantas preces oferecidas. Minha salvação pessoal dependia exclusivamente da graça divina sobre a qual eu podia contar não como um direito individual, mas como um privilégio comum com a humanidade pela qual o Ser Supremo decidira gratuitamente se sacrificar na pessoa do seu Filho para abrir aos homens as portas do paraíso. Meu acesso à graça era apenas o resultado da participação que eu tinha na economia da Redenção. Como condição, não para merecer, mas para receber tal benefício, ou seja, tal dádiva absolutamente gratuita, talvez me fosse exigida a contrapartida da fé, ou seja, da crença sem reservas na existência do doador dadivoso com todas as suas qualificações absolutas de infinita bondade, sabedoria, justiça, caridade e as demais atribuições positivas que a mente não pode abarcar. Não era deixado de me observar que até disso podia algum indivíduo ser dispensado, se essa fosse a vontade divina. Ora, era essa fé que me estava faltando e o conselho que me dava o padre Moreira de rezar para não perdê-la não fazia sentido. Como rezar a quem não me escolhia para nele acreditar, pedindo-lhe que me desse a graça de passar a nele crer?

Em meus passeios solitários pelos bosques de Saulchoir, eu procurava organizar o resultado de minhas leituras, de minhas reflexões, do que ouvia do padre Thomas Philippe. Sentia que, se as questões básicas não chegavam a se resolver, adquiriam, pelo menos, um contorno mais sistemático. Se era o teólogo quem falava, suas palavras não podiam deixar de refletir o pensamento tradicional da Igreja. Não quero atribuir o que vou dizer ao bondoso padre, mas talvez não fosse muito diferente do que me vinha das leituras que me nutriam. E delas a lição que tirava era precisa. A natureza humana é incapaz, por si só, de produzir ações salutares, devido ao pecado original, principalmente, mas não só, pois a incapacidade individual de vencer certos obstáculos pode ser o mero resultado das limitações físicas do corpo humano. É indispensável que Deus venha em seu socorro para fortalecê-la de modo a que ela possa alcançar valores espirituais. A esse auxílio divino chama-se graça, graça atual, por reforçar especificamente certos comportamentos do indivíduo. Esse reforço pode orientar-se para a capacidade intelectual do indivíduo ou para a sua vontade, naquele caso esclarecendo-a, neste fortalecendo-a. Em todo caso, porém, a intervenção divina é inteiramente gratuita e não pode ser "merecida" nem por preces, nem por atos de caridade ou penitência. Essa premissa, obviamente, retirava qualquer sentido à discussão sobre a utilidade da prece. Mas interferia na que quiséssemos fazer sobre as relações entre a graça e o livre-arbítrio. O que levava a considerações sobre a graça eficaz e a graça suficiente ou a capacidade do homem de resistir à graça divina, sendo o paradoxo que a graça suficiente pode ser insuficiente se encontra a resistência da vontade, e a graça eficaz só é eficiente porque supera a vontade do indivíduo.

Repito não estar reelaborando o que posso ter ouvido do padre Thomas Philippe. Conhecendo hoje o que foi sua vida e lendo alguns de seus escritos, é possível que a mensagem dele recebida tenha sido outra. Seguramente, não tinha a secura doutrinária com que aqui busco evocar o estado intelectual em que me encontrava ao fim daquela semana. Apesar de teólogo, padre Thomas Philippe não parecia doutrinário ou evangelizador. Procurava apaziguar-me não exercitando minha razão, mas libertando-me do sentimento de culpa que acompanhava o abandono da fé. Para ele, a prece não era uma negociação com o divino, mas uma comunhão de amor. Talvez se pudesse até dizer que ele tinha um comportamento existencialista, do que eu lembrava de Rieux e Tarrou. Não deveria ser a salvação eterna individual o pensamento dominante a guiar nossas ações, mas a caridade humana aqui e agora. Não surpreende o que foi sua vida a partir do reencontro com Jean Vanier em Trosly Breul, a abnegada dedicação à convivência pastoral com pessoas vítimas de deficiências mentais. Ao completar 60 anos de sacerdócio, dizia padre Thomas Philippe que fora entre elas que encontrara sua verdadeira missão de pregador: a prece é uma palavra que sai diretamente do coração e busca o coração do outro.

Quanto à eficácia da prece para conservar a fé, voltávamos ao círculo vicioso. A prece não faz apelo à justiça divina, mas à sua liberalidade e misericórdia. Reencontrava-me no ponto de partida.

Não digo que saí saciado intelectualmente e restaurado espiritualmente dos meus encontros quotidianos. Saí, pelo menos, mais seguro de que não me restava alternativa para a perda da fé. Ainda assim, prometi-me dar uma última chance ao Senhor.

EPÍLOGO

Durante minha estada em Saulchoir, não compareci aos ofícios religiosos, mas, no domingo, achei que seria cortês com o padre Thomas Philippe assistir à missa que ele celebrava. Fazia algum tempo que não cumpria com a obrigação da missa dominical. Em verdade, desde bem antes de minha partida para a Europa. Não seria honesto ouvi-la como se dela estivesse participando. Usei minha permanência na igreja unicamente para tentar uma derradeira experiência, como a que procurara estabelecer por ocasião da adoração noturna na véspera do final dos Exercícios Espirituais de Santo Inácio, em Boa Viagem, quatro anos antes. Não desafiei o crucifixo. Procurei ser humilde. E estava sendo sincero na minha humildade. Senhor, disse, olhando por sobre o crucifixo, ao *deus absconditus* que perenemente se retrai por detrás da imagem do Filho, se é verdade que existes, se é verdade que minha vida não se extingue com a morte, se é verdade que queres a salvação de cada uma de tuas criaturas, toca meu coração. Ainda é tempo. Não é soberbo o meu espírito, dizia como o salmista. Não te peço um sinal da imagem de teu Filho, nem uma só palavra para que minha alma seja salva, mas que me faças levantar-me daqui sentindo-me teu filho. Toca minha alma. Basta que me faças sentir-me alegre.

Nada mudou em mim ou fora de mim. A missa acabava e a igreja se esvaziava. Esperei o padre Thomas Philippe deixar a sacristia. À saída, aguardava-o um casal elegantemente vestido e duas meninas de entre 10 e 12 anos, impecáveis em seus longos cabelos louros amarrados com um laço de fita preta, meias brancas, sapatos de verniz. Eram os habitantes de um castelo dos arredores. A família parecia saída diretamente de um romance de Mauriac. Foi meu primeiro contato com a elegância sóbria e polida da nobreza francesa. De repente, pensei: "A esses, de algum modo, Deus tocou as almas."

Havia decidido despedir-me do padre Thomas Philippe naquele mesmo dia e regressar ao Brasil. Não havia razão para prolongar minha estada na Europa. Já encontrara um sentido para a viagem que havia empreendido. Não estava alegre. Estava em paz. Descansara de minhas dúvidas. Aceitava minha solidão irremediável no mundo e na vida. Viveria sem Deus.

Este livro foi composto na tipologia Minion,
em corpo 11/16, e impresso em papel
off-white 80g/m^2, no Sistema Digital Instant Duplex
da Divisão Gráfica da Distribuidora Record.